R을 이용한 회귀분석 기초

김재희 지음

자유아카데미

책을 내며

회귀분석은 변수들 간의 관계를 탐구하는 실용적 통계기법이며 실험계획법, 다변량분석, 생존분석 등 통계학의 여러 분야에서도 응용되는 중요한 통계적 분석 방법입니다. 복잡한 계산을 포함하고 있는 회귀분석을 수행하기 위해서는 컴퓨터 프로그래밍 활용은 필수적이며 이 책에서는 최근 널리 쓰이고 있는 R 시스템을 이용한 회귀분석의 이론과 프로그래밍 활용을 소개합니다.

이 책에서는 독자들의 회귀분석에 대한 좀 더 세부적인 이해와 활용을 돕고자 기존의 〈R을 이용한 회귀분석〉에서 적합결여검정, 부분회귀, 표준화회귀, 설명변수들에 대한 유의성 검정 등의 내용을 추가하였으며 이러한 분석을 다루는 R 코드도 포함하였습니다. 연습문제도 추가하여 다양한 상황에서의 문제풀이 연습을 이끌고자 합니다.

1장과 2장에서는 통계분석을 시작할 때의 유의점, 기초 행렬 이론과 R을 이용한 행렬 계산 프로그램을 보여줍니다. 회귀분석에 대한 기본적인 모형으로 3장과 4장에서는 각각 단순선형회귀분석, 다중선형회귀분석에 대한 이론과 R 프로그래밍을 설명합니다. 5장에서는 회귀진단법과 보정법을 설명하고 6장에서는 다중공선성 문제를 다룹니다. 일반화 가중회귀모형과 가변수회귀모형을 각각 8장과 9장에서 설명하고 마지막으로 10장에서는 능형회귀모형과 LASSO 추정량에 대해 간단히 설명합니다.

이 책에서 회귀분석에 대해 제반 기초 이론과 프로그래밍 실무를 가능한 많이 포함하도록 노력하였습니다. 회귀분석에 대해 공부하고자 하는 사람들과 회귀분석 실무를 하는 사람들에게 이 책이 조금이나마 도움이 된다면 큰 기쁨이고 보람입니다.

마지막으로 저를 지지해주고 지탱해주는 제 가족에게 무한한 사랑과 감사를 보냅니다. 또한 독자분들께 깊이 감사드립니다!

2020년 02월

아름답고 활력 넘치는 덕성여대 캠퍼스

김재희

jaehee@duksung.ac.kr

차례

CHAPTER 03 단순선형회귀분석

CHAPTER 04 다중선형회귀분석

CHAPTER 05 회귀진단 및 보정

CHAPTER 01

서론

1.1 통계분석을 시작하기 전에

통계적 문제 해결에는 데이터에 대한 수집과 수집된 데이터에 대한 적절한 통계분석 과정이 필요하다. 여러 가지 경우의 다양한 통계적 문제들을 해결하기 위해서는 각각의 경우에 적합한 통계 모형과 분석 방법에 대한 이해가 있어야 한다. 상황에 적합하지 않은 통계적 방법을 적용하다 보면 오히려 해결하려 하는 통계 문제의 본질적 목적을 놓치는 경우도 많다. 따라서 통계분석 문제를 해결하고자 할 때 구체적 통계적 방법을 정하기 전에 그 문제에 대한 명확한 정의와 이해의 선행이 매우 중요하다 할 수 있다. 통계분석 시의 유의할 사항은 다음과 같다.

(1) 데이터에 대한 배경과 문제에 대한 이해가 있어야 한다.

의미 있는 데이터 분석을 위해서는 문제 영역에 대한 기본적인 지식과 이해가 필요하다. 이를 위해 통계분석가는 데이터가 발생하는 분야의 사람들과 같이 연구를 하는 경우도 많이 있다.

(2) 목적을 명확히 해야 한다.

데이터를 제공하는 사람들이 데이터를 통해 어떤 정보를 얻고자 하는지를 명확히 정의하지 않는 경우가 있다. 여러 가지 데이터 분석을 시도하다 보면 데이터에 대한 몇 가지 정보들이 도출되지만 이들이 목적한 정보가 아닐 수 있다. 따라서 방법을 정하기 전에 먼저 데이터를 통해 얻고자 하는 목적을 명시한 후, 그에 해당하는 적절한 분석 방법을 모색해야 한다.

(3) 문제를 통계적 용어로 표현할 수 있어야 한다.

통계분석 경험이 없는 사람들에게는 매우 도전적인 단계이다. 해결하고자 하는 문제가 통계적 용어로 적절히 표현되어야 평범한 통계분석문제인지 아니면 전혀 새로운 통계적 시도가 필요한지 판단할 수 있다.

(4) 다음을 포함한 데이터 수집 단계에 대한 정확한 정보가 필요하다.

- 관측 데이터(observational data) 또는 실험 데이터(experimental data) 여부
- 무응답(nonresponse) 또는 결측값(missing value)이 있는지
- 질적 변수(qualitative variable)는 어떻게 코딩되었는지
- 변수의 단위는 무엇인지
- 데이터 입력 오류 등 데이터에 대한 정확성

1.2 초기 데이터 분석

데이터에 대한 고급 분석을 하기 전에 간단한 초기 데이터 분석(initial data analysis)은 매우 중요하다. 변수들에 대해 평균, 표준편차, 최댓값, 최솟값, 상관계수 등 변수의 분포 또는 특성을 알려주는 통계량을 구하고 그래프 기법으로 표현해 본다. 이 단계에서 각 변수들의 분포, 이상점 등을 파악할 수 있으며 변수들 간의 상관성 등에 대해 정보를 파악하게 된다. 가능한 범위를 벗어나는 데이터를 살펴볼 수 있으며 구체적 통계적 분석 전에 데이터에 대한 정리와 점검을 할 수 있다. 오류 없는 데이터를 준비하는 것이 통계분석을 하는 것보다 시간이 더 많이 걸릴 경우도 많으나 이는 정확한 통계분석을 위해 꼭 필요한 과정이다.

예제 1.1 흑체리(black cherry) 나무 데이터에 대한 기초 데이터 분석

R 시스템에 내장된 `trees` 데이터셋을 이용하여 기초 분석을 해 보고자 한다. 각 변수에 대해 상자그림, 히스토그램, 확률밀도함수추정 그림 등을 그려 변수의 특성과 분포를 알아보자.

평균은 `mean()`, 표준편차는 `sd()`, 분포에 대한 기초통계량은 `summary()`를 사용한다.

데이터 정리 단계에서 만약 데이터 값이 '0'인 경우를 결측값으로 처리해야 한다면 [프로그램 1.1]에서의 예와 같이 `'NA'`로 다시 값을 주어 처리한다. R에서 `NA`는 'Not Available'의 약자로 결측값으로 인식된다. [프로그램 1.1]을 수행하면 [결과 1.1]에서와 같이 각 변수의 평균값, 표준편차, 사분위수 등을 알 수 있다. [프로그램 1.2]를 수행하면 〈그림 1.1〉의 상자그림, 〈그림 1.2〉의 히스토그램, 〈그림 1.3〉의 확률밀도함수그림으로부터 각 변수의 분포에 대한 정보를 얻을 수 있다. 〈그림 1.4〉는 정규 Q-Q 그림으로 정규성 여부에 대한 정보를 보여 주며 〈그림 1.5〉에서는 산점도행렬로 변수 쌍별(pairwise) 산점도를 동시에 볼 수 있다.

[프로그램 1.1] 기초통계량

```
data(trees) ;   attach(trees)
mean(trees)
sd(trees)
summary(trees)

# 예 1.1 trees data
trees$Girth[trees$Girth==0]<-NA      # 결측값 처리
trees$Height[trees$Height==0]<-NA
trees$Volume[trees$Volume==0]<-NA
```

[결과 1.1] [프로그램 1.1] 수행 후 기초통계량 결과

```
> data(trees)
> trees
   Girth Height Volume
1    8.3     70   10.3
2    8.6     65   10.3
:
31  20.6     87   77.0
> mean(trees)
   Girth    Height    Volume
13.24839 76.00000 30.17097
> sd(trees)
    Girth     Height     Volume
 3.138139  6.371813 16.437846
> summary(trees)
     Girth          Height         Volume
 Min.   : 8.30   Min.   :63    Min.   :10.20
 1st Qu.:11.05   1st Qu.:72    1st Qu.:19.40
 Median :12.90   Median :76    Median :24.20
 Mean   :13.25   Mean   :76    Mean   :30.17
 3rd Qu.:15.25   3rd Qu.:80    3rd Qu.:37.30
 Max.   :20.60   Max.   :87    Max.   :77.00
```

[프로그램 1.2] 분포 관련 그래프

```
par(mfrow=c(1,3))            # 그림 1.1 상자그림
  boxplot(trees$Girth, xlab="Girth")
  boxplot(trees$Height, xlab="Height")
  boxplot(trees$Volume, xlab="Volume")

par(mfrow=c(1,3))            # 그림 1.2 히스토그램
  hist(trees$Girth, xlab="Girth")
  hist(trees$Height, xlab="Height")
  hist(trees$Volume, xlab="Volume")

par(mfrow=c(1,3))            # 그림 1.3 확률밀도함수그림
  plot(density(trees$Girth), main="kernel density est for Girth")
```

```
  plot(density(trees$Height), main="kernel density est for Height")
  plot(density(trees$Volume), main="kernel density est for Volume")

par(mfrow=c(1,3))            # 그림 1.4 Q-Q 그림
qqnorm(trees$Girth, main="NormalQ-Q plot for Girth")
  qqline(trees$Girth)
qqnorm(trees$Height, main="NormalQ-Q plot for Height")
  qqline(trees$Height)
qqnorm(trees$Volume, main="NormalQ-Q plot for Volume")
  qqline(trees$Volume)

library(lattice)
splom(trees)                 # scatterplot matrix  그림 1.5 산점도행렬
```

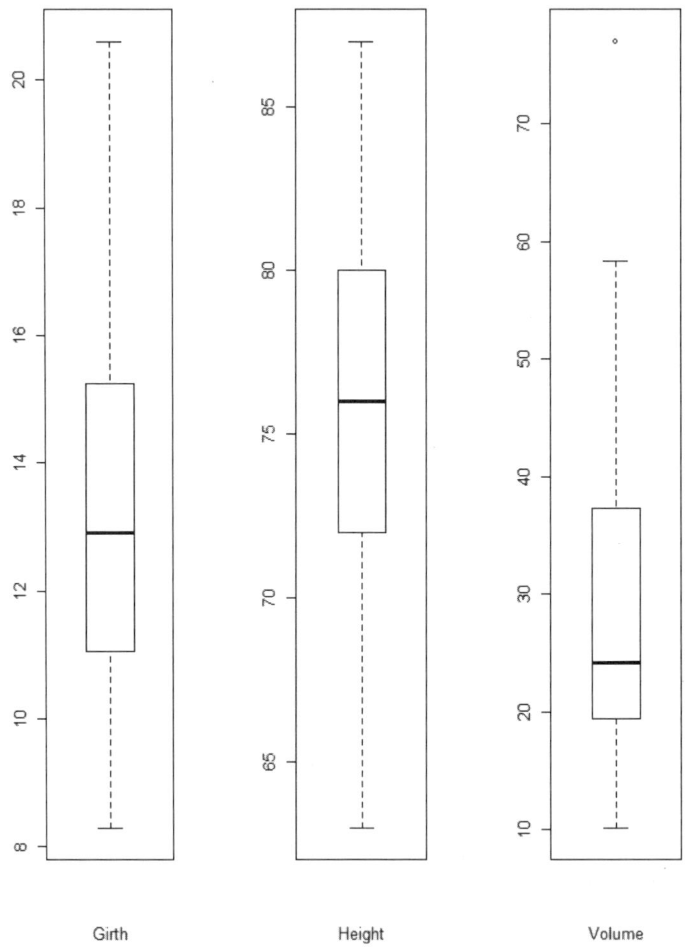

〈그림 1.1〉 나무 데이터의 세 변수에 대한 상자그림

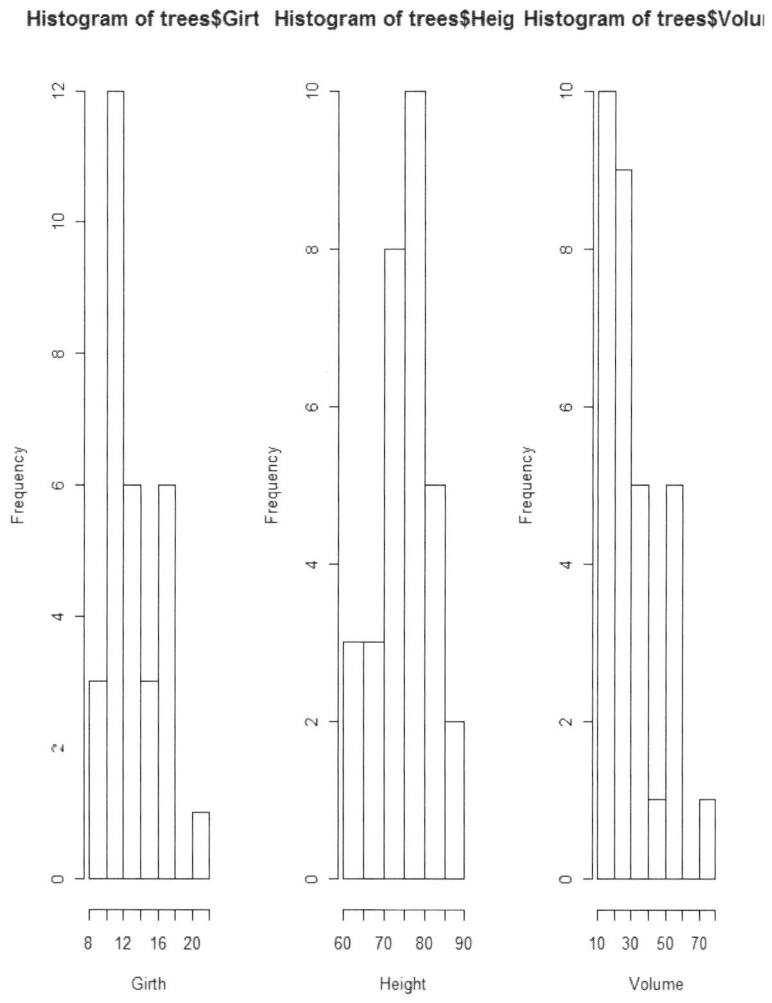

〈그림 1.2〉 나무 데이터의 세 변수에 대한 히스토그램

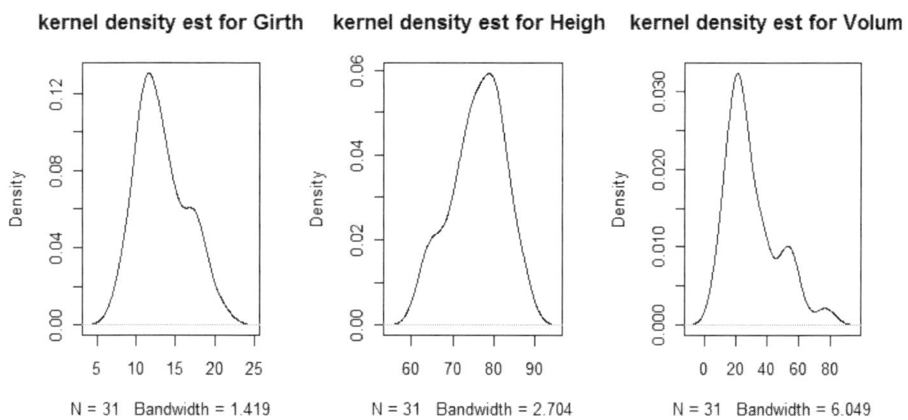

〈그림 1.3〉 나무 데이터의 세 변수에 대한 커널함수를 추정한 확률밀도함수 그림

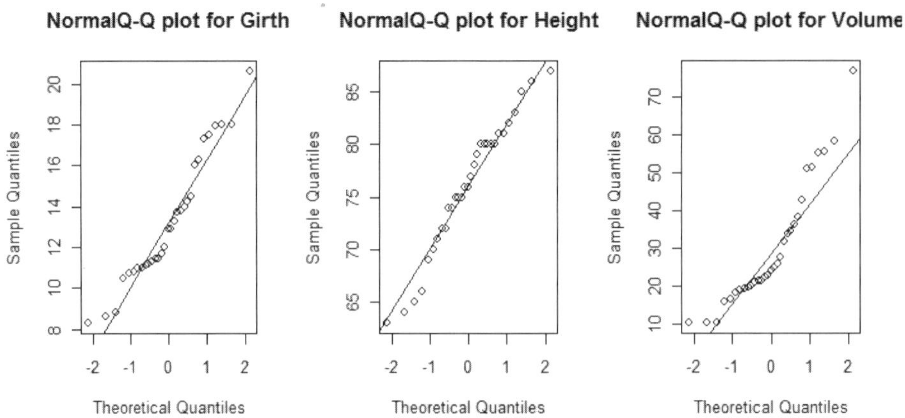

〈그림 1.4〉 나무 데이터의 세 변수에 대한 정규성 Q-Q 그림

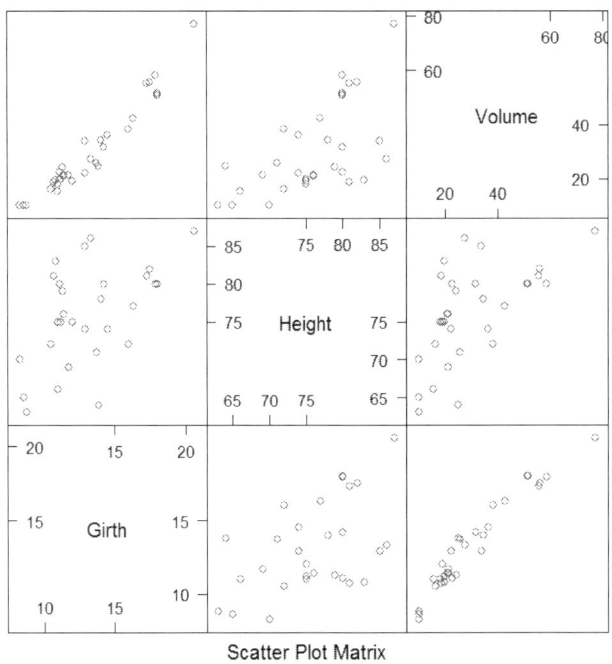

〈그림 1.5〉 나무 데이터의 세 변수에 대한 산점도행렬

1.3 회귀분석을 하고자 할 경우

회귀(regression)란 용어는 19세기 후반 영국의 유전학자인 Francis Galton이 생물학적 현상을 설명하는 과정에서 유래되었다. 부모가 키가 크더라도(혹은 작더라도) 그 자식들은 결국 평균키가 되는 경향을 보이는 생물학적 현상에 대해 Galton

이 이름을 붙였지만, 이후 Yule과 Pearson에 의해 일반적인 통계적 개념으로 확장되었다. 당시 Yule과 Pearson은 설명변수와 반응변수의 결합분포가 정규분포를 따른다고 가정하였다. 1922년 Fisher에 의해 이러한 가정은 완화되어 반응변수의 조건부 확률분포가 정규분포를 따른다고 가정하였다. 이후 회귀분석에 대한 연구는 활발히 진행되어 선형회귀, 비선형회귀, 비모수회귀, 베이지안 회귀 방법 등 새로운 방법들이 제안되어 왔으며 다양한 실무 분야에서 응용되고 있다.

회귀분석(regression analysis)은 반응변수(response variable)와 설명변수(explanatory variable) 간의 관계를 설명하는 통계적 분석 방법이다. 여기서 반응변수는 출력변수(output variable) 또는 종속변수(dependent variable)라고 하며, 설명변수는 입력변수(input variable) 또는 독립변수(independent variable)라고 한다. 회귀분석은 변수들 중 하나를 종속변수로 나머지를 독립변수로 하여 이들 변수들이 서로 인과관계를 가질 때 독립변수가 변화함에 따라 종속변수가 어떻게 변화하는가를 규명하는 통계기법으로 독립변수와 종속변수 간의 관계 분석 및 상호관련성을 찾을 때 유용하다. 회귀분석은 연속형 독립변수와 연속형 종속변수 사이의 관계식을 구하고 그 식을 이용하여 독립변수가 주어졌을 때 종속변수를 예측할 수 있는 분석방법이다. 한 개의 종속변수와 한 개의 독립변수 사이의 관계를 분석하는 경우를 단순회귀분석(simple regression analysis), 한 개의 종속변수와 여러 개의 독립변수 사이의 관계를 규명하는 경우를 다중회귀분석(multiple regression analysis)이라고 한다.

회귀분석의 목적은 다음과 같다:

(1) 변수들 간의 관계에 대한 표현
(2) 설명변수에 따른 반응변수의 변화
(3) 미래 관측값에 대한 예측

일반적인 회귀분석의 가정은 다음과 같다:

(1) 등분산성(homoscedasticity): 오차항은 동일한 분산을 갖는다.
(2) 독립성(independence of error): 오차항 간에는 상관관계가 없다.
(3) 정규성(normality): 오차항의 평균은 0이며 분산은 σ^2인 정규분포를 따른다.
(4) 비다중공선성(nomulticolinearity): 독립변수(설명변수)가 여러 개 있는 경우, 독립변수 상호 간에는 상관관계가 없다.

1.4 회귀분석 사례

회귀분석이 실제로 활용되는 사례를 살펴보자. 회귀분석은 다음과 같이 변수들 간의 관계식을 찾고자 하는 문제에 응용된다.

예제 1.2 환자 혈압 수치와 콜레스테롤 수치와의 관계

환자별 혈압 수치와 콜레스테롤 수치를 측정한 후 두 측정치 간의 관계식을 찾는 경우 회귀분석을 적용할 수 있다. 〈표 1.1〉은 환자들의 혈압과 콜레스테롤에 대한 기록 데이터이다. 이들 데이터로부터 콜레스테롤과 혈압 간의 관계식을 구할 수 있다.

〈표 1.1〉 혈압과 콜레스테롤 데이터

환자번호	성별	나이	이완기 혈압	수축기 혈압	콜레스테롤
1	m	45	136	90	190
2	m	35	125	80	190
3	m	55	150	70	210
4	f	24	160	90	190
5	f	29	145	86	205
6	f	48	155	78	210
7	f	39	170	75	200
8	m	42	145	90	220
9	m	50	136	90	230
10	m	49	140	98	190
11	m	39	125	100	200
12	f	42	140	89	220
13	f	48	142	86	250
14	f	49	139	80	230
15	f	51	142	90	211

예제 1.3 고등학교 성적과 대학입학을 위한 수학능력시험 성적 간의 관계 연구 및 예측

(1) A 대학에서 각 신입생에 대해 주요 5개 과목에 대한 고등학교 성적과 수학능력시험 성적을 조사하였다. 수학능력시험 성적을 반응변수로 하여 회귀분석으로 관계식을 구함으로써 고등학생의 수학능력시험 예측점수를 구할 수 있다.

(2) 〈표 1.2〉는 미국 대학입학시험 SAT 점수 데이터로 변수의 의미는 다음과 같다.

female = 1 if the respondent is female (=0 otherwise)

rdsc = scaled reading score (mean=50, std. dev=10)

vocab = scaled vocabulary score

matsc = scaled mathematics score

이 데이터로부터 reading 점수와 math 점수 간의 관계식을 구할 수 있다.

〈표 1.2〉 미국 대학입학시험 SAT 점수

female	rdsc	vocab	matsc
0	29	42	35
1	46	48	42
0	60	48	59
0	64	45	62
0	56	51	56
1	68	66	56
0	61	69	64
1	55	51	53
1	37	42	33
0	36	39	49
1	44	48	55
0	66	63	65
0	37	42	40
0	58	49	67
0	27	30	33
0	54	39	53
0	56	49	48
1	52	58	47
1	66	60	56
1	56	51	46
1	54	45	53
1	54	45	51
0	50	44	44
0	54	58	58
0	42	39	51
1	44	45	47
1	66	57	67
1	42	54	42
1	54	39	46

예제 1.4 **대기오염과 사망률과의 관계**

서울의 23개 지역에서 30분마다 기상 환경 데이터와 함께 대기오염물질인 오존과 pm10 등이 측정되고 매일 서울의 사망자수도 조사된다. 오존과 사망률 간의 관계식을 회귀분석으로 구할 수 있다. 〈표 1.3〉은 1999년 1월에 기록된 데이터로 측정된 변수는 다음과 같다.

temp: 평균 기온
rain: 하루 강수량
humi: 평균 습도
winds: 평균 풍속
cir65: 65세 이상 심폐기질환 사망자수
res65: 65세 이상 호흡기질환 사망자수
cir: 심폐기질환 사망자수
res: 호흡기질환 사망자수
total: 총 사망자수
o3mean: 오존 평균
pm10m: pm10 평균

〈표 1.3〉 1999년 1월 서울의 기상과 사망률 데이터

date	temp	rain	humi	winds	cir65	res65	cir	res	total	o3mean	pm10m
01/01	−1.5	NA	58.5	1.6	22	13	27	13	115	5.385	49.51
01/02	2.7	0.1	77	1.6	24	8	34	14	108	6.171	104.6
01/03	1.9	NA	59	1.2	28	9	39	12	122	7.204	94.74
01/04	2.5	NA	54.1	1.2	26	7	42	12	127	5.672	92.27
01/05	3.6	NA	65.5	1.2	13	7	21	10	91	4.863	126.31
01/06	3.3	1.8	74.6	2.2	31	14	39	16	129	5.920	102.4
01/07	−6	NA	40.4	5.2	19	7	26	11	103	17.091	40.45
01/08	−9.1	NA	45.3	4.4	21	14	30	14	114	14.638	60.02
01/09	−9.3	NA	43.3	4.2	15	9	21	11	101	14.700	61.73
01/10	−6.7	NA	37.1	4	29	9	34	10	127	13.897	35.2
01/11	−6.3	NA	48.1	2.8	18	9	26	12	100	14.225	45.14
01/12	−5.6	NA	55.8	2.3	18	13	26	15	122	8.815	58.13
01/13	−3.6	NA	61.8	2.5	19	7	24	11	101	8.502	52.37
01/14	−3.3	NA	55.1	2	23	9	28	13	110	8.832	55.85
01/15	−2.4	NA	53	2.7	16	6	23	10	102	10.376	54.96
01/16	−1.7	NA	55.3	1.7	19	6	35	8	104	9.321	65.64
01/17	−1	NA	63	2	20	8	23	10	93	7.750	74.56
01/18	1.8	NA	68.6	1.5	17	8	25	10	101	6.657	74.46
01/19	2.8	NA	60.9	2.6	27	10	41	11	141	8.754	82.76
01/20	−2.6	NA	54.5	3.3	24	6	33	8	106	13.949	41.44
01/21	−0.6	NA	61.9	2.3	19	8	22	10	93	10.944	59.94
01/22	5.1	NA	75.8	2.9	21	5	26	6	91	8.973	65.02

date	temp	rain	humi	winds	cir65	res65	cir	res	total	o3mean	pm10m
01/23	6.5	0	72.6	2	17	3	26	7	87	8.323	76.62
01/24	7.5	NA	65.6	2.2	16	9	27	11	103	10.848	60.63
01/25	5	3	61.1	4.3	12	9	20	10	84	12.218	206.4
01/26	3.8	NA	56.5	2.6	14	9	21	10	87	9.922	231.33
01/27	4	0.7	66.4	4	20	4	26	9	98	9.130	254.46
01/28	−2.3	0.1	39	2.7	19	6	24	6	90	15.291	36.59
01/29	−5.4	4.5	59.8	3	18	4	25	6	84	15.045	46.49
01/30	−5.6	NA	55.3	1.9	10	5	19	6	73	9.549	51.46
01/31	−1.1	NA	62.9	1.6	13	8	19	9	74	5.232	62.39

예제 1.5 경제 지표 변수들 간의 관계

(1) 한국 주식시장의 주가(KOSDAQ) 변화율에 따른 주식거래량과의 관계식을 회귀분석으로 구할 수 있으며 구한 추정식을 통해 주식거래량을 예측할 수 있다.

(2) 설명변수로서 노동 투입량과 자본 투입량에 대해 반응변수로서 GDP(국민총생산)와의 관계식을 회귀분석으로 구할 수 있으며 구한 추정식을 통해 GDP를 예측할 수 있다.

(3) 〈표 1.4〉는 미국의 1945년부터 2002년까지 GDP 관련 데이터이다. GDP와 여러 관련 변수들과의 회귀분석으로 관계식을 구하고 나음 해에 내한 예측을 할 수 있나.

Year = calendar year

GDP = real GDP

C = real consumption expenditures (in billions of chained 1996 dollars)

I = real gross private domestic investment

G = real government expenditures

Yd = real personal disposable income

NX = real net exports (real exports − real imports)

〈표 1.4〉 미국 연간 GDP 데이터

Year	GDP	C	I	G	Yd	NX
1960	2376.7	1510.8	272.8	661.3	1664.8	−20.5
1961	2432.0	1541.2	271.0	693.2	1720.0	−18.4
1962	2578.9	1617.3	305.3	735.0	1803.5	−25.8
1963	2690.4	1684.0	325.7	752.4	1871.5	−22
1964	2846.5	1784.8	352.6	767.1	2006.9	−15
1965	3028.5	1897.6	402.0	791.1	2131.0	−26.4
1966	3227.5	2006.1	437.3	862.1	2244.6	−39.9
1967	3308.3	2066.2	417.2	927.1	2340.5	−49.2

Year	GDP	C	I	G	Yd	NX
1968	3466.1	2184.2	441.3	956.6	2448.2	–66.1
1969	3571.4	2264.8	466.9	952.5	2524.3	–70.2
1970	3578.0	2317.5	436.2	931.1	2630.0	–63.8
1971	3697.7	2405.2	485.8	913.8	2745.3	–74.6
1972	3898.4	2550.5	543.0	914.9	2874.3	–87.8
1973	4123.4	2675.9	606.5	908.3	3072.3	–62
1974	4099.0	2653.7	561.7	924.8	3051.9	–35.6
1975	4084.4	2710.9	462.2	942.5	3108.5	–7.5
1976	4311.7	2868.9	555.5	943.3	3243.5	–40.4
1977	4511.8	2992.1	639.4	952.7	3360.7	–65.3
1978	4760.6	3124.7	713.0	982.2	3527.5	–66.4
1979	4912.1	3203.2	735.4	1001.1	3628.6	–45.5
1980	4900.9	3193.0	655.3	1020.9	3658.0	10
1981	5021.0	3236.0	715.6	1030.0	3741.1	5.2
1982	4919.3	3275.5	615.2	1046.0	3791.7	–14.6
1983	5132.3	3454.3	673.7	1081.0	3906.9	–63.8
1984	5505.2	3640.6	871.5	1118.4	4207.6	–128
1985	5717.1	3820.9	863.4	1190.5	4347.8	–149
1986	5912.4	3981.2	857.7	1255.2	4486.6	–165
1987	6113.3	4113.4	879.3	1292.5	4582.5	–156
1988	6368.4	4279.5	902.8	1307.5	4784.1	–112
1989	6591.8	4393.7	936.5	1343.5	4906.5	–79.4
1990	6707.9	4474.5	907.3	1387.3	5014.2	–56.5
1991	6676.4	4466.6	829.5	1403.4	5033.0	–15.8
1992	6880.0	4594.5	899.8	1410.0	5189.3	–19.8
1993	7062.6	4748.9	977.9	1398.8	5261.3	–59.1
1994	7347.7	4928.1	1107.0	1400.1	5397.2	–86.6
1995	7543.8	5075.6	1140.6	1406.4	5539.1	–78.4
1996	7813.2	5237.5	1242.7	1421.9	5677.7	–88.9
1997	8159.5	5423.9	1393.3	1455.4	5854.5	–113
1998	8508.9	5683.7	1558.0	1483.3	6168.6	–221
1999	8859.0	5964.5	1660.5	1540.6	6328.4	–321
2000	9191.4	6223.9	1762.9	1582.5	6630.3	–399
2001	9214.5	6377.2	1574.6	1640.4	6748.0	–416
2002	9439.9	6576.0	1589.6	1712.8	7032.2	–489

1.5 회귀분석과 통계소프트웨어 R

R 시스템은 통계적 계산(statistical computing)을 하는 데 매우 유용한 컴퓨터 언어(computer language)이다. R 시스템은 1990년 중반 Ross Ihaka와 Robert Gentleman에 의해 처음 만들어졌으며, Bell 연구소에서 개발한 S language와 비슷한 언어이다. 1997년 이후로는 R Development Core Team에 의해 R 프로젝트가 진행되고 있다. R 프로젝트에 관한 다양한 정보와 R 시스템을 다운로드(download)할 수 있는 방법은 R 홈페이지 http://www.r-project.org/에서 찾을 수 있다.

R 시스템은 S language와 마찬가지로 데이터 분석과 그래프 작업에 매우 편리한 소프트웨어이다. S language는 상업용인 반면, R은 무료 소프트웨어(free software)이며 국제적인 노력과 자발적 협력의 결과물이다.

R 시스템에서는 다양한 통계분석 방법을 담고 있는 패키지(package)를 제공받을 수 있다. 패키지들의 모음을 library라고 한다. 공헌자(contributor)가 만든 패키지는 무료로 제공받을 수 있으며 사용자(user) 또한 새로운 방법을 패키지로 만들어 공헌자로서 제공할 수 있다. 이러한 개방성으로 인하여 새로운 통계 방법을 담은 패키지가 계속 등장하고 있으며 이러한 패키지 공개를 통해 통계 연구자 간에 상호 교류와 협력이 활발하게 이루어지고 있다.

R 시스템 이용자들은 다양한 R 패키지와 함수(function)들을 쉽게 사용할 수 있다. R 시스템에 자동적으로 내장된 패키지가 아닌 경우에는 `library()` 함수를 이용하여 원하는 패키지를 로드(load)한 후 그 패키지에 내장된 함수를 사용하면 된다.

R 시스템은 1년에 2번 업데이트된 버전을 출시한다. 버그 문제가 해결되고 편리한 기능이 추가되는 경우이므로 사용자는 새로운 버전을 다운로드 받아 R의 변화와 진화를 따라가는 것을 권장한다.

이 책에서는 독자들이 R 시스템에 대한 기본적인 사용법과 프로그래밍 지식을 가지고 있다고 가정하고, 회귀분석을 위한 이론과 함께 해당 부문에 대한 R을 이용한 프로그램을 보여 주고 결과를 설명한다. 회귀분석 계산을 쉽게 할 수 있는 R의 함수들에 대한 설명과 이의 응용 사례도 같이 보여 주도록 한다.

1.6 R에서 데이터셋 다루기

R 시스템에서 데이터를 분석하기 위해서는 이를 R 시스템에서 읽고 일정한 형태로 시스템 내에 간직하고 있어야 한다. 이 절에서는 통계적 분석을 위해 R 시스템에 데이터를 저장하고 입출력하기 위한 기본적 방법을 설명하도록 한다.

1.6.1 데이터프레임 생성

R에서의 데이터프레임(data frame)은 다른 통계패키지(statistical package)에서 데이터매트릭스(data matrix) 또는 데이터셋(data set)으로 불리기도 한다. 열(column)은 변수(variable), 행(row)은 관측개체(observed case)에 대한 관측값들(observations)을 나타내는 직사각형 형태(rectangular format)의 배열(array)이다.

예를 들어 1에서 30까지 각각 10개의 데이터를 가지고 있는 3개 변수 "one", "two", "three"로 구성된 데이터프레임 `mydata`는 다음과 같이 생성한다.

```
mydata<- data.frame(one=1:10, two=11:20, three=21:30)
mydata
```

또한 `as.data.frame()` 함수를 이용하여 `mydata`를 생성할 수도 있다.

```
mydata<-as.data.frame(matrix(1:30, ncol=3) )
names(mydata)<-c( " one", "two", "three")
```

이 경우에는 10×3 행렬을 생성한 후 `as.data.frame()` 함수를 이용하여 데이터프레임으로 만든다.

데이터프레임의 일부 벡터나 행렬을 추출하여 사용하고자 할 때는 다음의 예와 같이 `데이터프레임이름$변수이름` 을 사용한다.

```
> mydata$one
 [1]  1  2  3  4  5  6  7  8  9 10
> mydata[, "one"]
 [1]  1  2  3  4  5  6  7  8  9 10
> mydata[, 1]          # 첫째 열만 추출
 [1]  1  2  3  4  5  6  7  8  9 10
> mydata[, c(1,3)]      # 첫째 열과 셋째 열 추출
```

데이터셋에 대한 접근을 편리하게 하기 위해 `attach()` 함수를 사용하면 `search()`를 통해 데이터셋을 찾을 수 있으며 `attach()`된 데이터셋에 포함된 변수들을 R 명령문에서 바로 사용할 수 있게 된다. 그러나 같은 변수명이 포함된 여러 개의 데이터셋을 `attach()` 하지 않도록 주의해야 하며 이러한 문제를 피하기 위해 `attach()` 를 사용하여 해당 데이터셋에 대한 분석이 끝난 후에는 `detach()`를 사용할 것을 권장한다. `attach()`와 `detach()`를 사용하지 않고 간편하게 `with()`를 사용할 수도 있다.

```
>attach(mydata)
```

```
> mean(one)
[1] 5.5
>detach(mydata)

> with(mydata, mean(one))
[1] 5.5
```

1.6.2 데이터 입출력

R에서는 `write.table()`을 사용하여 텍스트 포맷(text format) 데이터를 출력할 수 있으며, `read.table()`로 데이터프레임 객체(object)를 생성하여 새로운 데이터프레임 이름을 부여할 수 있다.

```
write.table(mydata[, 1], file = "D://mydata.txt", col.names=TRUE)
my1<-  read.table("D://mydata.txt", header=TRUE)
```

`write.table()` 또는 `write.csv()`를 사용하여 csv 파일로 결과를 출력할 수 있으며, csv 파일을 읽어들이고자 하는 경우에는 `read.csv()`를 사용하여 데이터프레임 객체를 생성한다.

```
write.table(mydata, file = "D://my2.csv", sep = ",")
my2<- read.csv("D://my2.csv", header=TRUE)

write.csv(mydata, file = "D://my3.csv")
my3<- read.csv("D://my3.csv", header=TRUE)
```

`save()`를 사용하여 R 내부의 이진법 포맷(R internal binary format)으로 데이터셋을 저장할 수 있으며, 파일 이름의 확장자로는 `.RData` 또는 `.rda`를 써야 한다. 이렇게 생성된 파일은 `load()`를 사용하여 R 객체로 이용한다.

```
save(my3, file="my3.rda")   # R binary data로 저장
load("my3.rda")
```

1.6.3 범주형 데이터

R에서 범주형 변수(categorical variable)는 요인(factor)로 명시되어야 한다. 예를 들어, 숫자형(numeric) 데이터가 범주형 변수 A, B로 표기되어야 할 경우 `factor()` 함수를 사용하여 범주형 변수로 변환한다.

```
> g<- rep(0:1, c(3,4))
> g
[1] 0 0 0 1 1 1 1
> g<- factor(g, levels=0:1, labels = c("A", "B"))
> g
[1] A A A B B B B
Levels: A B
> summary(g)
A B
3 4
```

R에서는 범주형 변수로 인식되면 `summary()` 함수를 사용할 경우 범주형 변수에 대해 빈도표를 출력한다.

1.6.4 연속형 데이터

R에서 연속형 변수(continuous variable)에 대해서는 `summary()` 함수를 사용할 경우 평균, 분산 등의 통계량을 출력한다.

```
> x<- c(1,2,3,4,5,6,7,8,9,10)
>  mean(x)
[1] 5.5
> summary(x)
   Min. 1st Qu.  Median    Mean 3rd Qu.    Max.
   1.00    3.25    5.50    5.50    7.75   10.00
```

1.1 신문, 잡지, 인터넷 등을 검색하여 회귀분석이 사용된 실제 예를 찾아보시오.

1.2 〈표 1.1〉 데이터를 사용하시오.

(a) 엑셀파일을 만들고 읽어들인 후 데이터프레임을 생성하시오.

(b) 각 연속변수에 대한 기초통계량을 구하고 분포의 특성을 파악하시오.

(c) (a)에서 생성된 데이터프레임을 `write.table()` 함수를 사용하여 txt 파일로 만드시오.

1.3 〈표 1.2〉 데이터를 사용하여

(a) txt 파일을 만들고 읽어들이시오.

(b) 각 변수에 대한 기초통계량을 구하고 분포의 특성을 파악하시오.

1.4 〈표 1.3〉 데이터로 엑셀파일을 만들고 읽어들인 후 각 변수에 대한 기초통계량을 구하고 분포의 특성을 파악하시오.

1.5 〈표 1.4〉 데이터로 엑셀파일을 만들고 읽어 .csv 파일로 저장 후 읽어들이고 각 변수에 대한 기초통계량을 구하고 분포의 특성을 파악하시오.

+ + +

CHAPTER 02

기초 행렬 이론과 R 계산

이 장에서는 회귀분석 방법을 이해하는 데 필수적인 행렬 대수(matrix algebra)의 기본적 개념과 방법에 대해 알아보고자 한다.

2.1 정의

2.1.1 행렬과 벡터

행렬(matrix)이란 숫자 또는 변수를 직사각형 또는 정사각형 모양으로 정렬한 배열을 의미한다. 배열된 수를 그 행렬의 **성분**(entry)이라고 한다. 행렬은 열벡터 또는 행벡터로 구성되며 다음과 같이 표현한다.

$$\boldsymbol{A}_{n\times p} = \begin{pmatrix} a_{11} & a_{12} & \cdots & a_{1p} \\ a_{21} & a_{22} & \cdots & a_{2p} \\ \vdots & \vdots & \vdots & \vdots \\ a_{n1} & a_{n2} & \cdots & a_{np} \end{pmatrix} = (a_{ij}). \tag{2.1}$$

열벡터(column vector)는

$$\boldsymbol{a} = \begin{pmatrix} a_1 \\ a_2 \\ \vdots \\ a_p \end{pmatrix}. \tag{2.2}$$

행벡터(row vector)는 $\boldsymbol{a}' = (a_1, a_2, \cdots, a_p)$로 표현되며, 성분은 **스칼라**(scalar)로 가정하고 스칼라는 특별한 가정이 없는 한 실수(real number)로 나타난다.

일반적으로 행렬은 알파벳의 대문자를 사용하여 나타낸다. 이 책에서는 행렬과 벡터는 진한(bold) 글씨체로 표현하여 스칼라와 구분되어 표기하도록 한다.

2.1.2 특정 형태를 갖는 행렬

대각행렬(diagonal matrix)은 대각선이 아닌 곳에서는 0을 성분으로 하는 정방행렬(square matrix)로 다음과 같이 표현한다.

$$\boldsymbol{D}_{p\times p}=\begin{pmatrix} a_{11} & 0 & \cdots & 0 \\ 0 & a_{22} & \cdots & 0 \\ \vdots & \vdots & & \vdots \\ 0 & 0 & \cdots & a_{pp} \end{pmatrix}=diag(a_{11},a_{22},\cdots,a_{pp}) \tag{2.3}$$

항등행렬(identity matrix)은 대각선의 위치에서는 성분으로 1을, 나머지의 위치에서는 성분으로 0을 갖는 정방행렬로 보통 $\boldsymbol{I}$로 표기한다.

$$\boldsymbol{I}=\begin{pmatrix} 1 & 0 & \cdots & 0 \\ 0 & 1 & \cdots & 0 \\ \vdots & \vdots & \ddots & \vdots \\ 0 & 0 & \cdots & 1 \end{pmatrix}. \tag{2.4}$$

상삼각행렬(upper triangular matrix)은 대각선 아래의 성분값이 모두 0인 정방행렬이다.

$$\boldsymbol{A}_{p\times p}=\begin{pmatrix} a_{11} & a_{12} & \cdots & a_{1p} \\ 0 & a_{22} & \cdots & a_{2p} \\ \vdots & \vdots & & \vdots \\ 0 & 0 & \cdots & a_{pp} \end{pmatrix}. \tag{2.5}$$

하삼각행렬(lower triangular matrix)은 대각선 위의 성분값이 모두 0인 정방행렬이다.

$$\boldsymbol{A}_{p\times p}=\begin{pmatrix} a_{11} & 0 & \cdots & 0 \\ a_{21} & a_{22} & \cdots & 0 \\ \vdots & \vdots & & \vdots \\ a_{p1} & a_{p2} & \cdots & a_{pp} \end{pmatrix}. \tag{2.6}$$

일벡터(a vector of 1)는 $\boldsymbol{J}$로 표기하며 성분값이 모두 1인 벡터로 다음과 같다.

$$\boldsymbol{J}=\begin{pmatrix} 1 \\ 1 \\ \vdots \\ 1 \end{pmatrix}. \tag{2.7}$$

$\boldsymbol{A}$가 임의의 $n\times p$ 행렬일 때 $\boldsymbol{A}$의 **전치행렬**(transpose matrix)을 $\boldsymbol{A}'$ 또는 $\boldsymbol{A}^t$로 표기하고 $\boldsymbol{A}$의 행과 열을 교환하여 얻어진 $p\times n$ 행렬로 정의한다.

예제 2.1

2×3 행렬 $\boldsymbol{A}=\begin{pmatrix}3 & -1 & 2\\ 1 & 5 & 4\end{pmatrix}$의 전치행렬을 구해 보자.

행과 열이 교환되므로 $\boldsymbol{A}'=\begin{pmatrix}3 & 1\\ -1 & 5\\ 2 & 4\end{pmatrix}$로 구할 수 있다.

● R에서는 t() 함수를 이용하여 전치행렬을 구할 수 있다.

```
> A=matrix(c(3,1,  -1, 5,   2,4), nc=3)
> A
     [,1] [,2] [,3]
[1,]    3   -1    2
[2,]    1    5    4
> tA=t(A)
> tA
     [,1] [,2]
[1,]    3    1
[2,]   -1    5
[3,]    2    4
```

2.2 행렬의 연산

이 절에서는 행렬에 관한 기초적인 연산과 연산의 성질에 대해 설명하고자 한다. 실수에 관한 연산의 기본 법칙의 대부분이 행렬의 연산에서도 성립하나 몇 가지 예외가 존재한다.

$\boldsymbol{x}$와 $\boldsymbol{y}$는 다음과 같은 $p\times 1$ 벡터일 때,

$$\boldsymbol{x}=\begin{pmatrix}x_1\\ x_2\\ \vdots\\ x_p\end{pmatrix},\qquad \boldsymbol{y}=\begin{pmatrix}y_1\\ y_2\\ \vdots\\ y_p\end{pmatrix} \tag{2.8}$$

상수 c에 대해, 스칼라 c와 벡터 $\boldsymbol{x}$와의 곱은 벡터 $\boldsymbol{x}$의 각 성분에 c배한 것과 같다. 즉,

$$c\boldsymbol{x}=\begin{pmatrix}cx_1\\ cx_2\\ \vdots\\ cx_p\end{pmatrix}. \tag{2.9}$$

두 벡터의 합은 $\boldsymbol{x}$와 $\boldsymbol{y}$의 각 성분의 합과 같다. 즉,

$$\boldsymbol{x}+\boldsymbol{y}=\begin{pmatrix}x_1\\x_2\\\vdots\\x_p\end{pmatrix}+\begin{pmatrix}y_1\\y_2\\\vdots\\y_p\end{pmatrix}=\begin{pmatrix}x_1+y_1\\x_2+y_2\\\vdots\\x_p+y_p\end{pmatrix}. \tag{2.10}$$

벡터 $\boldsymbol{x}$의 길이 또는 원점으로부터의 거리는

$$L_x=\sqrt{x_1^2+x_2^2+\cdots+x_p^2}=\sqrt{\boldsymbol{x}'\boldsymbol{x}} \tag{2.11}$$

로 정의하며, 단위벡터(unit vector)는 길이가 1인 벡터로

$$\boldsymbol{e}=L_x^{-1}\,\boldsymbol{x} \tag{2.12}$$

로 구해진다. 또한

$$L_{cx}=|c|\;L_x \tag{2.13}$$

이 성립한다.

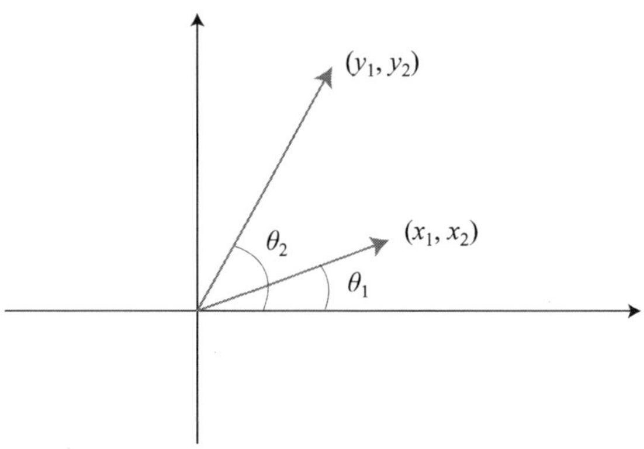

〈그림 2.1〉 2차원 벡터와 각도

2차원 벡터 $\boldsymbol{x}=(x_1,\,x_2)'$와 $\boldsymbol{y}=(y_1,\,y_2)'$에 대해 〈그림 2.1〉에서 볼 수 있듯이 두 벡터 사이의 각 $\theta_2-\theta_1$을 구하는 방법은 다음과 같다.

$$\cos\theta=\cos(\theta_2-\theta_1)=\frac{x_1y_1+x_2y_2}{L_xL_y}=\frac{\boldsymbol{x}'\boldsymbol{y}}{L_xL_y}=\frac{\boldsymbol{x}'\boldsymbol{y}}{\sqrt{\boldsymbol{x}'\boldsymbol{x}}\,\sqrt{\boldsymbol{y}'\boldsymbol{y}}}. \tag{2.14}$$

예제 2.2

두 벡터 a, b

$$a = \begin{pmatrix} 1 \\ -2 \\ 3 \end{pmatrix}, \quad b = \begin{pmatrix} 2 \\ 2 \\ 4 \end{pmatrix}$$

에 대해 몇 가지 연산을 해 보고자 한다.

(a) $a + b = \begin{pmatrix} 3 \\ 0 \\ 7 \end{pmatrix}$ (b) $a'b = 10$ (c) $3a = \begin{pmatrix} 3 \\ -6 \\ 9 \end{pmatrix}$

(d) 벡터 a의 길이는 $L_a = \sqrt{a'a} = \sqrt{1^2 + (-2)^2 + 3^2} = \sqrt{14} = 3.74$

(e) 벡터 b의 길이는 $L_b = \sqrt{b'b} = \sqrt{2^2 + 2^2 + 4^2} = \sqrt{24} = 4.90$

(f) 두 벡터 a, b의 사이각(angle)에 대해

$$\cos\theta = \frac{a'b}{L_a L_b} = \frac{1 \cdot 2 + (-2)2 + 3 \cdot 4}{\sqrt{14}\sqrt{24}} = \frac{10}{18.33} = 0.546$$

이므로 $\theta = \cos^{-1}(0.546) = 56.91°$ 이다.

● R에서 벡터 연산 (참고: %*% 연산자 사용)

```
> a= c(1, -2, 3)
> b= c(2,2,4)
> a+b
[1] 3 0 7
> t(a)*b
     [,1] [,2] [,3]
[1,]    2   -4   12
> a= c(1, -2, 3)
> b= c(2,2,4)
> a+b
[1] 3 0 7
> t(a)%*%b
     [,1]
[1,]   10
> 3*a
[1]  3 -6  9
> la=sqrt( t(a)%*%a )
> la
         [,1]
[1,] 3.741657
> lb=sqrt( t(b)%*%b )
> lb
         [,1]
```

```
[1,] 4.898979
> cos_theta= t(a)%*%b/(la*lb)
> cos_theta
        [,1]
[1,] 0.5455447
```

상수 c와 행렬 $\boldsymbol{A}$와의 곱(product)은

$$c\boldsymbol{A}_{n\times p}=\begin{pmatrix} ca_{11} & ca_{12} & \cdots & ca_{1p} \\ ca_{21} & ca_{22} & \cdots & ca_{2p} \\ \vdots & \vdots & \cdots & \vdots \\ ca_{n1} & ca_{n2} & \cdots & ca_{np} \end{pmatrix} \tag{2.15}$$

로 계산되며, 행렬의 합은

$$\begin{aligned} \boldsymbol{A}+\boldsymbol{B} &= (a_{ij})+(b_{ij})=(a_{ij}+b_{ij}) \\ &= \begin{pmatrix} a_{11}+b_{11} & a_{12}+b_{12} & \cdots & a_{1p}+b_{1p} \\ \vdots & \vdots & \cdots & \vdots \\ a_{n1}+b_{n1} & a_{n2}+b_{n2} & \cdots & a_{np}+b_{np} \end{pmatrix} \end{aligned} \tag{2.16}$$

으로 표현된다.

두 행렬의 곱은

$$\begin{aligned} \boldsymbol{AB}_{n\times p} &= \boldsymbol{A}_{n\times k}\boldsymbol{B}_{k\times p} \\ &= \begin{pmatrix} a_{11} & a_{12} & \cdots & a_{1k} \\ a_{21} & a_{22} & \cdots & a_{2k} \\ \vdots & \vdots & \cdots & \vdots \\ a_{n1} & a_{n2} & \cdots & a_{nk} \end{pmatrix} \begin{pmatrix} b_{11} & b_{12} & \cdots & b_{1p} \\ b_{21} & b_{22} & \cdots & b_{2p} \\ \vdots & \vdots & \cdots & \vdots \\ b_{k1} & b_{k2} & \cdots & b_{kp} \end{pmatrix} \\ &= \begin{pmatrix} \sum_{t=1}^{k} a_{1t}b_{t1} & \cdots & \sum_{t=1}^{k} a_{1t}b_{tp} \\ \vdots & \sum_{t=1}^{k} a_{it}b_{tj} & \vdots \\ \sum_{t=1}^{k} a_{nt}b_{t1} & \cdots & \sum_{t=1}^{k} a_{nt}b_{tp} \end{pmatrix} \end{aligned} \tag{2.17}$$

이다.

직교행렬(orthogonal matrix) $\boldsymbol{Q}$는 다음을 만족하는 정방행렬이다.

$$\boldsymbol{QQ}'=\boldsymbol{Q}'\boldsymbol{Q}=\boldsymbol{I} \quad \text{또는} \quad \boldsymbol{Q}'=\boldsymbol{Q}^{-1} \tag{2.18}$$

여기서 $\boldsymbol{I}$는 항등행렬이다.

일벡터 j 의 곱(product)은

$$J = \begin{pmatrix} 1 & 1 & \cdots & 1 \\ 1 & 1 & \cdots & 1 \\ \vdots & \vdots & \cdots & \vdots \\ 1 & 1 & \cdots & 1 \end{pmatrix} = jj' \tag{2.19}$$

로 성분이 모두 1인 행렬이 된다.

$p \times p$ 행렬 $\boldsymbol{A}$와 $p \times 1$ 벡터 $\boldsymbol{a}$, $\boldsymbol{b}$, $\boldsymbol{c}$에 대해 $\boldsymbol{Ab}$는 열벡터가 되고 $\boldsymbol{c'A}$는 행벡터가 되며, $\boldsymbol{c'Ab}$는 스칼라가 된다.

$p \times p$ 정사각형 행렬 $\boldsymbol{A}$가 $\boldsymbol{A}' = \boldsymbol{A}$ 이면 **대칭행렬**(symmetric matrix)이다.

$\boldsymbol{S}$는 $p \times p$ 대칭행렬이고, $\boldsymbol{a}$는 $p \times 1$ 벡터일 때 이차형식(quadratic form)은

$$\begin{aligned} \boldsymbol{a}'\boldsymbol{Sa} &= (a_1, \cdots, a_p)\begin{pmatrix} s_{11} & \cdots & s_{1p} \\ \vdots & \vdots & \vdots \\ s_{p1} & \cdots & s_{pp} \end{pmatrix}\begin{pmatrix} a_1 \\ \vdots \\ a_p \end{pmatrix} \\ &= \sum_i {a_i}^2 s_{ii} + \sum_{i \neq j} a_i a_j s_{ij}. \end{aligned} \tag{2.20}$$

으로 표현된다.

예제 2.3

$\boldsymbol{a}$는 2×1 벡터일 때 대칭행렬 $\boldsymbol{S} = \begin{pmatrix} 3 & 1 \\ 1 & 3 \end{pmatrix}$의 이차형식을 구해 보자.

$$\begin{aligned} \boldsymbol{a}'\boldsymbol{Sa} &= (a_1\, a_2)\begin{pmatrix} 3 & 1 \\ 1 & 3 \end{pmatrix}\begin{pmatrix} a_1 \\ a_2 \end{pmatrix} \\ &= 3a_1^2 + 3a_2^2 + 2a_1a_2 \end{aligned}$$

로 이차형식을 얻게 된다.

예제 2.4

2×3 행렬 $\boldsymbol{A} = \begin{pmatrix} 3 & -1 & 2 \\ 1 & 5 & 4 \end{pmatrix}$와 $\boldsymbol{B} = \begin{pmatrix} 1 & 2 & 3 \\ -1 & 3 & 5 \end{pmatrix}$일 때,

(a) $\boldsymbol{A} + \boldsymbol{B} = \begin{pmatrix} 3 & -1 & 2 \\ 1 & 5 & 4 \end{pmatrix} + \begin{pmatrix} 1 & 2 & 3 \\ -1 & 3 & 5 \end{pmatrix} = \begin{pmatrix} 4 & 1 & 5 \\ 0 & 8 & 9 \end{pmatrix}$

(b) $\boldsymbol{B}' = \begin{pmatrix} 1 & -1 \\ 2 & 3 \\ 3 & 5 \end{pmatrix}$

(c) $AB' = \begin{pmatrix} 3 & -1 & 2 \\ 1 & 5 & 4 \end{pmatrix}\begin{pmatrix} 1 & -1 \\ 2 & 3 \\ 3 & 5 \end{pmatrix} = \begin{pmatrix} 7 & 4 \\ 23 & 34 \end{pmatrix}$

● R에서 두 행렬의 곱 (참고: %*% 연산자 사용)

```
> A=matrix(c(3,1,  -1, 5,  2,4), nc=3)
> B=matrix(c(1,-1,  2, 3,  3,5), nc=3)
> A+B
     [,1] [,2] [,3]
[1,]    4    1    5
[2,]    0    8    9
> t(B)
     [,1] [,2]
[1,]    1   -1
[2,]    2    3
[3,]    3    5
> A%*%t(B)
     [,1] [,2]
[1,]    7    4
[2,]   23   34
```

2.3 분할행렬

행렬 A와 B를 부분행렬(submatrix)로 적절하게 분할(partition)하여 다음과 같이 분할행렬(partitioned matrix)로 표기할 때,

$$A = \begin{pmatrix} A_{11} & A_{12} \\ A_{21} & A_{22} \end{pmatrix} \qquad B = \begin{pmatrix} B_{11} & B_{12} \\ B_{21} & B_{22} \end{pmatrix} \tag{2.21}$$

두 분할된 행렬의 곱은

$$\begin{aligned} AB &= \begin{pmatrix} A_{11} & A_{12} \\ A_{21} & A_{22} \end{pmatrix}\begin{pmatrix} B_{11} & B_{12} \\ B_{21} & B_{22} \end{pmatrix} \\ &= \begin{pmatrix} A_{11}B_{11} + A_{12}B_{21} & A_{11}B_{12} + A_{12}B_{22} \\ A_{21}B_{11} + A_{22}B_{21} & A_{21}B_{21} + A_{22}B_{22} \end{pmatrix} \end{aligned} \tag{2.22}$$

와 같이 부분행렬들의 곱으로 나타난다.

행렬 A가 $A = (A_1,\ A_2)$로 분할되고 벡터 b가 $b = \begin{pmatrix} b_1 \\ b_2 \end{pmatrix}$로 적절하게 분할되었을 경우, 행렬 A와 벡터 b의 곱은

$$Ab = (A_1,\ A_2)\begin{pmatrix} b_1 \\ b_2 \end{pmatrix} = A_1 b_1 + A_2 b_2 \qquad (2.23)$$

이 된다.

예제 2.5

3×4 행렬 A를 분할해 보자.

$$A=\left(\begin{array}{rrr|r} -1 & 2 & 1 & 5 \\ 0 & -3 & 4 & 2 \\ \hline 1 & 5 & 6 & 1 \end{array}\right)$$

$A_{11}=\begin{pmatrix} -1 & 2 & 1 \\ 0 & -3 & 4 \end{pmatrix}$, $A_{12}=\begin{pmatrix} 5 \\ 2 \end{pmatrix}$, $A_{21}=(1,\ 5,\ 6)$, $A_{22}=(1)$으로 분할되었다.

2.4 행렬의 계수

n개의 벡터 $a_1, a_2, \cdots, a_n$에 대해 다음의 선형조건

$$c_1 a_1 + c_2 a_2 + \cdots + c_n a_n = 0 \qquad (2.24)$$

을 만족하는 상수 $c_1,\ c_2,\ \cdots,\ c_n$ 중 0이 아닌 c_i들이 존재하면 벡터 $a_1,\ a_2, \cdots,\ a_n$은 선형종속(linearly dependent)이고, $c_1, c_2, \cdots, c_n$가 모두 0이면 $a_1, a_2, \cdots, a_n$는 선형독립(linearly independent)이다.

행렬 A의 **계수**(rank)는 선형독립인 행의 수 또는 선형독립인 열의 수이며, 또한 A의 행공간(row space)과 열공간(column space)의 공통차원이고 $rank(A)$로 표기한다. 즉,

$$\begin{aligned} rank(A) &= A\text{의 선형독립인 행벡터의 수} \\ &= A\text{의 선형독립인 열벡터의 수.} \end{aligned} \qquad (2.25)$$

A가 임의의 행렬이면 다음이 성립한다.

$$rank(A) = rank(A') \qquad (2.26)$$

예제 2.6

2×3 행렬 $\boldsymbol{A} = \begin{pmatrix} 3 & -1 & 2 \\ 1 & 5 & 4 \end{pmatrix}$에 대해 $rank(\boldsymbol{A}) = rank(\boldsymbol{A}') = 2$가 된다.

2.5 행렬의 결정식

$n \times n$ 정방행렬 $\boldsymbol{A}$에 대해 행렬의 **결정식**(determinant)은 $|\boldsymbol{A}|$ 또는 $\det(\boldsymbol{A})$로 표기한다.

2×2 행렬에서의 결정식은

$$\det\begin{pmatrix} a_{11} & a_{12} \\ a_{21} & a_{22} \end{pmatrix} = a_{11}a_{22} - a_{12}a_{21} \tag{2.27}$$

이다.

3×3 행렬에 대해서는 결정식은

$$\begin{aligned}\det\begin{pmatrix} a_{11} & a_{12} & a_{13} \\ a_{21} & a_{22} & a_{23} \\ a_{31} & a_{32} & a_{33} \end{pmatrix} &= a_{11}a_{22}a_{33} + a_{12}a_{23}a_{31} + a_{13}a_{21}a_{32} \\ &\quad - a_{13}a_{22}a_{31} - a_{12}a_{21}a_{33} - a_{11}a_{23}a_{32}\end{aligned} \tag{2.28}$$

으로 구해진다.

$\boldsymbol{A}$가 0벡터를 행이나 열에 포함하면 $\det(\boldsymbol{A}) = 0$이 된다. 또한 일반적으로

$$\det(\boldsymbol{A}) = \det(\boldsymbol{A}') \tag{2.29}$$

이 성립한다.

$\boldsymbol{A}$가 $n \times n$ 3각행렬(상3각행렬, 하3각행렬 또는 대각행렬)이면 $\det(\boldsymbol{A})$는 $\boldsymbol{A}$의 주 대각선상의 성분의 곱으로 계산된다. 즉,

$$\det(\boldsymbol{A}) = a_{11}a_{22} \cdots a_{nn} . \tag{2.30}$$

예제 2.7

2×2 행렬 $A=\begin{pmatrix}1 & 2\\-3 & 5\end{pmatrix}$의 결정식을 구해 보자.

$$|A| = 1\cdot5-2(-3)=11 \text{이다.}$$

● R에서 det() 함수를 사용하여 행렬의 결정식을 구한다.

```
> A=matrix(c(1,-3,  2,5), nc=2)
> det(A)
[1] 11
```

예제 2.8

3×3 행렬 $A=\begin{pmatrix}1 & 2 & 1\\0 & 3 & 4\\1 & 5 & 6\end{pmatrix}$의 결정식을 구해 보자.

$$\begin{aligned}|A| &= a_{11}a_{22}a_{33}+a_{12}a_{23}a_{31}+a_{13}a_{21}a_{32}-a_{13}a_{22}a_{31}-a_{12}a_{21}a_{33}-a_{11}a_{23}a_{32}\\ &=1\cdot3\cdot6+2\cdot4\cdot1+1\cdot0\cdot5-1\cdot3\cdot1-2\cdot0\cdot6-1\cdot4\cdot5=3\ .\end{aligned}$$

```
> A=matrix(c(1,0,1,  2,3,5,  1,4,6), nc=3)
> det(A)
[1] 3
```

2.6 역행렬

정칙(nonsingular)인 정방행렬 A에 대해 **역행렬**(inverse matrix) A^{-1}는 유일하게(unique) 존재한다. 즉,

$$AA^{-1}=A^{-1}A=I. \tag{2.31}$$

만일 이와 같은 역행렬이 존재하지 않으면 A를 특이행렬(singular matrix)이라고 한다. 즉 특이행렬에 대해서는 역행렬이 존재하지 않는다.

또한 정칙행렬은 다음의 성질을 만족한다.

① A가 정칙행렬이면, $rank(AB)=rank(B)$

② A,B가 정칙행렬이면, $(AB)^{-1}=B^{-1}A^{-1}$

③ $\boldsymbol{A}$가 정칙행렬일 때, $\boldsymbol{AB}=\boldsymbol{AC}$이면 $\boldsymbol{B}=\boldsymbol{C}$이다.

2×2 행렬 $\boldsymbol{A}=\begin{pmatrix} a & b \\ c & d \end{pmatrix}$에 대해 다음과 같이 역행렬이 얻어진다.

$$\boldsymbol{A}^{-1}=\frac{1}{|\boldsymbol{A}|}\begin{pmatrix} d & -b \\ -c & a \end{pmatrix} \tag{2.32}$$

여기서 결정식은 $|\boldsymbol{A}|=ad-bc$ 이다.

예제 2.9

2×2 행렬 $\boldsymbol{A}$의 역행렬을 구해 보자.

$$\boldsymbol{A}=\begin{pmatrix} 1 & 2 \\ -3 & 5 \end{pmatrix},$$

$|\boldsymbol{A}|=11$이므로 $\boldsymbol{A}^{-1}=\frac{1}{11}\begin{pmatrix} 5 & -2 \\ 3 & 1 \end{pmatrix}=\begin{pmatrix} 5/11 & -2/11 \\ 3/11 & 1/11 \end{pmatrix}$로 구해진다.

● R에서 MASS 패키지와 ginv() 함수를 사용하여 역행렬을 구한다.

```
> library(MASS)
> A=matrix(c(1,-3,  2,5), nc=2)
> ginv(A)
          [,1]       [,2]
[1,] 0.4545455 -0.1818182
[2,] 0.2727273  0.0909091
```

예제 2.10

3×3 행렬 $\boldsymbol{A}$의 역행렬을 구해 보자.

$$\boldsymbol{A}=\begin{pmatrix} 1 & 2 & 1 \\ 0 & 3 & 4 \\ 1 & 5 & 6 \end{pmatrix}$$

```
> library(MASS)
> A=matrix(c(1,0,1,  2,3,5,  1,4,6), nc=3)
> ginv(A)
           [,1]      [,2]      [,3]
[1,] -0.6666667 -2.333333  1.666667
[2,]  1.3333333  1.666667 -1.333333
[3,] -1.0000000 -1.000000  1.000000
```

2.7 양정치행렬과 반양치행렬

$\boldsymbol{x} \neq 0$인 벡터 $\boldsymbol{x}$에 대해 이차선형식 $\boldsymbol{x}'\boldsymbol{A}\boldsymbol{x} > 0$ 이면, 행렬 $\boldsymbol{A}$는 양정치행렬 (positive definite matrix)이다.

$\boldsymbol{x} \neq 0$인 벡터 $\boldsymbol{x}$에 대해 이차선형식 $\boldsymbol{x}'\boldsymbol{A}\boldsymbol{x} \geqq 0$이면, 행렬 $\boldsymbol{A}$는 반양치행렬 (positive semidefinite matrix)이다. 그리고 행렬 $\boldsymbol{A}$는 특성에 따라 다음과 같은 성질을 갖는다.

① $\boldsymbol{A}$가 양정치행렬이면 $\boldsymbol{A} = \boldsymbol{T}'\boldsymbol{T}$ 를 만족하는 정칙행렬 $\boldsymbol{T}$가 존재한다.
② $\boldsymbol{A}$가 양정치행렬이면 대각선에 위치한 원소 a_{ii}는 양수이다.
③ $\boldsymbol{A}$가 반양치행렬이면 $a_{ii} \geqq 0$ 이다.

대칭행렬 $\boldsymbol{A}$가 양정치행렬이면 다음과 동치이다.

① $\boldsymbol{x} \neq 0$인 벡터 $\boldsymbol{x}$에 대해 $\boldsymbol{x}'\boldsymbol{A}\boldsymbol{x} > 0$ 이다.
② $\boldsymbol{A}$의 고유값은 모두 양수이다.
③ $\boldsymbol{A}$의 부분행렬 $\boldsymbol{A}_k$는 양의 결정식(determinant)을 갖는다.

예제 2.11

행렬 $\boldsymbol{A} = \begin{pmatrix} 3 & -\sqrt{2} \\ -\sqrt{2} & 2 \end{pmatrix}$이 양정치행렬임을 보여라.

이차형식을 구해 보면

$$\begin{aligned} \boldsymbol{x}'\boldsymbol{A}\boldsymbol{x} &= (x_1,\ x_2)\begin{pmatrix} 3 & -\sqrt{2} \\ -\sqrt{2} & 2 \end{pmatrix}\begin{pmatrix} x_1 \\ x_2 \end{pmatrix} \\ &= (3x_1 - \sqrt{2}\,x_2)x_1 + (-\sqrt{2}\,x_1 + 2x_2)x_2 \\ &= 3x_1^2 - 2\sqrt{2}\,x_1x_2 + 2x_2^2 \\ &= 3\left(x_1 - \frac{\sqrt{2}}{3}x_2\right)^2 + \frac{4}{3}x_2^2 \geqq 0 \end{aligned}$$

$x_2 \neq 0$이고 $\boldsymbol{x}'\boldsymbol{A}\boldsymbol{x} > 0$이 되므로 $\boldsymbol{A}$는 양정치행렬이다.

$\boldsymbol{A}$가 양정치행렬이면 정칙행렬 $\boldsymbol{Q}$와 대각행렬 Λ가 존재하여 다음과 같이 분해될 수 있다:

$$\boldsymbol{A} = \boldsymbol{Q}\Lambda\boldsymbol{Q}^t = \boldsymbol{Q}\sqrt{\Lambda}\sqrt{\Lambda}\boldsymbol{Q}^t = (\sqrt{\Lambda}\boldsymbol{Q}^t)^t(\sqrt{\Lambda}\boldsymbol{Q}^t). \tag{2.33}$$

2.8 트레이스

$n \times n$ 행렬 $\boldsymbol{A}$의 **트레이스**(trace)는 정방행렬의 대각선상에 놓인 원소들의 합

$$tr(\boldsymbol{A}) = \sum_{i=1}^{n} a_{ii} \tag{2.34}$$

으로 정의되며 정방행렬 A, B에 대해 다음의 성질을 갖는다.

① $tr(\boldsymbol{A}+\boldsymbol{B}) = tr(\boldsymbol{A}) + tr(\boldsymbol{B})$
② $tr(\boldsymbol{AB}) = tr(\boldsymbol{BA})$ (2.35)

예제 2.12

행렬 $\boldsymbol{A} = \begin{pmatrix} 3 & -\sqrt{2} \\ -\sqrt{2} & 2 \end{pmatrix}$의 트레이스를 구해 보자.

2×2 행렬 $\boldsymbol{A}$의 트레이스 $tr(\boldsymbol{A}) = \sum_{i=1}^{2} a_{ii} = 3 + 2 = 5$로 계산된다.

2.9 직교벡터와 직교행렬

$p \times 1$인 벡터 $\boldsymbol{a} = (a_1, a_2, \cdots, a_p)'$와 $\boldsymbol{b} = (b_1, b_2, \cdots, b_p)'$에 대해

$$\boldsymbol{a}'\boldsymbol{b} = a_1 b_1 + a_2 b_2 + \cdots + a_n b_n = 0 \tag{2.36}$$

이면 두 벡터 $\boldsymbol{a}$와 $\boldsymbol{b}$는 직교(orthogonal)한다.

$\boldsymbol{A}^{-1} = \boldsymbol{A}'$를 만족하는 정방행렬을 **직교행렬**(orthogonal matrix)이라고 한다. 즉, $\boldsymbol{AA}' = \boldsymbol{I}$이며 $\boldsymbol{A}'\boldsymbol{A} = \boldsymbol{I}$가 되며 다음의 성질을 갖는다.

① 직교행렬의 역행렬은 직교행렬이다.
② 직교행렬의 곱은 직교행렬이다.
③ $\det(\boldsymbol{A}) = 1$ 또는 $\det(\boldsymbol{A}) = -1$이다.

예제 2.13

$\boldsymbol{A} = \begin{pmatrix} 1/\sqrt{2} & 1/\sqrt{2} \\ -1/\sqrt{2} & 1/\sqrt{2} \end{pmatrix}$는 직교행렬임을 보여라.

$$\boldsymbol{A}'\boldsymbol{A} = \begin{pmatrix} 1/\sqrt{2} & -1/\sqrt{2} \\ 1/\sqrt{2} & 1/\sqrt{2} \end{pmatrix}\begin{pmatrix} 1/\sqrt{2} & 1/\sqrt{2} \\ -1/\sqrt{2} & 1/\sqrt{2} \end{pmatrix} = \begin{pmatrix} 1 & 0 \\ 0 & 1 \end{pmatrix}$$

```
> A=matrix(c(1/sqrt(2), -1/sqrt(2),  1/sqrt(2), 1/sqrt(2)), nc=2)
> t(A)%*%A
              [,1]          [,2]
[1,]  1.000000e+00 -2.236167e-17
[2,] -2.236167e-17  1.000000e+00

> I= round(t(A)%*%A, digits=3)
> I
     [,1] [,2]
[1,]    1    0
[2,]    0    1
```

예제 2.14

$\theta°$만큼 시계 반대방향으로의 회전행렬(rotation matrix)는 직교행렬임을 보여라.

$$\boldsymbol{A}'\boldsymbol{A} = \begin{pmatrix} \cos\theta & \sin\theta \\ -\sin\theta & \cos\theta \end{pmatrix}\begin{pmatrix} \cos\theta & -\sin\theta \\ \sin\theta & \cos\theta \end{pmatrix} = \begin{pmatrix} 1 & 0 \\ 0 & 1 \end{pmatrix}$$

이므로 행렬 $\boldsymbol{A}$는 모든 θ 의 값에 대하여 직교행렬이다.

2.10 고유값과 고유벡터

2.10.1 고유값과 고유벡터 정의

$p \times p$인 정방행렬 $\boldsymbol{A}$는 p개의 고유값 $\lambda_1, \lambda_2, \cdots, \lambda_p$와 각각의 **고유값**(eigenvalue)에 해당하는 **고유벡터**(eigenvector) $\boldsymbol{x}_1, \boldsymbol{x}_2, \cdots, \boldsymbol{x}_p$를 갖는다. 이때 다음은 동치관계인 명제들이다.

① $\boldsymbol{A}\boldsymbol{x} = \lambda\boldsymbol{x}$ (2.37)

② $(\boldsymbol{A} - \lambda\boldsymbol{I})\boldsymbol{x} = 0$ (2.38)

③ $|\boldsymbol{A}-\lambda\boldsymbol{I}|=0$: 특성방정식(characteristic equation) (2.39)

④ $tr(\boldsymbol{A})=\sum_{i=1}^{p}\lambda_i$ (2.40)

⑤ $|\boldsymbol{A}|=\prod_{i=1}^{p}\lambda_i$ (2.41)

⑥ $|\boldsymbol{I}+\boldsymbol{A}|=\prod_{i=1}^{p}(1+\lambda_i)$ (2.42)

단위 고유벡터(unit eigenvector)는 $e=\dfrac{\boldsymbol{x}}{L_x}$ 와 같이 해당 벡터의 길이로 나누어 구하며, 단위 고유벡터의 길이는 1이 된다.

예제 2.15

행렬 $\boldsymbol{A}=\begin{pmatrix}4 & -5\\ 2 & -3\end{pmatrix}$의 고유값과 고유벡터를 구해 보자.

$$\det(\boldsymbol{A}-\lambda\boldsymbol{I})=|\boldsymbol{A}-\lambda\boldsymbol{I}|=\begin{vmatrix}4-\lambda & -5\\ 2 & -3-\lambda\end{vmatrix}=(4-\lambda)(-3-\lambda)+10$$
$$=\lambda^2-\lambda-2=(\lambda-2)(\lambda+1)=0$$

이므로 고유값은 $\lambda=-1$과 $\lambda=2$로 얻어진다. 각 고유값에 해당하는 고유벡터가 존재하며 $(\boldsymbol{A}-\lambda\boldsymbol{I})\boldsymbol{x}=\boldsymbol{0}$으로부터 고유벡터를 구한다.

(i) $\lambda_1=-1$

$$\boldsymbol{A}-\lambda_1\boldsymbol{I}=\begin{pmatrix}4 & -5\\ 2 & -3\end{pmatrix}-\begin{pmatrix}-1 & 0\\ 0 & -1\end{pmatrix}=\begin{pmatrix}5 & -5\\ 2 & -2\end{pmatrix}$$

이므로

$$\begin{pmatrix}5 & -5\\ 2 & -2\end{pmatrix}\begin{pmatrix}y\\ z\end{pmatrix}=\begin{pmatrix}0\\ 0\end{pmatrix}$$

를 풀면 된다. 즉 이차 연립방정식 $\begin{cases}5y-5z=0\\ 2y-2z=0\end{cases}$을 풀면 고유벡터 $\boldsymbol{x}_1=\begin{pmatrix}y\\ z\end{pmatrix}=\begin{pmatrix}1\\ 1\end{pmatrix}$ 를 얻는다. $L_{x_1}=\sqrt{2}$ 이므로 단위 고유벡터는 $\boldsymbol{e}_1=\begin{pmatrix}1/\sqrt{2}\\ 1/\sqrt{2}\end{pmatrix}$가 된다.

(ii) $\lambda_2=2$

$$\boldsymbol{A}-\lambda_2\boldsymbol{I}=\begin{pmatrix}4 & -5\\ 2 & -3\end{pmatrix}-\begin{pmatrix}2 & 0\\ 0 & 2\end{pmatrix}=\begin{pmatrix}2 & -5\\ 2 & -5\end{pmatrix}$$

이므로

$$\begin{pmatrix} 2 & -5 \\ 2 & -5 \end{pmatrix}\begin{pmatrix} y \\ z \end{pmatrix} = \begin{pmatrix} 0 \\ 0 \end{pmatrix}$$

를 풀면 된다. 즉 $2y-5z=0$을 풀면 고유벡터

$$\boldsymbol{x}_2 = \begin{pmatrix} y \\ z \end{pmatrix} = \begin{pmatrix} 5 \\ 2 \end{pmatrix}$$

를 얻는다. $L_{x_2} = \sqrt{29}$ 이므로 단위 고유벡터는 $\boldsymbol{e}_2 = \begin{pmatrix} 5/\sqrt{29} \\ 2/\sqrt{29} \end{pmatrix}$가 된다.

● R에서 eigen() 함수를 사용하여 고유값과 고유벡터를 구한다.

eigen(A)$values는 $\boldsymbol{A}$ 행렬의 고유값을, eigen(A)$vectors는 $\boldsymbol{A}$ 행렬의 고유벡터를 보여준다.

```
> A=matrix(c(4,2,   -5,-3), nc=2)
> lambda=eigen(A)
> lambda
$values
[1]  2 -1
$vectors
          [,1]      [,2]
[1,] 0.9284767 0.7071068
[2,] 0.3713907 0.7071068

> lambda$values[[1]]      # 고유값1
[1] 2
> lambda$vectors[,1]      # 고유벡터1
[1] 0.9284767 0.3713907
> lambda$values[[2]]      # 고유값2
[1] -1
> lambda$vectors[,2]      # 고유벡터2
[1] 0.7071068 0.7071068
```

2.10.2 고유값의 성질

$p \times p$ 정방행렬 $\boldsymbol{A}$가 p개의 고유값 $\lambda_1, \lambda_2, \cdots, \lambda_p$와 고유벡터 $\boldsymbol{e}_1, \boldsymbol{e}_2, \cdots, \boldsymbol{e}_p$를 가질 때, 고유값은 다음의 중요한 성질을 가지고 있다.

① 행렬 $\boldsymbol{A}$의 고유값의 합과 $tr(\boldsymbol{A})$는 같다. 즉,

$$\lambda_1 + \lambda_2 + \cdots + \lambda_p = a_{11} + a_{22} + \cdots + a_{pp} = tr(\boldsymbol{A}) \tag{2.43}$$

② 행렬 $\boldsymbol{A}$의 고유값의 곱과 $|\boldsymbol{A}|$는 같다. 즉,

$$\lambda_1\lambda_2 \cdots \lambda_p = |\boldsymbol{A}| \tag{2.44}$$

③ $\boldsymbol{A}^2$의 고유값은 λ_1^2, $\cdots$, λ_p^2이고 고유벡터는 각각 $\boldsymbol{e}_1, \boldsymbol{e}_2, \cdots, \boldsymbol{e}_p$이다.

④ $\boldsymbol{A}$가 $p \times p$ 3각행렬(상3각행렬, 하3각행렬 또는 대각행렬)이면 고유값은 정확히 주대각선상의 성분값이다. 왜냐하면

$$\boldsymbol{A} = \begin{pmatrix} a_{11} & a_{12} & \cdots & a_{1p} \\ & a_{22} & \cdots & a_{2p} \\ & & \ddots & \vdots \\ \phi & & & a_{pp} \end{pmatrix}$$

에 대해 특성방정식

$$|\boldsymbol{A} - \lambda \boldsymbol{I}| = (a_{11} - \lambda)(a_{22} - \lambda) \cdots (a_{pp} - \lambda) = 0 \tag{2.45}$$

을 풀면 $a_{11}, a_{22}, \cdots, a_{pp}$는 위 특성방정식의 해가 되기 때문이다.

⑤ 행렬 $\boldsymbol{A}$는 고유값 λ를 갖고, 행렬 $\boldsymbol{B}$는 고유값 μ를 가질 때, 두 행렬의 곱 $\boldsymbol{AB}$의 고유값이 $\lambda\mu$는 아니다.

⑥ 행렬 $\boldsymbol{A}$와 행렬 $\boldsymbol{B}$가 같은 차원의 정방행렬이면 행렬의 곱 $\boldsymbol{AB}$와 $\boldsymbol{BA}$의 고유벡터는 다르지만 고유값은 같다.

⑦ $n \times p$ 행렬 $\boldsymbol{A}$와 $p \times n$ 행렬 $\boldsymbol{B}$에 대해 행렬의 곱 $\boldsymbol{AB}$와 $\boldsymbol{BA}$의 고유값을 구하면 0이 아닌 고유값은 같고 고유벡터는 다르다.

⑧ 서로 다른 고유값에 해당하는 0이 아닌 고유벡터들은 서로 1차 독립이다.

예제 2.16

대칭행렬 $\boldsymbol{A} = \begin{pmatrix} 3 & 1 \\ 1 & 3 \end{pmatrix}$의 고유값은 $\lambda_1 = 4$, $\lambda_2 = 2$ 이다. 그러므로

$$tr(\boldsymbol{A}) = 3 + 3 = 6 = \lambda_1 + \lambda_2 = 4 + 2 = 6$$

$$|\boldsymbol{A}| = 3 \cdot 3 - 1 \cdot 1 = 8 = \lambda_1 \cdot \lambda_2 = 4 \cdot 2 = 8.$$

```
> A=matrix(c(3,1,   1,3), nc=2)
> eigen(A)
$values
[1] 4 2
$vectors
          [,1]       [,2]
```

```
[1,] 0.7071068 -0.7071068
[2,] 0.7071068  0.7071068
> sum(diag(A))    # trace(A)
[1] 6
```

2.11 스펙트럼분해

$p \times p$ 대칭행렬 $\boldsymbol{A}$는 다음과 같이 스펙트럼분해(spectral decomposition 또는 분광분해)된다.

$$\boldsymbol{A} = \boldsymbol{P}\Lambda\boldsymbol{P}' = \sum_{i=1}^{p} \lambda_i \boldsymbol{e}_i \boldsymbol{e}_i' \tag{2.46}$$

여기서 λ_i는 $\boldsymbol{A}$의 고유값이고 이에 해당하는 $\boldsymbol{e}_i$는 단위 고유벡터이다.

$\boldsymbol{PP}' = \boldsymbol{P}'\boldsymbol{P} = \boldsymbol{I}$ 를 만족하는 직교행렬 $\boldsymbol{P}$ 는 $\boldsymbol{P} = [\boldsymbol{e}_1, \cdots, \boldsymbol{e}_p]$로 이루어지며 Λ는 $\boldsymbol{A}$의 고유값들로만 이루어진 대각행렬이다. 즉,

$$\Lambda = \begin{pmatrix} \lambda_1 & & \phi \\ & \ddots & \\ \phi & & \lambda_p \end{pmatrix} \tag{2.47}$$

이며 또한

$$\boldsymbol{A}^{-1} = \boldsymbol{P}\Lambda^{-1}\boldsymbol{P}' = \sum_{i=1}^{p} \frac{1}{\lambda_i} \boldsymbol{e}_i \boldsymbol{e}_i' \tag{2.48}$$

이 성립한다.

대칭행렬 $\boldsymbol{A}$는 직교행렬 $\boldsymbol{P}$에 의해 대각화된다(diagonalized)라고 한다. 즉,

$$\boldsymbol{P}'\boldsymbol{A}\boldsymbol{P} = \Lambda \tag{2.49}$$

이 성립하여 대각행렬 Λ를 얻게 된다.

항등행렬은 고유값이 모두 1이므로 $\boldsymbol{I} = \sum_{i=1}^{p} \boldsymbol{e}_i \boldsymbol{e}_i'$로 스펙트럼분해된다. 여기서 $\boldsymbol{e}_i = (0, \cdots, 1, \cdots, 0)'$는 i번째 성분값이 1인 단위벡터이다.

2.12 제곱근행렬

$p \times p$ 양정치행렬 $\boldsymbol{A}$에 대해 다음의 관계

$$\boldsymbol{A}^{1/2}\boldsymbol{A}^{1/2} = \boldsymbol{A} \tag{2.50}$$

를 만족하는 행렬 $\boldsymbol{A}^{1/2}$을 **제곱근행렬**(square root matrix)이라고 한다.

스펙트럼분해를 이용하면

$$\boldsymbol{A}^{1/2} = \boldsymbol{P}\Lambda^{1/2}\boldsymbol{P}' = \sum_{i=1}^{p} \sqrt{\lambda_i}\,\boldsymbol{e}_i\boldsymbol{e}_i' \tag{2.51}$$

과 같이 구할 수 있다. 여기서 λ_i는 $\boldsymbol{A}$의 고유값이고 이에 해당하는 $\boldsymbol{e}_i$는 단위 고유벡터이다. 직교행렬 $\boldsymbol{P}$는 $\boldsymbol{P} = [\boldsymbol{e}_1, \cdots, \boldsymbol{e}_p]$로 이루어지며 대각행렬 Λ의 제곱근행렬

$$\Lambda^{1/2} = \begin{pmatrix} \sqrt{\lambda_1} & & \phi \\ & \ddots & \\ \phi & & \sqrt{\lambda_p} \end{pmatrix} \tag{2.52}$$

이다.

2.13 멱등행렬

행렬 $\boldsymbol{A}$에 대해 다음의 관계

$$\boldsymbol{A}^2 = \boldsymbol{A} \tag{2.53}$$

를 만족하는 행렬을 **멱등행렬**(idempotent matrix)이라고 한다.

예제 2.17

(1) $n \times n$ 행렬 $\boldsymbol{A} = \boldsymbol{I} - \frac{1}{n}\boldsymbol{J}$에 대해

$$\boldsymbol{A}^2 = (\boldsymbol{I} - \frac{1}{n}\boldsymbol{J})(\boldsymbol{I} - \frac{1}{n}\boldsymbol{J}) = \boldsymbol{I} - \frac{1}{n}\boldsymbol{J} - \frac{1}{n}\boldsymbol{J} + \frac{1}{n^2}\boldsymbol{J}\boldsymbol{J} = \boldsymbol{I} - \frac{1}{n}\boldsymbol{J} = \boldsymbol{A}$$

이다. $\boldsymbol{JJ} = n\boldsymbol{J}$이 되고 위 등식이 성립하므로 $\boldsymbol{A}$는 멱등행렬이다.

(2) $p \times p$ 행렬 $\boldsymbol{A} = \boldsymbol{X}(\boldsymbol{X}'\boldsymbol{X})^{-1}\boldsymbol{X}'$에 대해

$\boldsymbol{AA} = \boldsymbol{X}(\boldsymbol{X}'\boldsymbol{X})^{-1}\boldsymbol{X}'\boldsymbol{X}(\boldsymbol{X}'\boldsymbol{X})^{-1}\boldsymbol{X}' = \boldsymbol{X}(\boldsymbol{X}'\boldsymbol{X})^{-1}\boldsymbol{X}'$이므로 $\boldsymbol{A}$는 멱등행렬이다.

2.14 벡터와 행렬의 미분

p-차원 공간에서의 함수 $u = f(x_1, x_2, \cdots, x_p)$를 각 성분 x_i에 대해 미분하면 다음과 같다.

$$\frac{\partial u}{\partial \boldsymbol{x}} = \begin{pmatrix} \dfrac{\partial u}{\partial x_1} \\ \dfrac{\partial u}{\partial x_2} \\ \vdots \\ \dfrac{\partial u}{\partial x_p} \end{pmatrix}. \tag{2.54}$$

또한 $u = \boldsymbol{a}'\boldsymbol{x} = \boldsymbol{x}'\boldsymbol{a}$일 때,

$$\frac{\partial u}{\partial \boldsymbol{x}} = \frac{\partial \boldsymbol{a}'\boldsymbol{x}}{\partial \boldsymbol{x}} = \frac{\partial \boldsymbol{x}'\boldsymbol{a}}{\partial \boldsymbol{x}} = \boldsymbol{a} \tag{2.55}$$

이다.

대칭행렬 $\boldsymbol{A}$에 대해 $u = \boldsymbol{x}'\boldsymbol{A}\boldsymbol{x}$를 $\boldsymbol{x}$에 대해 미분하면

$$\frac{\partial u}{\partial \boldsymbol{x}} = \frac{\partial \boldsymbol{x}'\boldsymbol{A}\boldsymbol{x}}{\partial \boldsymbol{x}} = 2\boldsymbol{A}\boldsymbol{x} \tag{2.56}$$

을 얻는다.

연습문제

*** R 프로그램을 활용하여 답을 구하시오.**

2.1 주어진 행렬 $A = \begin{pmatrix} 1 & 0 \\ 0 & 1 \end{pmatrix}$에 대하여

(a) 행렬 A의 고유값(eigenvalue)과 고유벡터(eigenvector)를 구하시오.

(b) 역행렬 A^{-1}를 구하시오.

(c) A는 멱등행렬인가?

2.2 주어진 행렬과 벡터를 이용하여 계산하시오.

$$A = \begin{pmatrix} 1 & -1 & 2 \\ -1 & 3 & 3 \\ 2 & 3 & 4 \end{pmatrix} \quad B = \begin{pmatrix} 3 & -2 & 4 \\ -2 & 1 & 0 \\ 4 & 0 & 2 \end{pmatrix} \quad x = \begin{pmatrix} 1 \\ 2 \\ 3 \end{pmatrix} \quad y = \begin{pmatrix} 3 \\ 5 \\ 4 \end{pmatrix}$$

(a) $A+B$	(b) A'	(c) $x'Ay$	(d) $x'x$	(e) $x'Ax$
(f) $x'y$	(g) $A'A$	(h) AB	(i) $y'B$	(j) xx'
(k) $x+y$	(l) $x-y$	(m) $(x-y)'$	(n) xy'	(o) $A-B$
(p) $A'+B'$	(q) $(A+B)'$	(r) $3x$	(s) $(x'y)^2$	(t) BA
(u) rank(A)	(v) A^{-1}			

(w) $tr(A)$와 $tr(B)$를 구하시오.

(x) $tr(A+B) = tr(A) + tr(B)$임을 보이시오.

(y) $tr(AB) = tr(BA)$임을 보이시오.

(z) $(AB)' = B'A'$임을 보이시오.

2.3 주어진 행렬 $A = \begin{pmatrix} 2 & 1 \\ 1 & 4 \end{pmatrix}$에 대하여

(a) 행벡터를 쓰고, 2차원 좌표평면에 나타내시오.

(b) 열벡터를 쓰고, 2차원 좌표평면에 나타내시오.

(c) $rank(A)$를 구하시오.

(d) A의 고유값과 고유벡터를 구하시오.

(e) A^{-1}를 구하시오.

(f) $\boldsymbol{A}$를 스펙트럼분해(spectral decomposition)로 표현하시오.

(g) $\boldsymbol{A}^{-1}$의 고유값과 고유벡터를 구하시오.

(h) $\boldsymbol{A}$는 양정치행렬인가?

(i) $\boldsymbol{A}'\boldsymbol{A}$를 구하시오.

(j) $\boldsymbol{A}'\boldsymbol{A}$의 고유값과 고유벡터를 구하시오.

(k) $(\boldsymbol{A}'\boldsymbol{A})^{-1}$를 구하시오.

(l) $\boldsymbol{A}^2$을 구하시오.

(m) $\boldsymbol{A}^2$의 고유값과 고유벡터를 구하시오.

(n) $\boldsymbol{A}^2$을 스펙트럼분해로 표현하시오.

2.4 확률벡터 $\boldsymbol{X}$의 공분산행렬이 $\boldsymbol{\Sigma} = \begin{pmatrix} 1 & 0 & 0 \\ 0 & 9 & 0 \\ 0 & 0 & 16 \end{pmatrix}$ 일 때

(a) $rank(\Sigma)$ 를 구하시오.

(b) $\boldsymbol{\Sigma}$ 의 고유값과 고유벡터, 단위 고유벡터를 구하시오.

(c) $\boldsymbol{\Sigma}^{-1}$를 구하시오.

(d) $\boldsymbol{\Sigma}$ 를 스펙트럼분해로 표현하시오.

(e) $\boldsymbol{\Sigma}^{-1}$의 고유값과 고유벡터를 구하시오.

(f) $\boldsymbol{\Sigma}$ 는 양정치행렬인가?

(g) $\boldsymbol{\Sigma}$ 를 이용하여 $\boldsymbol{X}$의 상관행렬을 구하시오.

(h) $|\boldsymbol{\Sigma}|$를 구하고 고유값들의 곱과 일치하는지 알아보시오.

(i) $tr(\boldsymbol{\Sigma})$를 구하고 고유값들의 합과 일치하는지 알아보시오.

2.5 행렬 $\boldsymbol{A} = \begin{pmatrix} 5 & -4 & 3 \\ -4 & 8 & 6 \\ 3 & 6 & 9 \end{pmatrix}$에 대해

(a) 고유값과 고유벡터를 구하시오.

(b) $tr(\boldsymbol{A})$를 구하고 고유값들의 합과 같은지 확인해 보시오.

(c) $|\boldsymbol{A}|$를 구하고 고유값들의 곱과 같은지 확인해 보시오.

(d) $\boldsymbol{A}^{-1}$를 구하시오.

+ + +

CHAPTER 03

단순선형회귀분석

가장 간단한 형태의 회귀분석 문제는 한 개의 설명변수와 한 개의 반응변수 간의 관계식을 찾는 문제이며 이러한 경우를 단순회귀분석(simple regression analysis)이라 한다. 이 장에서는 단순선형회귀분석에 대한 개념, 가정과 방법을 설명하고, 4장에서는 설명변수가 여러 개인 경우로 확장하고자 한다.

3.1 이변량 데이터와 산점도

n개의 개체에 대해 이변량 관측벡터 $(X_1, Y_1), (X_2, Y_2), \cdots, (X_n, Y_n)$을 얻었다고 하자. n쌍의 관측값이 주어진 경우 각 개체에 대한 관측값은 2차원 공간에서의 한 점으로 표현된다. 이러한 그래프를 산점도(scatterplot 또는 scatter diagram)라고 하며 산점도의 형태로부터 두 변수 간의 관계를 조망할 수 있다. 만약 산점도에서 두 변수 간의 관계가 선형관계로 보인다면 단순선형회귀분석을 통해 적합한 함수식을 구할 수 있다.

수학적으로, 1차 직선식 $y = \beta_0 + \beta_1 x$에서 β_0는 절편, β_1은 기울기를 나타내며, 기울기 β_1이 양수이면 x가 증가할 때 y도 증가하며, 기울기 β_1이 음수이면 x가 증가할 때 y는 감소하는 관계를 나타낸다. 실제 데이터에 대해 완벽한 직선식으로의 적합은 대부분 불가능하므로 오차항 확률변수를 포함하는 통계적 모형을 통해 적합한 관계식을 구해야 한다.

회귀분석의 시작 단계에서 우선 두 변수 간 산점도를 그려 보기로 하자. [프로그램 3.1]은 R 시스템에 내장된 데이터셋 `cars`를 이용하여 속도와 거리에 대한 산점도를 그리기 위한 프로그램으로 수행 결과 〈그림 3.1〉을 얻는다. 참고로 `cars` 데이터셋은 차량의 속도(speed)와 정지까지의 거리(stopping distance)에 대한 실험 데이터셋이다. 산점도를 통해 두 변수 간의 대략적인 선형관계 또는 곡선관계 등 관련성에 대한 정보를 얻을 수 있다.

[프로그램 3.1] cars 데이터에 대한 속도와 거리 산점도

```
data(cars)
cars
attach(cars)
plot(speed, dist)    # 그림 3.1
```

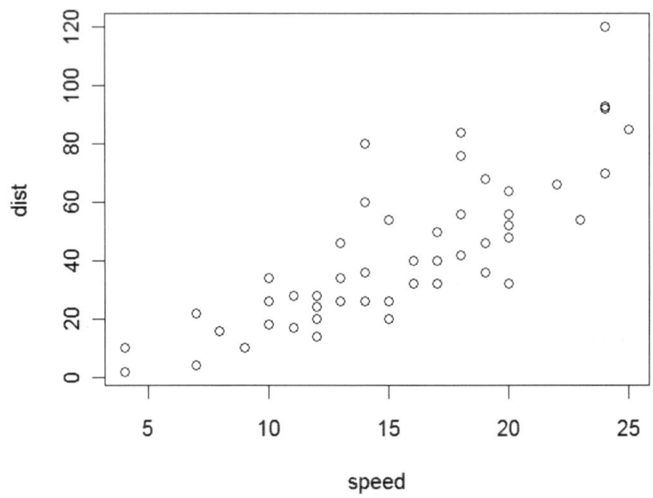

〈그림 3.1〉 cars 데이터에 대한 속도와 거리의 산점도

3.2 이변량 데이터와 상관계수

3.2.1 표본상관계수

이변량(bivariate) 데이터 $(X_1, Y_1), (X_2, Y_2), \cdots, (X_n, Y_n)$에 대해 상관성 문제를 고려해 보자. 두 변수 간의 관련성은 두 개의 연속형 변수 간의 선형상관관계를 구하여 추정할 수 있다. 두 변수 간의 상관계수는

$$\rho = cor(X, Y) = \frac{Cov(X, Y)}{\sqrt{Var(X)\, Var(Y)}} \tag{3.1}$$

으로 정의된다.

피어슨 상관계수(Pearson correlation coefficient)는 상관계수 (3.1)에 대한 추정량으로

$$r = \widehat{cor}(X, Y) = \frac{\sum_{i=1}^{n}(X_i - \overline{X})(Y_i - \overline{Y})}{\sqrt{\sum_{i=1}^{n}(X_i - \overline{X})^2 (Y_i - \overline{Y})^2}} = \frac{1}{n-1}\sum_{i=1}^{n}\left(\frac{X_i - \overline{X}}{s_X}\right)\left(\frac{Y_i - \overline{Y}}{s_Y}\right) \tag{3.2}$$

여기서

$$\overline{X} = \frac{1}{n}\sum_{i=1}^{n} X_i \qquad \overline{Y} = \frac{1}{n}\sum_{i=1}^{n} Y_i \tag{3.3}$$
$$s_X = \sqrt{\frac{1}{n-1}\sum_{i=1}^{n}(X_i - \overline{X})^2} \qquad s_Y = \sqrt{\frac{1}{n-1}\sum_{i=1}^{n}(Y_i - \overline{Y})^2}.$$

상관계수의 범위는 $-1 \le \rho \le 1$이고, 이에 대한 추정량도 $-1 \le r \le 1$이다. 상관계수값이 0에 가까울수록 상관성이 없고 1에 가까울수록 강한 양의 선형 상관성, −1에 가까울수록 강한 음의 선형 상관성을 가진다. 〈그림 3.2〉는 상관계수가 1, −1, 0에 가까운 경우의 산점도를 예시하고 있다.

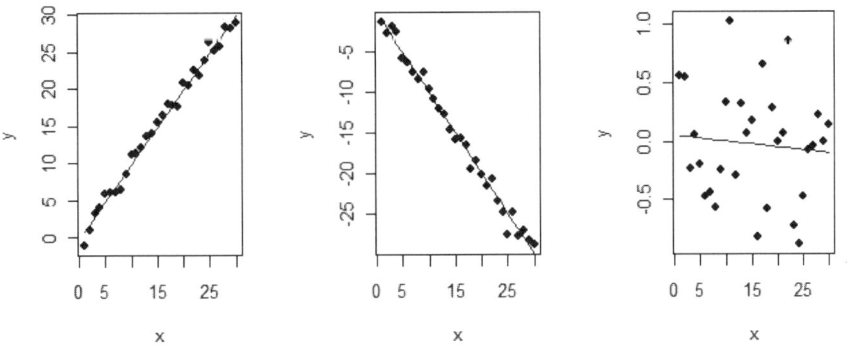

(a) $r = 0.995$ (b) $r = -0.994$ (c) $r = -0.0918$

〈그림 3.2〉 (a)강한 양의 상관관계 (b)강한 음의 상관관계 (c)상관관계가 거의 없는 예

두 변수 간의 상관관계에 대한 통계적 가설검정을 해 보자. 귀무가설이 참인 경우라면 상관계수를 0으로 받아들이게 된다. 그러므로 통계적 가설은

$$H_0: \rho = 0 \text{ (두 변수 간의 상관계수가 0 이다)} \tag{3.4}$$

에 대해

$$H_1: \rho \neq 0 \text{ (두 변수 간의 상관계수가 0 이 아니다)}.$$

이변량 데이터 n개 쌍의 상관성에 대한 검정은 피어슨 상관계수 r을 이용하여 다음의 검정통계량

$$T = \frac{r\sqrt{n-2}}{\sqrt{1-r^2}} \tag{3.5}$$

을 이용하여 상관성 검정을 한다. 검정통계량 T는 귀무가설하에서 자유도가 $n-2$인 t-분포를 따른다. 그러므로 유의수준 α 검정법은

$$|T| \geq t_{n-2}(\alpha/2) \text{ 이면 귀무가설을 기각한다.} \tag{3.6}$$

여기서 기각값 $t_{n-2}(\alpha)$는 $P(T \geq t_{n-2}(\alpha)) = \alpha$를 만족하는 값이다.

R에서는 `cor.test()` 함수를 이용하여 상관성에 대한 검정을 할 수 있다.

[프로그램 3.2] 상관계수와 상관성 검정

```
data(cars)
cars
attach(cars)
cor(speed, dist)          # 상관계수
cor.test(speed, dist)     # 상관성 검정
```

[결과 3.2] 상관계수와 상관성 검정

```
> cor(speed, dist)          # 상관계수
[1] 0.8068949
> cor.test(speed, dist)     # 상관성 검정
        Pearson's product-moment correlation
data:  speed and dist
t = 9.464, df = 48, p-value = 1.49e-12
alternative hypothesis: true correlation is not equal to 0
95 percent confidence interval:
 0.6816422 0.8862036
sample estimates:
      cor
0.8068949
```

[결과 3.2]를 보면 상관계수는 0.8068로 양의 상관성이 매우 강한 편이고, 상관성에 대한 검정 결과 $p-$값 $= 1.49 \times 10^{-12} < 0.05$로 유의수준 5%에서 H_0를 기각한다. 즉 속도와 거리 간의 상관관계가 매우 유의하다.

3.2.2 표본상관계수 해석시의 유의점

두 변수의 상관성을 측정하는 표본상관계수에 대해 유의할 점을 알아보기로 한다. 〈그림 3.3〉에서 보면 두 경우 모두 표본상관계수는 0에 가깝지만 (a)는 선형 상관성이 거의 없는 편이다. (b)는 곡선 상관성이 매우 강함에도 불구하고 표본상관계수는 0이다. 즉 표본상관계수 r은 곡선 상관성에 대한 측도는 아니다.

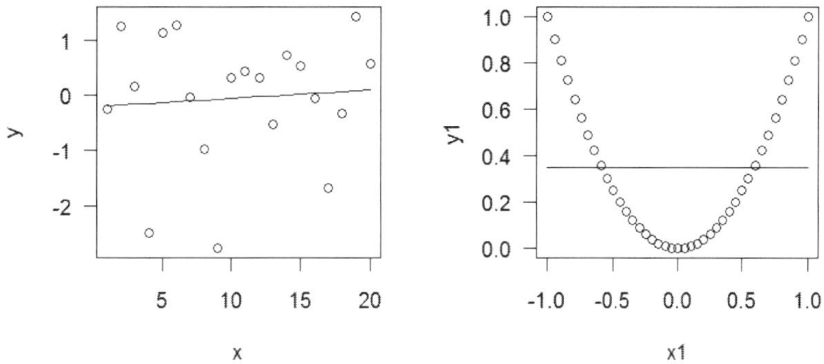

(a) $r = 0.0746$ (b) $r = 0$

〈그림 3.3〉 표본상관계수가 거의 0인 경우

3.3 단순선형회귀모형

한 개의 설명변수(독립변수) X 와 한 개의 반응변수(종속변수) Y 간의 선형관계식을 구하고자 할 때 일차 선형모형(linear model)

$$Y = \beta_0 + \beta_1 X + \epsilon \tag{3.7}$$

을 적합하고자 한다.

이변량 관측벡터 $(X_1, Y_1), (X_2, Y_2), \cdots, (X_n, Y_n)$에 대해 단순선형회귀모형(simple linear regression model)은

$$Y_i = \beta_0 + \beta_1 X_i + \epsilon_i, \quad i = 1, 2, \cdots, n \tag{3.8}$$

로 표현할 수 있으며, 여기서 회귀모수(regression parameter)로 β_0는 절편(intercept), β_1은 기울기(slope), 오차항 $\epsilon_i \sim iid\ N(0, \sigma^2)$을 가정한다. 이와 같은 가정은 〈그림 3.4〉에서 볼 수 있듯이 반응변수 각 점에서 오차가 확률분포를 가짐을 의미한다.

단순선형회귀모형 (3.8)을 벡터와 행렬을 이용해

$$Y = X\beta + \epsilon \tag{3.9}$$

로 표현할 수 있다. 여기서

$$Y = \begin{pmatrix} Y_1 \\ Y_2 \\ \vdots \\ Y_n \end{pmatrix}, \quad x_i = \begin{pmatrix} 1 \\ X_i \end{pmatrix}, \quad X = \begin{pmatrix} x_1{}' \\ \vdots \\ x_n{}' \end{pmatrix} = \begin{pmatrix} 1 & X_1 \\ \vdots & \vdots \\ 1 & X_n \end{pmatrix}, \quad \beta = \begin{pmatrix} \beta_0 \\ \beta_1 \end{pmatrix}, \quad \epsilon = \begin{pmatrix} \epsilon_1 \\ \epsilon_2 \\ \vdots \\ \epsilon_n \end{pmatrix} \tag{3.10}$$

으로 Y와 ϵ은 $n \times 1$ 벡터, x_i와 β는 2×1 벡터이고 X는 $n \times 2$ 행렬이다.

일반적으로 회귀분석의 단계는 다음과 같다.

(1) 산점도를 그려 변수 간의 관계를 살펴보고 예측한다.

(2) 회귀모형 설정 및 모수추정: 최소제곱법 등을 이용하여 모형에 포함된 모수를 추정한다.

(3) 회귀계수에 대한 유의성 검정: 각 회귀계수의 유의성을 검정한다.

(4) 모형 적합도: R^2(결정계수), R^2_{adj}(수정된 결정계수) 등 여러 가지 통계량들을 이용하여 모형의 적합성에 대해 판단한다.

(5) 모형 진단: 추정한 모형의 적합도를 진단하여 적절한 모형여부를 판단하게 된다. 잔차그림을 통해 독립성, 등분산성을 검토하고 Q-Q 그림 등을 통해 정규성에 대해 알아본다.

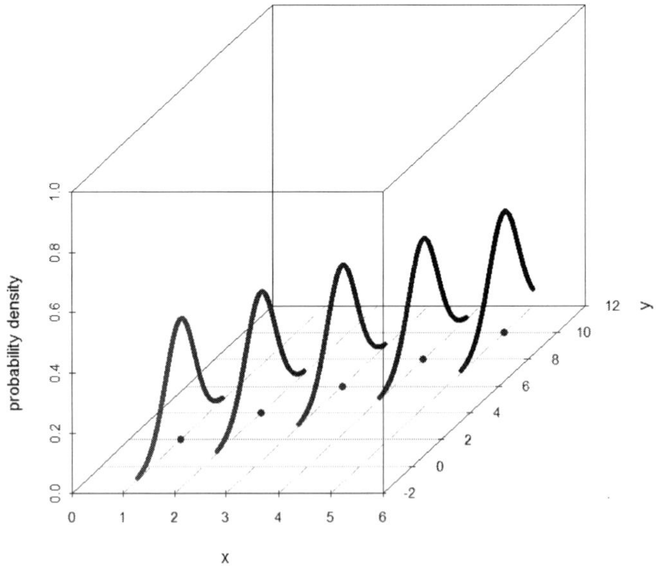

〈그림 3.4〉 회귀직선의 각 반응변수에서 오차의 분포(정규분포의 경우)

3.4 모수추정

분석하고자 하는 회귀모형을 결정한 후에는 모형에 포함된 모수를 추정해야 한다. 이 절에서는 오차제곱합을 최소로 하는 최소제곱추정량과 우도함수를 구할 수 있는 경우 우도함수를 최대로 하는 최대우도추정량에 대해 설명하고자 한다.

3.4.1 최소제곱법을 이용한 모수추정

표본 데이터로부터 회귀계수를 추정하는 방법 중 가장 널리 이용되는 방법은 오차제곱합을 최소화하는 최소제곱법(least squares method)이다. 다음의 오차제곱합

$$S = S(\beta_0, \beta_1) = \sum_{i=1}^{n} {\epsilon_i}^2 = \sum_{i=1}^{n} (Y_i - \beta_0 - \beta_1 X_i)^2 \tag{3.11}$$

을 구하고 $S(\beta_0, \beta_1)$를 최소화하도록 회귀계수에 대한 최소제곱추정량 $\hat{\beta}_0$과 $\hat{\beta}_1$을 구하면 정리 3.1을 얻는다.

정리 3.1

단순선형회귀모형 (3.8)에서 회귀계수 β_0와 β_1의 최소제곱추정량(least squares estimator)은

$$\hat{\beta}_1 = \frac{S_{XY}}{S_{YY}} = \frac{\sum_{i=1}^{n}(X_i - \overline{X})(Y_i - \overline{Y})}{\sum_{i=1}^{n}(X_i - \overline{X})^2} = \frac{\sum_{i=1}^{n} X_i Y_i - n\overline{X}\,\overline{Y}}{\sum_{i=1}^{n} X_i^2 - n\overline{X}^2} \tag{3.12}$$

$$\hat{\beta}_0 = \overline{Y} - \hat{\beta}_1 \overline{X}$$

이다. 여기서

$$\overline{X} = \frac{1}{n}\sum_{i=1}^{n} X_i, \quad \overline{Y} = \frac{1}{n}\sum_{i=1}^{n} Y_i \tag{3.13}$$

S_{XX}는 X의 수정제곱합(corrected sum of squares), S_{YY}는 Y의 수정제곱합, S_{XY}는 X와 Y의 교차곱은 각각

$$S_{XX} = \sum_{i=1}^{n}(X_i - \overline{X})^2 \tag{3.14}$$

$$S_{YY} = \sum_{i=1}^{n}(Y_i - \overline{Y})^2$$
$$S_{XY} = \sum_{i=1}^{n}(X_i - \overline{X})(Y_i - \overline{Y})$$

으로 표기한다. 회귀모형에 의한 추정식은

$$\widehat{Y} = \widehat{\beta_0} + \widehat{\beta_1}X \tag{3.15}$$

이 된다.

증명 오차제곱들의 합

$$S = \sum_{i=1}^{n}\epsilon_i^{\ 2} = \sum_{i=1}^{n}(Y_i - \beta_0 - \beta_1 X_i)^2$$

을 최소로 하는 β_0와 β_1의 해를 구하고자 한다. S를 β_0와 β_1에 대해 각각 편미분하여 0으로 놓고

$$\frac{\partial S}{\partial \beta_0} = -2\sum(Y_i - \beta_0 - \beta_1 X_i) = 0 \tag{3.16}$$
$$\frac{\partial S}{\partial \beta_1} = -2\sum X_i(Y_i - \beta_0 - \beta_1 X_i) = 0$$

정리하면

$$\beta_0 n + \beta_1 \sum X_i = \sum Y_i \tag{3.17}$$
$$\beta_0 \sum X_i + \beta_1 \sum X_i^2 = \sum X_i Y_i$$

을 얻고 이 식을 정규방정식(normal equation)이라고 한다. 다음의 이차 편미분행렬

$$\boldsymbol{G} = \begin{pmatrix} \dfrac{\partial^2 S}{\partial \beta_0^2} & \dfrac{\partial^2 S}{\partial \beta_0 \partial \beta_1} \\ \dfrac{\partial^2 S}{\partial \beta_1 \partial \beta_0} & \dfrac{\partial^2 S}{\partial \beta_1^2} \end{pmatrix} \tag{3.18}$$

가 양정치행렬이면 정규방정식의 해가 S를 최소화한다. 행렬 $\boldsymbol{G}$가 양정치행렬이기 위해서는

$$\frac{\partial^2 S}{\partial \beta_0^2} > 0, \quad |G| > 0 \tag{3.19}$$

이어야 하는데, 계산해 보면

$$\frac{\partial^2 S}{\partial \beta_0^2} = 2n > 0, \quad |G| = \begin{vmatrix} 2n & 2\sum X_i \\ 2\sum X_i & 2\sum X_i^2 \end{vmatrix} = 4n\sum(X_i - \overline{X})^2 > 0 \tag{3.20}$$

을 만족한다. 정규방정식을 β_0와 β_1에 대해 풀면 최소제곱추정량

$$\widehat{\beta_1} = \frac{n\sum X_i Y_i - \sum X_i \sum Y_i}{\sum X_i^2 - (\sum X_i)^2} = \frac{\sum X_i Y_i - n\overline{X}\,\overline{Y}}{\sum X_i^2 - n\overline{X^2}} \tag{3.21}$$

$$= \frac{\sum_{i=1}^{n}(X_i - \overline{X})(Y_i - \overline{Y})}{\sum_{i=1}^{n}(X_i - \overline{X})^2} = \frac{S_{XY}}{S_{XX}}$$

$$\widehat{\beta_0} = \frac{\sum Y_i \sum X_i^2 - \sum X_i \sum X_i Y_i}{n\sum X_i^2 - (\sum X_i)^2} = \frac{\overline{Y}\sum X_i^2 - \overline{X}\sum X_i Y_i}{\sum X_i^2 - n\overline{X}^2} \tag{3.22}$$

$$= \frac{\overline{Y}(\sum X_i^2 - n\overline{X^2}) - \overline{X}(\sum X_i Y_i - n\overline{X}\,\overline{Y})}{\sum X_i^2 - nX^2}$$

$$= \overline{Y} - \overline{X}\frac{S_{XY}}{S_{XX}} = \overline{Y} - \widehat{\beta_1}\overline{X}$$

그러므로 (3.12) 결과를 얻는다. ■

〈그림 3.5〉는 회귀분석에서 추정값을 구하는 방법을 기하학적 표현한 것으로, 회귀추정량 $\hat{Y}$은 반응벡터 Y를 X가 생성하는 공간에 투영(프로젝션, projection)하여 구해짐을 나타낸다.

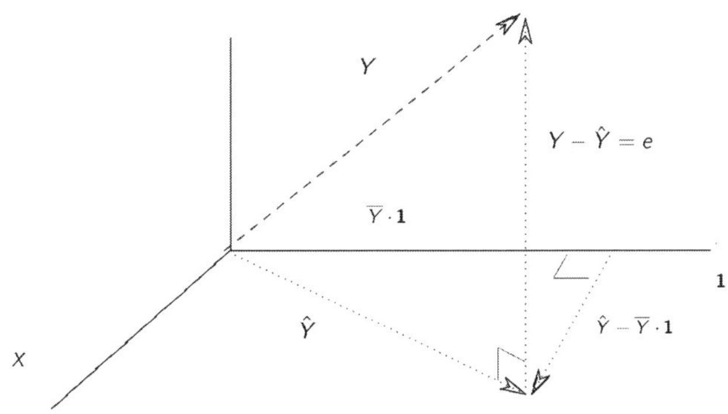

〈그림 3.5〉 회귀추정에 대한 기하학적 표현

회귀모형 (3.8)에서 회귀모수에 대한 추정량은 (3.21)과 (3.22)에서와 같이 얻는다. 이제 회귀모형에서의 분산모수 σ^2에 대한 추정량을 구해 보자.

σ^2에 대한 불편추정량은 잔차제곱합(residual sum of squares) RSS를

$$잔차자유도 = 관측개체수 - 모형에서 모수의 수 \tag{3.23}$$

로 나눈 추정량으로

$$\widehat{\sigma^2} = \frac{RSS}{n-2} \tag{3.24}$$

여기서

$$RSS = \sum_{i=1}^{n}(Y_i - \widehat{Y_i})^2 = \sum_{i=1}^{n}(Y_i - \overline{Y_i})^2 - \widehat{\beta_1^2}\sum_{i=1}^{n}(X_i - \overline{X})^2 \tag{3.25}$$

으로 표현된다.

단순선형회귀모형의 경우에는 기울기 회귀계수 추정량 $\widehat{\beta_1}$과 상관계수 r 간에 다음과 같은 관계가 성립한다.

$$\begin{aligned} r &= \frac{\sum_{i=1}^{n}(X_i - \overline{X})(Y_i - \overline{Y})}{\sqrt{\sum_{i=1}^{n}(X_i - \overline{X})^2(Y_i - \overline{Y})^2}} \\ &= \frac{\sum_{i=1}^{n}X_iY_i - n\overline{X}\,\overline{Y}}{\sqrt{\sum_{i=1}^{n}(X_i - \overline{X})^2}\sqrt{\sum_{i=1}^{n}(Y_i - \overline{Y})^2}} \\ &= \frac{\sqrt{S_{XX}}}{\sqrt{S_{YY}}}\widehat{\beta_1} \end{aligned} \tag{3.26}$$

그러므로 $r > 0$이면 회귀직선식은 양의 기울기를 갖고, $r < 0$이면 회귀직선식은 음의 기울기를 갖는다.

3.4.2 정규성 가정의 경우 우도함수를 이용한 모수추정

오차항이 정규분포를 따른다고 가정할 수 있다면 오차항에 대한 우도함수를 구할 수 있으므로 우도함수를 이용한 추론을 할 수 있다.

이변량 데이터 $(X_1, Y_1), (X_2, Y_2), \cdots, (X_n, Y_n)$에 대한 결합우도함수(joint likelihood)는

$$\begin{aligned} L(Y_1,\cdots,Y_n|\beta_0,\beta_1,\sigma^2,X_1,\cdots,X_n) &= \prod_{i=1}^{n} P(Y_i|\beta_0,\beta_1,\sigma^2,X_i) \\ &= \prod_{i=1}^{n}(2\pi\sigma^2)^{-\frac{1}{2}} e^{-\frac{(Y_i-\beta_0-\beta_1X_i)^2}{2\sigma^2}} \\ &= (2\pi\sigma^2)^{-\frac{n}{2}}\exp\left\{-\frac{1}{2\sigma^2}\sum_{i=1}^{n}(Y_i-\beta_0-\beta_1X_i)^2\right\} \end{aligned} \tag{3.27}$$

로그우도함수 $LL=\log L$이라 놓고 β_0에 대한 미분과 β_1에 대한 미분

$$\frac{\partial LL}{\partial\beta_0}=0, \qquad \frac{\partial LL}{\partial\beta_1}=0 \tag{3.28}$$

을 각각 구해 연립방정식을 풀면

$$\widehat{\beta_1}=\frac{\sum_{i=1}^{n}(X_i-\overline{X})(Y_i-\overline{Y})}{\sum_{i=1}^{n}(X_i-\overline{X})^2} \tag{3.29}$$

$$\widehat{\beta_0}=\overline{Y}-\widehat{\beta_1}\overline{X}$$

을 얻는다. 또한 σ^2에 대한 미분

$$\frac{\partial LL}{\partial\sigma^2}=0 \tag{3.30}$$

으로 σ^2에 대한 최대우도추정량

$$\widehat{\sigma_{ML}}^2=\frac{1}{n}\sum_{i=1}^{n}(Y_i-\widehat{\beta_0}-\widehat{\beta_1}X_i)^2 \tag{3.31}$$

을 얻는다. 그러므로 회귀계수에 대한 최소제곱추정량과 최대우도추정량은 같으나 분산모수에 대한 최소제곱추정량과 최대우도추정량은 분모의 자유도에 차이가 난다.

3.4.3 추정량의 성질

정리 3.1에서 구한 회귀계수의 최소제곱추정량은 불편성(unbiasedness)과 최소분산성(minimum variance)을 만족하므로 가장 우수한 추정량이며 다음 정리에서

선형모형에서의 최적추정량이 최소제곱추정량임을 보인다.

정리 3.2 가우스-마코프 정리(Gauss-Markov Theorem)

선형회귀모형에서 오차항의 기댓값이 0이고 서로 독립이며 등분산인 경우, 회귀계수에 대한 최적선형불편추정량(best linear unbiased estimator : BLUE)은 최소제곱추정량이다.

증명 4장 정리 4.2의 다중 선형회귀모형에 대한 증명을 참조하라. ■

β_0와 β_1에 대한 최소제곱추정량 $\widehat{\beta_0}$과 $\widehat{\beta_1}$은 불편추정량(unbiased estimator)으로 기댓값은

$$\begin{aligned} E(\widehat{\beta_0}) &= \beta_0, \\ E(\widehat{\beta_1}) &= \beta_1. \end{aligned} \tag{3.32}$$

최소제곱추정량 $\widehat{\beta_0}$와 $\widehat{\beta_1}$의 분산은 다음과 같다:

$$\begin{aligned} Var(\widehat{\beta_0}) &= \sigma^2\left(\frac{1}{n}+\frac{\overline{X^2}}{\sum_{i=1}^{n}(X_i-\overline{X})^2}\right) \\ Var(\widehat{\beta_1}) &= \frac{\sigma^2}{\sum_{i=1}^{n}(X_i-\overline{X})^2}. \end{aligned} \tag{3.33}$$

또한

$$E(\widehat{\sigma^2}) = \sigma^2 \tag{3.34}$$

이 성립하므로 $\widehat{\sigma^2}$은 σ^2에 대한 불편추정량이다.

최소제곱추정량 $\widehat{\beta_0}$과 $\widehat{\beta_1}$의 분산추정량은, σ^2에 대한 불편추정량 $\widehat{\sigma^2}$을 이용하여

$$\begin{aligned} \widehat{Var}(\widehat{\beta_0}) &= \widehat{\sigma^2}\left(\frac{1}{n}+\frac{\overline{X}^2}{\sum_{i=1}^{n}(X_i-\overline{X})^2}\right) \\ \widehat{Var}(\widehat{\beta_1}) &= \frac{\widehat{\sigma^2}}{\sum_{i=1}^{n}(X_i-\overline{X})^2} \end{aligned} \tag{3.35}$$

이다.

회귀계수추정량의 표준오차(standard error)는

$$se(\widehat{\beta_0}) = \sqrt{\widehat{Var}(\widehat{\beta_0})}$$
$$se(\widehat{\beta_1}) = \sqrt{\widehat{Var}(\widehat{\beta_1})} \quad (3.36)$$

이다.

3.5 모형에 대한 적합도 검정

회귀모형을 추정한 후에는 그 모형에 대한 적합성 또는 타당성에 대한 평가를 해야 한다. 적합도가 낮다면 적합도가 높은 적절한 회귀모형을 찾아야 한다. 이 절에서는 모형의 적합성에 대한 측도로 결정계수, 모형에 대한 검정으로 회귀계수에 대한 검정, 그리고 잔차에 대한 검토 등에 대해 설명하도록 한다.

3.5.1 결정계수

설명변수 X_i에서 반응추정값(predicted value)은

$$\widehat{Y_i} = \widehat{\beta_0} + \widehat{\beta_1} X_i, \quad i = 1, 2, \cdots, n \quad (3.37)$$

이다.

오차의 추정값인 잔차(residual)는

$$e_i = Y_i - \widehat{Y_i}, \quad i = 1, 2, \cdots, n \quad (3.38)$$

으로 정의된다.

총변동(TSS)을 회귀식에 의한 변동(SSR)과 오차변동(SSE)으로 분해하면

$$\sum_{i=1}^{n}(Y_i - \overline{Y})^2 = \sum_{i=1}^{n}(\hat{Y}_i - \overline{Y})^2 + \sum_{i=1}^{n}(Y_i - \widehat{Y_i})^2 \quad (3.39)$$

전체제곱합 = 회귀제곱합 + 오차제곱합

$$TSS = SSR + SSE$$

이 된다. 여기서 전체평균과의 총변동은 TSS(total sum of squares), 회귀식에 의한 변동은 SSR(sum of squares due to regression), 오차에 의한 변동은 SSE (sum of squares due to error)로 표기한다.

추정된 회귀식의 설명력에 대한 측도로 결정계수(determination coefficient) R^2을 사용한다. R^2은 전체 변동에 대해 추정된 회귀식에 의해 설명되는 양으로

$$R^2 = \frac{SSR}{TSS} = \frac{\sum_{i=1}^{n}(\hat{Y}_i - \overline{Y})^2}{\sum_{i=1}^{n}(Y_i - \overline{Y})^2} \tag{3.40}$$

으로 정의되며 $0 \le R^2 \le 1$이고 R^2값이 클수록 추정된 회귀식의 설명력이 높다고 할 수 있다. 총변동을 회귀모형에 의한 변동과 오차 요인에 의한 변동으로 분해하여 분산분석표로 정리하면 〈표 3.1〉과 같다.

〈표 3.1〉 단순회귀모형 분산분석표

요인 (source)	자유도 (df)	제곱합 (SS)	평균제곱합 (MS)	F-통계량	유의수준 α 기각값
모형(model)	1	SSR	$MSR = \frac{SSR}{1}$	$F_{model} = \frac{MSR}{MSE}$	$F_{1,n-2}(\alpha)$
오차(error)	$n-2$	SSE	$MSE = \frac{SSE}{n-2}$		
총합(Total)	$n-1$	TSS			

모형의 유의성에 대해 통계적 가설

$$H_0 : Y = \beta_0 + \epsilon \text{ 대해 } H_1 : Y = \beta_0 + \beta_1 X + \epsilon \tag{3.41}$$

에 대한 검정을 할 수 있다. 〈표 3.1〉에서 검정통계량

$$F_{model} = \frac{(TSS - SSE)/1}{SSE/(n-2)} \tag{3.42}$$

은 두 모형에 대한 비교를 나타내는 $F-$통계량으로 H_0 하에서 분자 자유도 1, 분모 자유도 $n-2$인 $F-$분포를 따르는 확률변수이다. 그러므로 유의수준 α에서 검정법은

$$F_{model} \ge F_{1,n-2}(\alpha) \text{이면 } H_0\text{를 기각한다.} \tag{3.43}$$

여기서 $F_{1,n-2}(\alpha)$는 분자 자유도 1, 분모 자유도 $n-2$인 $F-$분포를 따르는 확률변수 F에 대해 $P(F \geq F_{1,n-2}(\alpha)) = \alpha$를 만족하는 값이다.

3.5.2 회귀계수에 대한 검정

회귀모형에서 회귀계수는 변수 간의 관계를 나타내는 부분이다. 이러한 회귀계수 벡터에 대한 유의성이 모형의 유의성을 결정하게 되므로 여기서는 회귀계수에 대한 검정을 설명하기로 한다.

절편 회귀계수(intercept regression coefficient)에 대한 유의성 검정을 알아보자. 특정하게 주어진 값 $\beta_0{}^*$에 대해 다음의 가설

$$H_0 : \beta_0 = \beta_0{}^* \text{ 대해 } H_1 : \beta_0 \neq \beta_0{}^* \tag{3.44}$$

에 대한 $t-$검정을 한다. 검정통계량

$$t = \frac{\widehat{\beta_0} - \beta_0{}^*}{[\widehat{Var}(\widehat{\beta_0})]^{1/2}} = \frac{\widehat{\beta_0} - \beta_0{}^*}{\left[MSE\left(\frac{1}{n} + \frac{\overline{X}^2}{(n-1)\sum_{i=1}^{n}(X_i - \overline{X})^2}\right)\right]^{1/2}} \tag{3.45}$$

은 H_0 하에서 t_{n-2} 분포를 따르며 절편 회귀계수에 관한 가설들에 대해 유의수준 α에서 검정법은

$$\text{만일 } |t| \geq t_{n-2}(\alpha/2) \text{ 이면 } H_0\text{를 기각한다.} \tag{3.46}$$

기울기 회귀계수(slope regression coefficient)에 대한 유의성 검정으로 특정하게 주어진 $\beta_1{}^*$에 대해 다음의 가설

$$H_0 : \beta_1 = \beta_1{}^* \text{ 대해 } H_1 : \beta_1 \neq \beta_1{}^* \tag{3.47}$$

에 대한 $t-$검정을 한다. 검정통계량

$$t = \frac{\widehat{\beta_1} - \beta_1{}^*}{[\widehat{Var}(\widehat{\beta_1})]^{1/2}} = \frac{\widehat{\beta_1} - \beta_1{}^*}{\left[\frac{MSE}{\sum_{i=1}^{n}(X_i - \overline{X})^2}\right]^{1/2}} \tag{3.48}$$

은 H_0 하에서 t_{n-2} 분포를 따르며 기울기 회귀계수에 관한 가설들에 대해 유의수

준 α에서 검정법은

$$\text{만일 } |t| \geq t_{n-2}(\alpha/2) \text{이면 } H_0\text{를 기각한다.} \tag{3.49}$$

3.5.3 회귀계수에 대한 신뢰구간과 예측구간

각 회귀계수에 대한 구간추정을 해 보자. 회귀계수에 대한 신뢰구간은 3.5.2절의 내용으로부터 t-분포를 이용하여 구할 수 있다.

β_j에 대한 $100(1-\alpha)\%$ 신뢰구간(confidence interval)은

$$\hat{\beta}_j \pm t_{n-2}(\alpha/2)\sqrt{\widehat{Var}(\hat{\beta}_j)}, \quad j=0,1 \tag{3.50}$$

으로 구한다.

추정된 회귀식은 다른 설명변수값에 대한 반응변수값을 예측(predict)하는 데 사용된다. 모수추정에 사용되지 않은 미래 또는 새로운 설명변수값 X_*에서 해당되는 새로운 반응변수값 Y_*를 예측하는 경우를 생각해 보자. Y_*의 점예측량(point predictor)을

$$\widetilde{Y}_* = \hat{\beta}_0 + \hat{\beta}_1 X_* \tag{3.51}$$

라고 놓는다. $\widetilde{Y}_*$는 아직 관측되지 않은 Y_*의 기댓값을 예측하는 것이므로 분산은 두 개의 성분 즉 $\hat{\beta}_0$과 $\hat{\beta}_1$의 추정값에서의 변동과 Y_*가 $E(Y_*)$와 일치하지 않는데 기인한 변동을 갖게 된다. 즉,

$$\begin{aligned} E[(\widetilde{Y}_* - Y_*)^2] &= E\{[\widetilde{Y}_* - E(Y_*)] - [Y_* - E(Y_*)]\}^2 \\ &= E[\widetilde{Y}_* - E(Y_*)]^2 + E[Y_* - E(Y_*)]^2 - 2E[\widetilde{Y}_* - E(Y_*)][Y_* - E(Y_*)] \\ &= Var(\hat{Y}) + \sigma^2 \end{aligned} \tag{3.52}$$

이 된다. 왜냐하면 미래 예측값 $\widetilde{Y}_*$는 과거 데이터로부터 예측한 값이고 새로운 반응변수값 Y_*는 미래에 관측되는 값이므로 서로 독립이므로 기댓값을 구하면 $E[\widetilde{Y}_* - E(Y_*)][Y_* - E(Y_*)] = 0$이 된다.

미래 예측값 $\widetilde{Y}_*$에 대한 분산을 구하면

$$Var(\widetilde{Y}_*|X_*) = \sigma^2 + \sigma^2\left(\frac{1}{n} + \frac{(X_* - \overline{X})^2}{\sum_{i=1}^{n}(X_i - \overline{X})^2}\right) \tag{3.53}$$

이므로 분산추정량은

$$\widehat{Var}(\widetilde{Y_*}|X_*) = \widehat{\sigma^2}\left(1 + \frac{1}{n} + \frac{(X_* - \overline{X})^2}{\sum_{i=1}^{n}(X_i - \overline{X})^2}\right) \tag{3.54}$$

이다.

모형추정에 사용한 X의 범위에서 Y에 대한 $100(1-\alpha)\%$ 신뢰구간은 β_0와 β_1의 신뢰구간을 구할 경우와 마찬가지로 두 회귀계수의 결합신뢰구간을 이용해 다음과 같이 구한다.

$$\widehat{\beta_0} + \widehat{\beta_1}X \pm F_{1,n-2}^{1/2}(\alpha)\sqrt{\widehat{\sigma^2}\left(\frac{1}{n} + \frac{(X - \overline{X})^2}{\sum_{i=1}^{n}(X_i - \overline{X})^2}\right)}. \tag{3.55}$$

3.6 잔차분석

오차에 대한 추정량은 관측값과 추정값의 차이로 잔차로 표현된다. 잔차는 회귀모형에 의하여 설명되지 않는 변동의 크기를 나타낸다. 앞에서 가정한 오차에 대한 가정들의 성립여부는 잔차들을 검토해 봄으로써 알 수 있으므로 잔차분석이 중요하다.

선형회귀모형에서 오차항에 대한 가정은 다음과 같다.

(1) $E(\epsilon_i) = 0$

(2) $V(\epsilon_i) = \sigma^2$ (등분산성)

(3) ϵ_i는 서로 독립이다 (독립성).

(4) ϵ_i는 모든 i에 대해 정규분포를 따른다 (정규성).

3.6.1 회귀함수의 선형성

선형회귀함수가 적합한가 적합하지 않은가에 대한 문제는 선형회귀모형을 가정하고서 자료의 산점도를 그려 보거나 설명변수에 대한 잔차산점도 또는 반응변수에 대한 잔차산점도를 그려 보아 짐작할 수 있다. 회귀모형이 타당하고 오차의 등분산성이 성립된다면 잔차산점도를 그렸을 때 잔차들이 0을 중심으로 랜덤하게 나타나야 한다. 예를 들어, 잔차산점도에서 잔차가 이차곡선이나 삼차곡선의 형태가 나타난다면 가정된 선형회귀함수는 적절하지 못하다고 할 수 있다.

3.6.2 오차항의 등분산성과 독립성

잔차는 회귀직선의 모형이 타당하고 오차의 등분산성이 성립된다면, X에 대해 산점도 또는 Y에 대해 산점도를 그렸을 때 0을 중심으로 랜덤하게 나타나고, x축 변수에 따라 어떤 경향도 나타나지 않아야 하며 다음의 특성을 갖는다.

(i) 잔차 e_i의 합은 0이다.

$$\bar{e} = \frac{1}{n}\sum_{i=1}^{n} e_i = 0 \tag{3.56}$$

(ii) 단순선형회귀모형에서 잔차의 분산은 다음과 같다.

$$s_e^2 = \frac{1}{n-2}\sum_{i=1}^{n} e_i^2 \tag{3.57}$$

잔차에 대한 독립성 검정으로 Durbin-Watson 검정을 할 수 있다. 다음의 독립성 가설

$$H_0 : \rho = 0 \text{ (두 변수 간의 상관계수가 0이다)} \tag{3.58}$$

대해

$$H_1 : \rho \neq 0 \text{ (두 변수 간의 상관계수가 0이 아니다)}$$

를 검정하기 위한 Durbin-Watson 검정통계량은

$$d = \frac{\sum_{i=2}^{n}(e_i - e_{i-1})^2}{\sum_{i=1}^{n} e_i^2} \tag{3.59}$$

이며 검정법은

만약 $d < d_L$이면 H_0를 기각한다. (3.60)
만약 $d > d_U$이면 H_0를 기각하지 못한다.
만약 $d_L < d < d_U$이면 H_0 기각여부를 결정하지 못한다.

여기서 d_L, d_U는 설명변수의 개수 k에 의존하여 결정된다.

R에서는 `library(lmtest)`와 `dwtest()`를 사용해 Durbin-Watson 검정을 할 수 있다.

3.6.3 오차항의 정규성

오차항의 확률분포가 정규분포에서 많이 벗어나는 경우는 정규성을 가정한 가설 검정 등의 추론을 할 수 없다. 정규성을 만족해야만 앞 절에서 설명한 정규성 가정 하에서의 추론이 유효하므로 오차항에 대한 정규성 검토가 필요하다. 오차항의 정규성을 그래프적으로 점검하는 방법으로 잔차들에 대해 분위수대분위수 그림(Q-Q plot: Quantile-Quantile plot)을 그려볼 수 있으며 정규 분위수대분위수 그림 과정은 다음과 같다.

n개의 확률표본 $U_1, U_2, \cdots, U_n$ 에 대하여 $U_{(1)} \leq U_{(2)} \leq \cdots \leq U_{(n)}$는 순서통계량(ordered statistics)으로 정의한다. $\left(U_{(i)}, \dfrac{i-0.5}{n}\right)$의 그림은 경험분포함수(empirical distribution function)를 나타낸다.

$q_{(i)}$는 i번째 사분위수(quantile)일 때,

$$P[Z \leq q_{(i)}] = \int_{-\infty}^{q_{(i)}} \frac{1}{\sqrt{2\pi}} e^{-\frac{z^2}{2}} dz = p_{(i)} \tag{3.61}$$

Q-Q 그림은 $(q_{(i)}, X_{(i)})$을 2차원 평면에 나타낸 것이며 경험분포와 이론적 분포가 일치하면 선형관계를 갖는 것으로 판단한다. 즉 정규 Q-Q 그림(Normal Q-Q plot)에서 놓여진 점들이 45° 기울기의 직선 근처에 있으면 정규성을 크게 벗어나지 않는다고 할 수 있다.

R에서는 `qqnorm()`과 `qqline()` 함수를 이용하여 정규 Q-Q 그림을 그릴 수 있다.

잔차의 정규성에 대한 검정으로 Shapiro-Wilks(1965) 검정을 이용할 수 있다.

H_0 : 관측 데이터는 정규분포를 따른다. (3.62)

대해

H_1 : 관측 데이터는 정규분포를 따르지 않는다.

Shapiro-Wilks 검정통계량은

$$W = \frac{\left(\sum_{i=2}^{n} a_i e_{(i)}\right)^2}{\sum_{i=1}^{n}(e_i - \overline{e_i})^2} \tag{3.63}$$

여기서 $e_{(i)}$는 $\{e_1, \cdots, e_n\}$를 순서대로 재배열한 잔차 순서통계량이다. a_i는 표본의 크기 n인 정규분포 표본으로부터의 순서통계량이 고려된 상수들로

$$(a_1, \cdots, a_n) = \frac{\boldsymbol{m}'\boldsymbol{V}^{-1}}{\boldsymbol{m}'\boldsymbol{V}^{-1}\boldsymbol{V}^{-1}\boldsymbol{m}} \tag{3.64}$$

여기서 $\boldsymbol{m} = (m_1, \cdots, m_n)'$, $m_1, \cdots, m_n$은 표준정규분포에서 나온 표본에 대한 순서통계량의 기댓값이고, $\boldsymbol{V}$는 이러한 순서통계량들의 공분산행렬이다. 검정법은

검정통계량 W가 작을수록 귀무가설을 기각한다. (3.65)

R에서는 `shapiro.test()`를 사용해 Shapiro–Wilks 검정을 할 수 있다.

3.7 R 활용 단순선형회귀분석

선형회귀분석을 할 수 있는 R의 함수로 `lm()`을 이용한다. `lm()` 안에 적합하고자 하는 회귀모형을 쓰고 `summary()`를 이용하면 추정된 회귀계수, 회귀계수에 대한 유의성 검정, 결정계수, 수정된 결정계수 등 회귀분석 관련 통계량들이 출력된다. 또한 `predict()`를 사용하면 원하는 설명변수값에 대해 반응변수의 추정값을 얻을 수 있다.

`lm()` 안에 통계적 모형을 쓸 때의 규칙은 `lm(Y ~ model)`이며, 여기서 Y는 반응변수이고 model은 선택한 수학적 모형을 의미한다. 모형내 포함되는 항에 대한 표현과 의미는 〈표 3.2〉와 같으며, 〈표 3.3〉은 모형 표현 사용의 예이다.

〈표 3.2〉 R에서 모형에 포함되는 항에 대한 표현

모형 표현	모형에 포함된 효과
A+B	A와 B의 주효과
A:B	A와 B의 상호작용 효과
A*B	A+B+A:B 를 통합한 표현

〈표 3.3〉 R에서 회귀모형 표현

syntax	선형모형	모형에 대한 설명
`Y ~ A`	$Y=\beta_0+\beta_1 A+\epsilon$	y절편과 기울기
`Y ~ -1 + A` 또는 `Y ~ 0 + A`	$Y=\beta_1 A+\epsilon$	원점 $(0,0)$을 지나는 직선
`Y ~ A + I(A^2)`	$Y=\beta_0+\beta_1 A+\beta_2 A^2+\epsilon$	2차항을 포함한 회귀
`Y ~ A + B`	$Y=\beta_0+\beta_1 A+\beta_2 B+\epsilon$	A와 B 1차항만 포함
`Y ~ A:B`	$Y=\beta_0+\beta_1 AB+\epsilon$	A와 B의 1차 상호작용만 포함
`Y ~ A*B`	$Y=\beta_0+\beta_1 A+\beta_2 B+\beta_3 AB+\epsilon$	A와 B의 1차항과 상호작용 포함
`Y ~ (A + B +C)^2`	$Y=\beta_0+\beta_1 A+\beta_2 B+\beta_3 C$ $+\beta_4 AB+\beta_5 AC+\beta_6 BC+\epsilon$	A, B, C 1차항과 ()^n의 n차 상호작용까지 모두 포함한 모형

예제 3.1

이변량 데이터 (x,y)를 포함한 벡터 x,y가 다음과 같을 때 회귀분석을 해 보자.

```
> x=c(1.9, 0.8, 1.1, 0.1, -0.1, 4.4, 4.6, 1.6, 5.5, 3.4)
> y=c(0.7,-1.0, -0.2, -1.2, -0.1, 3.4, 0.0, 0.8, 3.7, 2.0)
> out = lm(y ~ x)          # 회귀분석 결과를 out에 저장
> summary(out)             # 회귀분석 결과 출력
> plot(x, y)               # 산점도
> abline(out)              # 추정된 회귀직선 그리기
```

주어진 x값에서의 추정값을 얻고자 할 경우

```
> pred_y= predict(out, newdata = data.frame(x = x))   # 예측값 구하기
> pred_y
          1           2           3           4           5           6
 0.51543194 -0.23811424 -0.03260165 -0.71764364 -0.85465203  2.22803692
          7           8           9          10
 2.36504531  0.30991935  2.98158310  1.54299493
```

새로운 x값 2.3에 대해 반응 추정값을 얻고자 할 경우

```
> pred_1 = predict(out, newdata = data.frame(x = 2.3))
> pred_1
[1] 0.7894487
```

$x=1, 2.2, 6.7$에서 각각 반응 추정값을 얻고자 할 경우

```
> pred = predict(out, newdata = data.frame(x =c(1, 2.2, 6.7)) )
> pred
         1          2          3
-0.1011058  0.7209445  3.8036335
```

예제 3.2

책의 부피(설명변수, X)와 무게(반응변수, Y)에 대해 회귀분석을 하고자 한다.
단순선형회귀모형

$$Y = \beta_0 + \beta_1 X + \epsilon, \quad \epsilon \sim iid \quad N(0, \sigma^2)$$

을 적합시키고자 한다.

〈표 3.4〉 책의 부피와 무게 데이터

volume	weight
412	250
953	700
929	650
1492	975
419	350
1010	950
595	425
1034	725

[프로그램 3.3] 단순선형회귀

```
## Simple Linear Regression   ##
 volumn = c(412, 953, 929, 1492, 419, 1010, 595, 1034)
 weight = c(250, 700, 650, 975, 350, 950, 425, 725)
 book.lm = lm(weight ~ volumn )    # weight = alpha + beta*volumn
 summary(book.lm)
 par(mfrow=c(2,2))                  # 그림 3.6
 plot(volumn, weight)               # scatterplot
 lines(volumn, book.lm$fitted.values)
 plot( book.lm, which=1)
 plot( book.lm, which=2, pch=16)
```

[결과 3.3] 단순선형회귀 추정식

```
>  summary(book.lm)
lm(formula = weight ~ volumn)
Residuals:
```

```
    Min      1Q  Median      3Q     Max
-89.674 -39.888 -25.005   9.066 215.910
Coefficients:
            Estimate Std. Error t value Pr(>|t|)
(Intercept)  41.3725    97.5588   0.424 0.686293
volumn        0.6859     0.1059   6.475 0.000644 ***
---
Signif. codes:  0 '***' 0.001 '**' 0.01 '*' 0.05 '.' 0.1 ' ' 1
Residual standard error: 102.2 on 6 degrees of freedom
Multiple R-Squared: 0.8748,     Adjusted R-squared: 0.8539
F-statistic: 41.92 on 1 and 6 DF,  p-value: 0.0006445
```

단순선형회귀모형 적합 결과, 추정식 $\hat{Y}=41.3725+0.6859X$ 즉, $\widehat{weight}=41.3725+0.6859\times volumn$을 얻었으며 $R^2=0.8748$로 추정된 회귀직선의 설명력이 높은 편이다.

기울기 회귀계수에 대한 유의성 검정으로

$$H_0:\beta_1=0 \text{ 대해 } H_1:\beta_1\neq 0$$

에 대한 t-통계량은 6.475이며 $p-$값 $=0.000644<0.05$으로 유의수준 5%에서 H_0를 기각하게 되므로 추정된 회귀계수는 유의하다.

〈그림 3.6〉에서는 추정회귀직선, 잔차그림과 Q-Q 그림을 보여 준다. 회귀분석 결과를 포함한 객체 `book.lm`이 제공하는 값은 [프로그램 3.4]에서와 같이 `attributes()` 함수를 이용해 알 수 있으며 [결과 3.4]에서 회귀계수, 잔차, 추정값들을 구할 수 있다.

[프로그램 3.4] `attributes()` 함수 활용

```
attributes(book.lm)
book.lm$coef
book.lm$residuals
book.lm$fitted.values
```

[결과 3.4] `lm()` 수행 후 계산된 여러 가지 통계량

```
> attributes(book.lm)
$names
 [1] "coefficients"  "residuals"     "effects"       "rank"
 [5] "fitted.values" "assign"        "qr"            "df.residual"
 [9] "xlevels"       "call"          "terms"         "model"
$class
 [1] "lm"
> book.lm$coef
(Intercept)      volumn
```

```
 41.3724757  0.6858592
> book.lm$residuals
        1         2         3         4         5         6         7         8
-73.94646  5.00373 -28.53565 -89.67436  21.25253 215.90976 -24.45868 -25.55086
> book.lm$fitted.values
        1         2         3         4         5         6         7         8
 323.9465  694.9963  678.5356 1064.6744  328.7475  734.0902  449.4587  750.5509
```

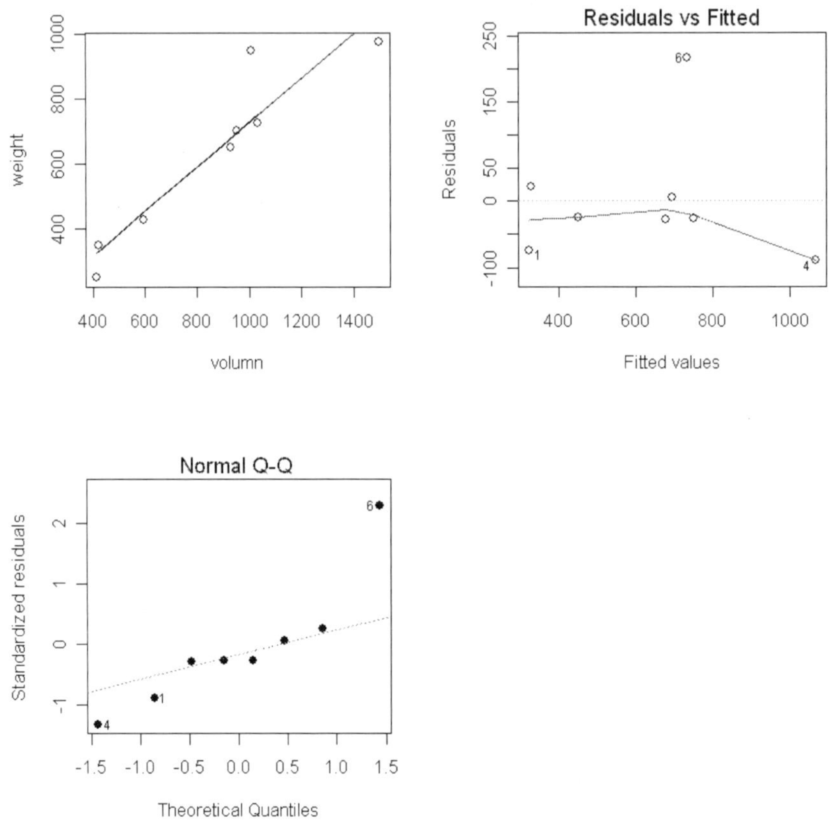

〈그림 3.6〉 단순선형회귀 추정식 책의 부피와 무게 데이터에 대한 회귀분석 결과 그래프

예제 3.3

[예제 3.2] 데이터에 대해 다음의 검정을 하고자 한다. 회귀계수에 대해 0이 아닌 특정한 회귀계수값에 대한 검정으로 다음의 가설

$$H_0 : \beta_1 = 1 \text{ 대해 } H_1 : \beta_1 \neq 1$$

에 대한 검정을 하고자 한다.

[프로그램 3.5]에서와 같이 t-통계량을 계산한 후 t-분포에서의 기각역 방향의 확률로 p-값을 구한다. [결과 3.5]에서 보면 양측검정에 대한 p-값은 0.025로 유의수준 5%에서 귀무가설을 기각한다.

[프로그램 3.5] 회귀계수 유의성 검정통계량과 p-값 계산

```
tb1=abs((0.6859-1)/0.1059)              # t-통계량  H0 : β1 = 1
tb1
ptb1=2* pt(tb1, 6, lower.tail = FALSE)  # 양측검정 p-값
ptb1
```

[결과 3.5] 회귀계수 유의성 검정통계량과 p-값

```
> tb1=abs((0.6859-1)/0.1059)              # t-통계량  H0 : β1 = 1
> tb1
[1] 2.966006
> ptb1=2* pt(tb1, 6, lower.tail = FALSE)  # 양측검정 p-값
> ptb1
[1] 0.02508696
```

예제 3.4

〈표 3.4〉 데이터에 대해 원점을 지나는 회귀직선을 구하고자 한다. 즉 절편이 0인 단순선형회귀모형 $Y=\beta X+\epsilon$, $\epsilon \sim iid\ N(0,\sigma^2)$을 적합하고자 한다.

[프로그램 3.6]을 수행 후 추정 결과 [결과 3.6]를 보면, 추정회귀식 $\hat{Y}=0.72759\ X$를 구했으며 $R^2=0.9823$로 추정된 회귀직선의 설명력이 높은 편이다. 일차 회귀계수의 유의성 검정에 대한 t-통계량은 19.74이며 $p-값=2.14\times10^{-7}<0.05$으로 H_0를 기각하게 되어 추정된 회귀계수는 유의수준 5%에서 유의하다. 〈그림 3.7〉에서는 반응추정값에 대한 잔차그림, 잔차에 대한 정규 Q-Q 그림, 반응추정값에 대한 표준화 잔차그림과 지렛대값에 대한 표준화 잔차그림을 보여 준다. 지렛대값에 대해서는 5장의 설명을 참조하기 바란다.

[프로그램 3.6] 회귀계수 유의성 검정통계량과 p-값 계산

```
book.lm0=lm(weight~0+volumn)    #  regression with intercept=0
summary(book.lm0)
par(mfrow=c(2,2))
plot(book.lm0)          # 4 diagnostic plots  그림 3.7
```

[결과 3.6] 회귀계수 유의성 검정통계량과 p-값 계산

```
> book.lm0=lm(weight~0+volumn)    # regression with intercept=0
> summary(book.lm0)
Call:
lm(formula = weight ~ 0 + volumn)
Residuals:
    Min      1Q  Median      3Q     Max
-110.56  -32.93  -16.92   16.24  215.14
Coefficients:
       Estimate Std. Error t value Pr(>|t|)
volumn  0.72759    0.03686   19.74 2.14e-07 ***
---
Signif. codes:  0 '***' 0.001 '**' 0.01 '*' 0.05 '.' 0.1 ' ' 1
Residual standard error: 96.03 on 7 degrees of freedom
Multiple R-Squared: 0.9823,     Adjusted R-squared: 0.9798
F-statistic: 389.6 on 1 and 7 DF,  p-value: 2.141e-07
```

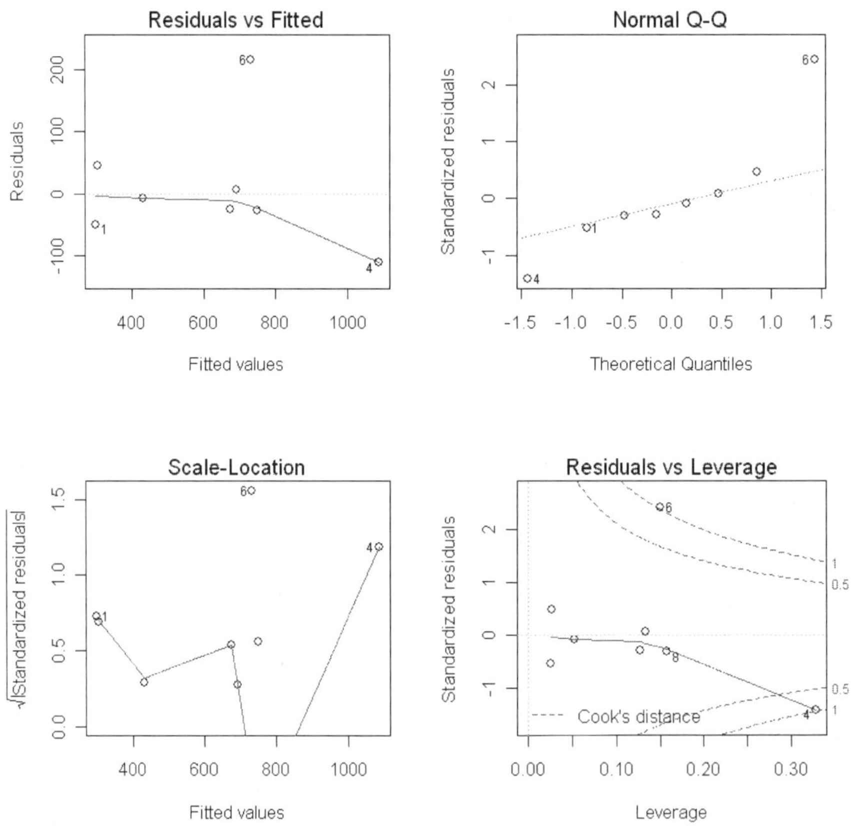

〈그림 3.7〉 책의 부피와 무게 데이터에 대한 선형회귀모형에 대한 잔차그림

예제 3.5

내장된 데이터셋 cars에 대해 회귀분석을 하고자 한다. speed에 따른 주행거리의 회귀식을 구하고자 한다. ggplot() 함수를 이용한 그림을 그려보고자 한다.

[프로그램 3.6] cars 데이터에 대한 선형회귀모형

```
install.packages("ggplot2")    # install ggplot2 package first
library(ggplot2)
data(cars)  ;  head(cars)

a<-lm(dist~speed, data=cars)
summary(a)

broom::glance(a)    # broom package 활용 깔끔한 결과로 정리
broom::tidy(a)

ggplot(cars, aes(x=speed, y=dist)) +
       geom_point(color='darkblue', size = 3)  +
  geom_smooth(method=lm, se=FALSE, fullrange=TRUE, color='black', size=1.2) +
  labs(x="Speed (mph)", y="Stopping distance (ft)")     # 그림 3.8

par(mfrow=c(2,2))  # 그림 3.9 잔차그림
plot(a)
```

[결과 3.6] (1) cars 데이터에 대한 선형회귀모형 적합

```
> summary(a)
Call:
lm(formula = dist ~ speed, data = cars)
Residuals:
    Min      1Q  Median      3Q     Max
-29.069 -9.525  -2.272  9.215  43.201
Coefficients:
             Estimate Std. Error t value Pr(>|t|)
(Intercept) -17.5791     6.7584  -2.601    0.0123 *
speed         3.9324     0.4155   9.464  1.49e-12 ***
---
Signif. codes:  0 '***' 0.001 '**' 0.01 '*' 0.05 '.' 0.1 ' ' 1
Residual standard error: 15.38 on 48 degrees of freedom
Multiple R-squared:  0.6511,    Adjusted R-squared:  0.6438
F-statistic: 89.57 on 1 and 48 DF,  p-value: 1.49e-12
```

[결과 3.6] (2) cars 데이터에 대한 선형회귀모형 적합 결과 정리

```
> broom::glance(a)
# A tibble: 1 x 11
```

```
  r.squared adj.r.squared sigma statistic  p.value    df logLik   AIC   BIC deviance
      <dbl>         <dbl> <dbl>     <dbl>    <dbl> <int>  <dbl> <dbl> <dbl>    <dbl>
1     0.651         0.644  15.4      89.6 1.49e-12     2  -207.  419.  425.   11354.
# ... with 1 more variable: df.residual <int>

> broom::tidy(a)
# A tibble: 2 x 5
  term        estimate std.error statistic  p.value
  <chr>          <dbl>     <dbl>     <dbl>    <dbl>
1 (Intercept)   -17.6      6.76      -2.60 1.23e- 2
2 speed           3.93     0.416      9.46 1.49e-12
```

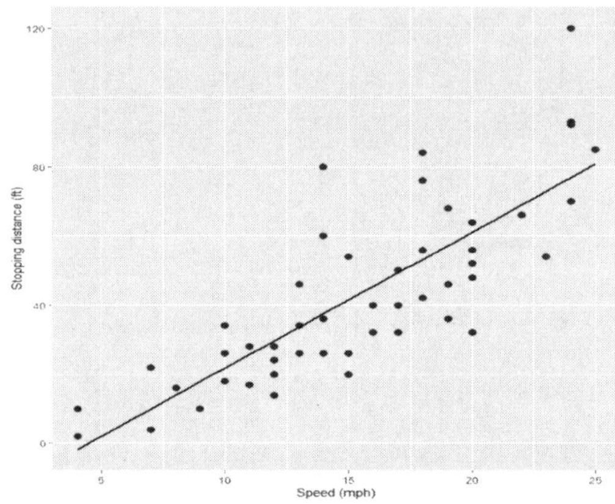

〈그림 3.8〉 cars 데이터의 산점도와 추정회귀선

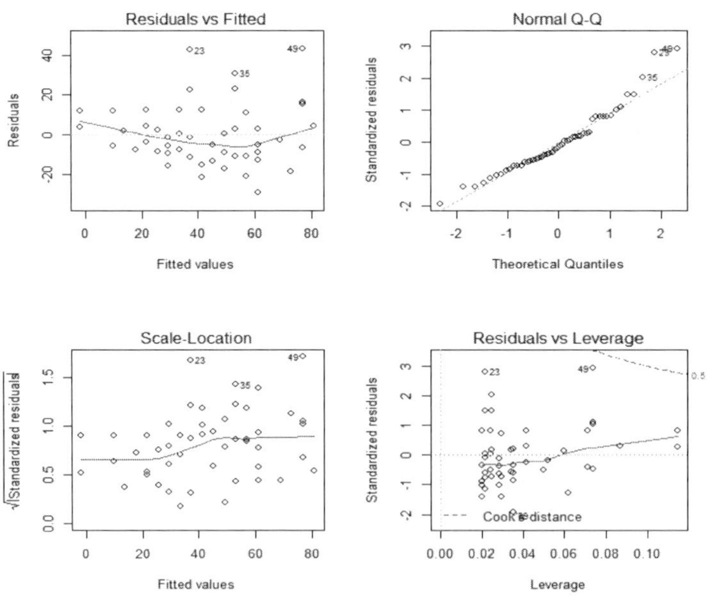

〈그림 3.9〉 cars 데이터에 대한 선형모형의 잔차그림

3.8 적합결여검정

한 개의 설명변수(독립변수) X와 한 개의 반응변수(종속변수) Y간의 선형회귀모형

$$Y = \beta_0 + \beta_1 X + \epsilon \tag{3.66}$$

을 적합한 후 이러한 모형이 적합한가에 대한 검정방법으로 적합결여검정(lack-of-fit test)을 하고자 한다. 이 검정은 X의 수준에서 반복측정이 있어야만 가능하다. X는 $X_1, X_2, \cdots, X_c$로 c개 수준이 있고 각 수준에서는 $n_1, n_2, \cdots, n_c$개의 반복된 관찰값이 있다. 즉,

$$\begin{array}{ll} X_1 \text{ 에서} & Y_{11}, Y_{12}, \cdots, Y_{1n_1} \\ X_2 \text{ 에서} & Y_{21}, Y_{22}, \cdots, Y_{2n_2} \\ \vdots & \quad \vdots \\ X_c \text{ 에서} & Y_{c1}, Y_{c2}, \cdots, Y_{cn_c} \end{array}$$

으로 전체 개체 수 $n = \sum_{i=1}^{c} n_i$이다. X가 주어진 상황에서 Y들은 서로 독립이고 정규분포를 따르며 등분산을 갖는다고 가정한다.

전체 이변량 관측벡터에 대해 단순선형회귀모형 (3.66)을 적합한 결과를

$$\widehat{Y_i} = \widehat{\beta_0} + \widehat{\beta_1} X_i, \quad i = 1, 2, \cdots, c \tag{3.67}$$

로 표현할 수 있다. 여기서 $\widehat{\beta_0}, \widehat{\beta_1}$는 최소제곱추정량이다. 각 X_i에서 n_i개의 Y 측정값이 있으나 $\widehat{Y_i}$은 한 개만 얻게 된다.

오차변동은 순오차변동과 적합결여변동으로 다음과 같이

$$(Y_{ij} - \widehat{Y_{ij}}) = (Y_{ij} - \overline{Y_i}) + (\overline{Y_i} - \widehat{Y_{ij}}) \tag{3.68}$$

으로 쓸 수 있다. 그러므로 잔차제곱합 SSE는 순오차제곱합 $SSPE$(sum of squares of pure error)와 적합결여제곱합 $SSLF$(sum of squares of lack-of-fit)로 분해된다:

$$\begin{aligned} SSE &= \sum_{i=1}^{c} \sum_{j=1}^{n_i} (Y_{ij} - \widehat{Y_{ij}})^2 \\ &= \sum_{i=1}^{c} \sum_{j=1}^{n_i} (Y_{ij} - \overline{Y_i})^2 + \sum_{i=1}^{c} \sum_{j=1}^{n_i} (\overline{Y_i} - \widehat{Y_{ij}})^2 \end{aligned}$$

$$= SSPE + SSLF \tag{3.69}$$

잔차제곱합 = 순오차제곱합 + 적합결여제곱합

여기서 $\overline{Y_i} = \frac{1}{n_i}\sum_{j=1}^{n_i} Y_{ij}$는 X_i에서 관측된 Y들의 평균,

$$SSPE = \sum_{i=1}^{c}\sum_{j=1}^{n_i}(Y_{ij} - \overline{Y_i})^2 \tag{3.70}$$

$$SSLF = \sum_{i=1}^{c}\sum_{j=1}^{n_i}(\overline{Y_i} - \widehat{Y_{ij}})^2 \tag{3.71}$$

$SSPE$에 대한 자유도는 $\sum_{i=1}^{c}(n_i - 1) = n - c$, $SSLF$에 대한 자유도는 두 개 모수를 추정하므로 $c-2$이다. 그러므로 평균순오차제곱합 $MSPE$와 평균적합결여제곱합 $MSLF$은 다음과 같다:

$$MSPE = \frac{SSPE}{n-c} \tag{3.72}$$

$$MSLF = \frac{SSLF}{c-2}. \tag{3.73}$$

회귀직선 $E(Y) = \beta_0 + \beta_1 X$의 적합성에 대한 검정통계량으로

$$F_0 = \frac{MSLF}{MSPE} \tag{3.74}$$

를 사용한다. 기댓값을 구해 보면

$$E[MSPE] = \sigma^2 \tag{3.75}$$

$$\begin{aligned} E[MSLF] &= \sigma^2 + \frac{1}{c-2}\sum_{i=1}^{c} n_i [E(Y_i) - E(\widehat{Y_i})]^2 \\ &= \sigma^2 + \frac{1}{c-2}\sum_{i=1}^{c} n_i [\mu_i - (\beta_0 + \beta_1 X_i)]^2 \end{aligned} \tag{3.76}$$

이다. $MSPE$는 추정된 회귀직선에 관계없이 오차항 분산 σ^2에 대한 불편추정량이다. $MSLF$는 추정된 회귀직선이 선형성을 만족할 경우 즉 $\mu_i = E(Y_i) = \beta_0 + \beta_1 X_i$ 이면 σ^2에 대한 불편추정량이다. $\mu_i = E(Y_i) \neq \beta_0 + \beta_1 X_i$ 이면 $E[MSLF] > \sigma^2$ 이 된다. F_0는 회귀모형이 선형성을 만족할 경우 1에 가깝고 선형성을 벗어날 경우 값이 1보다 커지게 된다. 그러므로 F_0는 회귀모형의 선형성에 대한 검정통계량이 된다.

〈표 3.5〉 단순회귀모형에 대한 적합결여 분산분석표

요인 (source)	자유도 (df)	제곱합 (SS)	평균제곱합 (MS)	F-통계량	유의수준 α 기각값
모형(model)	1	SSR	$MSR=\dfrac{SSR}{1}$	$F_{\text{model}}=\dfrac{MSR}{MSE}$	$F_{1,n-2}(\alpha)$
오차(error)	$n-2$	SSE	$MSE=\dfrac{SSE}{n-2}$		
적합결여오차 (lack-of-fit error)	$c-2$	$SSLF$	$MSLF=\dfrac{SSLF}{c-2}$	$F_0=\dfrac{MSLF}{MSPE}$	$F_{c-2,n-c}(\alpha)$
순오차 (pure error)	$n-c$	$SSPE$	$MSPE=\dfrac{SSPE}{n-c}$		
총합(Total)	$n-1$	TSS			

모형의 적합결여검정으로 통계적 가설

$$H_0 : E(Y) = \beta_0 + \beta_1 X \text{ 대해 } H_1 : E(Y) \neq \beta_0 + \beta_1 X \tag{3.77}$$

에 대한 검정을 할 수 있다. 〈표 3.5〉에서 검정통계량

$$F_0 = \frac{MSLF}{MSPE} \tag{3.78}$$

은 적합결여를 나타내는 $F-$통계량으로 H_0 하에서 분자 자유도 $c-2$, 분모 자유도 $n-c$인 $F-$분포를 따르는 확률변수이다. 그러므로 유의수준 α에서 검정법은

$$F_0 \geq F_{c-2,n-c}(\alpha) \text{이면 } H_0\text{를 기각한다.} \tag{3.79}$$

여기서 $F_{c-2,n-c}(\alpha)$는 분자 자유도 $c-2$, 분모 자유도 $n-c$인 $F-$분포를 따르는 확률변수 F 에 대해 $P(F \geq F_{c-2,n-c}(\alpha)) = \alpha$를 만족하는 값이다.

회귀모형의 선형성에 대한 검정을 위한 가설은 다음과 같다:

$$H_0 : E(Y) = \beta_0 + \beta_1 X \quad \text{대해} \quad H_1 : E(Y) \neq \beta_0 + \beta_1 X.$$

귀무가설하에서 축소모형은 $\mu_i = E(Y_i) = \beta_0 + \beta_1 X_i$이므로 선형성을 나타내며 완전모형 $\mu_i = E(Y_i) = \beta_0$과 비교할 수 있다.

완전모형(full model)에 대한 오차제곱합 $SSE(F)$과 축소모형(reduced model)에 대한 오차제곱합 $SSE(R)$을 고려한 검정으로 볼 수도 있다.

$$SSE(R) = \sum_{i=1}^{c}\sum_{j=1}^{n_i}[Y_{ij} - (b_0 + b_1 X_j)]^2 = \sum_{i=1}^{c}\sum_{j=1}^{n_i}(Y_{ij} - \widehat{Y_{ij}})^2 = SSE \tag{3.80}$$

$$SSE(F) = \sum_{i=1}^{c}\sum_{j=1}^{n_i}(Y_{ij} - b_0)^2 = \sum_{i=1}^{c}\sum_{j=1}^{n_i}(Y_{ij} - \overline{Y_i})^2 = SSPE \tag{3.81}$$

검정통계량은

$$F_0 = \frac{\dfrac{SSE(R) - SSE(F)}{df_R - df_F}}{\dfrac{SSE(F)}{df_F}} = \frac{\dfrac{SSE - SSPE}{(n-2)-(n-c)}}{\dfrac{SSPE}{n-c}} = \frac{MSLF}{MSPE} \tag{3.82}$$

으로 검정통계량식 (3.74)와 같다.

예제 3.7

생물학적 또는 의학적 연구를 위한 물질이 항공수하물로 배송된 경우에 대한 비행기환적 회수(X)와 도착지에서 포장 박스가 깨지는 경우의 수(Y)를 조사한 데이터 〈표 3.6〉을 얻었다. 단순선형 회귀모형 적합식을 구하고 적합결여검정을 하고자 한다.

〈표 3.6〉 항공화물 파손 데이터

shipment	X	Y
1	1	16
2	0	9
3	2	17
4	0	12
5	3	22
6	1	13
7	0	8
8	1	15
9	2	18
10	3	15

[프로그램 3.7] 항공화물 파손 데이터에 대한 적합결여검정

```
getwd()      # check the current working directory
setwd("C:/Rdata/Reg")  # set the working directory
dat<-read.csv("table3_5_shipment.csv", header=TRUE)
attach(dat) ; head(dat)

par(mfrow=c(1,2))
plot(x,y , pch=19)   # scatterplot  # 그림 3.10
plot(x,y , pch=19)
  abline(lm(y~x))    # scatterplot with line
```

```
Reduced <- lm(y~x)
  summary(Reduced)
  anova(Reduced)
Full <- lm(y ~ 0 + as.factor(x))
  summary(Full)
anova(Reduced, Full)
```

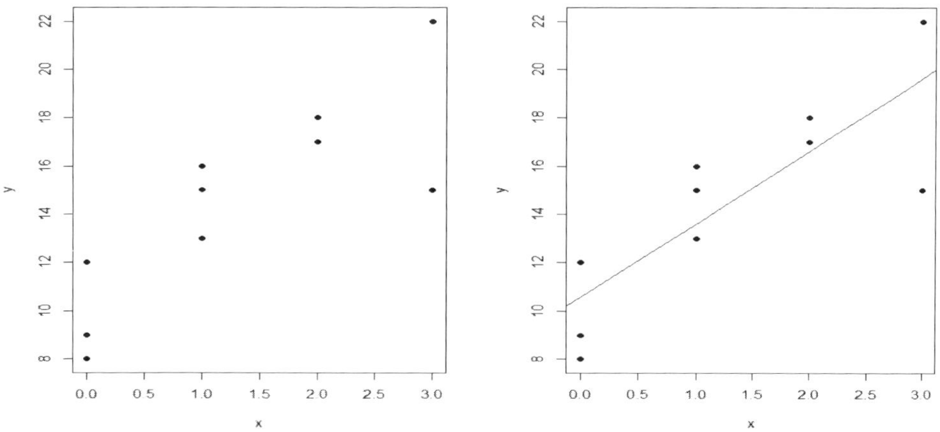

〈그림 3.10〉 (a) 항공화물 파손 데이터에 대한 산점도와 (b) 회귀추정선과 산섬노

[결과 3.7] (1) 항공화물 파손 데이터에 대한 적합결여검정위한 축소모형과 완전모형 적합

```
> Reduced <- lm(y~x)
> summary(Reduced)
Coefficients:
            Estimate  Std. Error  t value  Pr(>|t|)
(Intercept)  10.5785      1.2041    8.785  2.21e-05 ***
x             3.0165      0.7071    4.266   0.00274 **
---
Signif. codes:  0 '***' 0.001 '**' 0.01 '*' 0.05 '.' 0.1 ' ' 1
Residual standard error: 2.46 on 8 degrees of freedom
Multiple R-squared:  0.6947,    Adjusted R-squared:  0.6565
F-statistic:  18.2 on 1 and 8 DF,  p-value: 0.002738

> anova(Reduced)
Analysis of Variance Table
Response: y
          Df    Sum Sq    Mean Sq  F value    Pr(>F)
x          1   110.103    110.10     18.2 0.002738 **
Residuals  8    48.397      6.05

> Full <- lm(y ~ 0 + as.factor(x))
> summary(Full)
```

```
Coefficients:
             Estimate Std. Error t value Pr(>|t|)
as.factor(x)0   9.667      1.459   6.624 0.00057 ***
as.factor(x)1  14.667      1.459  10.050 5.63e-05 ***
as.factor(x)2  17.500      1.787   9.791 6.53e-05 ***
as.factor(x)3  18.500      1.787  10.351 4.76e-05 ***
---
Signif. codes: 0 '***' 0.001 '**' 0.01 '*' 0.05 '.' 0.1 ' ' 1
Residual standard error: 2.528 on 6 degrees of freedom
Multiple R-squared:  0.983,     Adjusted R-squared:  0.9717
F-statistic: 86.97 on 4 and 6 DF,  p-value: 1.925e-05
```

추정결과 $\hat{y}=10.5785+3.0165x$ 이고 표 3.7의 분산분석표로 정리할 수 있다.

〈표 3.7〉 항공화물 파손 데이터의 단순회귀모형에 대한 적합결여 분산분석표

요인 (source)	자유도 (df)	제곱합 (SS)	평균제곱합 (MS)	F-통계량	p-값
모형(model)	1	110.103	110.10	$F_{model}=18.2$	0.002738
오차(error)	8	49.397	6.05		
적합결여오차 (lack-of-fit error)	2	11.064	$MSLF=5.532$	$F_0=0.7876$	0.487
순오차 (pure error)	6	38.333	$MSPE=19.1665$		
총합(Total)	9	159.50			

[결과 3.7] (2) 적합결여검정

```
> anova(Reduced, Full)
Analysis of Variance Table
Model 1: y ~ x
Model 2: y ~ 0 + as.factor(x)
  Res.Df     RSS       Df Sum of Sq     F    Pr(>F)
1      8 48.397[SSE]
2      6 38.333[SSPE]  2    10.063      0.7876 0.4969
```

축소모형과 완전모형 적합 후 적합결여검정을 위한 검정통계량은

$$F_0 \equiv \frac{\dfrac{SSE-SSPE}{(c-2)}}{\dfrac{SSPE}{n-c}}=\frac{\dfrac{48.397-38.333}{2}}{\dfrac{38.333}{6}}=\frac{5.032}{6.389}=0.7876$$

이고 p-값을 구하면 pf()로 다음과 같이 구한다.

```
> F0=0.7876
> pf(F0, df1=2, df2=8, lower.tail=FALSE)
[1] 0.4872687
```

적합결여 검정통계량값=0.7876, $p-$값 $=0.4872 > \alpha = 0.05$ 이므로 귀무가설을 기각하지 못한다. 즉 유의수준 5%에서 적합결여가 있다고 할 수 없다.

3.9 부분 회귀

데이터의 부분에 따라 서로 다른 회귀모형을 적합해야 할 경우가 있다. 예를 들어, 데이터 집합이 두 개의 부분집합으로 나뉘며 각 부분에서 회귀모형을 적합할 수 있다. 여러 개의 부분집합에 대해 선형모형을 적합할 경우는 조각선형모형(piecewise linear model)을 적합할 수 있다.

한 개의 설명변수(독립변수) X와 한 개의 반응변수(종속변수) Y간의 선형회귀모형

$$Y = \begin{cases} \beta_0 + \beta_1 X + \epsilon, & X < c \\ \gamma_0 + \gamma_1 X + \epsilon, & X \geq c \end{cases} \tag{3.83}$$

을 적합하고자 한다.

예제 3.8

A 제조회사에서 전기사용량(X)에 따른 매출액(Y) 데이터이다. Break=22.4 이후로 매출액 증가가 달라지므로 부분 회귀모형을 적합하고자 한다. 부분 회귀적합을 위해 프로그램 3.8, 3.9 그리고 3.10과 같은 방법으로 코딩할 수 있다.

[프로그램 3.8] 부분 회귀모형 적합 (1)

```
#data
y <- c(362, 357, 111, 703, 494, 410, 63, 616, 468, 973, 235,
         180, 69, 305, 106, 155, 422, 44, 1008, 225, 321, 1001, 531, 143,
         251, 216, 57, 146, 226, 169, 32, 75, 102, 4, 68, 102, 462, 295,
         196, 50, 739, 287, 226, 706, 127, 85, 234, 153, 4, 373, 54, 81)
x <- c(23.5, 22.4, 6.1, 35.9, 35.5, 23.2, 9.1, 27.5, 28.6, 41.3,
        16.9, 18.2, 9, 28.6, 12.7, 11.8, 27.9, 21.6, 45.9, 11.4, 16.6,
        40.7, 22.4, 17.4, 14.3, 14.6, 6.6, 10.6, 14.3, 3.4, 5.1, 4.1,
        4.1, 1.7, 7.5, 7.8, 22.6, 8.6, 7.7, 7.8, 34.7, 15.6, 18.5, 35,
```

```
        16.5, 11.3, 7.7, 14.8, 2, 12.4, 9.2, 11.8)
dat<-data.frame( cbind(y,x))

## (1)
Break=22.4
g1<-lm(y~x, dat, subset=(x<Break))
g2<-lm(y~x, dat, subset=(x>=Break))
plot(y~x)     # 그림 3.11
 abline(v=Break, lty=5)
 segments( min(x), g1$coef[1]+g1$coef[2]*min(x),  # 시작점
        Break,  g1$coef[1]+g1$coef[2]*Break )    # 끝점
 segments(Break,  g2$coef[1]+g2$coef[2]*Break,
        max(x), g2$coef[1]+g2$coef[2]*max(x) )
summary(g1)
summary(g2)
```

[결과 3.8] 부분 회귀적합 결과 (1)

```
> summary(g1)
Call:
lm(formula = y ~ x, data = dat, subset = (x < Break))
Residuals:
    Min       1Q    Median       3Q      Max
-194.83   -64.53    -16.18    55.71    13.03

Coefficients:
            Estimate  Std. Error  t value  Pr(>|t|)
(Intercept)   53.670     33.361     1.609    0.11691
x                         8.572     2.802      3.059  0.00431       **
---
Signif. codes:  0 ‘***’ 0.001 ‘**’ 0.01 ‘*’ 0.05 ‘.’ 0.1 ‘ ’ 1
Residual standard error: 84.21 on 34 degrees of freedom
Multiple R-squared:  0.2158,    Adjusted R-squared:  0.1928
F-statistic: 9.358 on 1 and 34 DF,  p-value: 0.004311

> summary(g2)
Call:
lm(formula = y ~ x, data = dat, subset = (x >= Break))
Residuals:
    Min        1Q    Median       3Q      Max
-227.885 -40.894     3.498   92.715  165.864
Coefficients:
            Estimate  Std. Error  t value  Pr(>|t|)
(Intercept) -240.926     128.548    -1.874    0.0819 .
x             27.056       4.037     6.702  1.01e-05  ***
---
Signif. codes:  0 ‘***’ 0.001 ‘**’ 0.01 ‘*’ 0.05 ‘.’ 0.1 ‘ ’ 1
Residual standard error: 118.7 on 14 degrees of freedom
```

```
Multiple R-squared:  0.7624,    Adjusted R-squared:  0.7454
F-statistic: 44.92 on 1 and 14 DF,  p-value: 1.007e-05
```

Break=22.4 이전과 이후의 회귀식은 [결과 3.8]에서 보면 다음과 같다.

$$Y = \begin{cases} 53.670 + 8.572X, & X < 22.4 \\ -240.926 + 27.056X, & X \geq 22.4 \end{cases}$$

추정된 회귀직선은 〈그림 3.11〉에서 보여 준다.

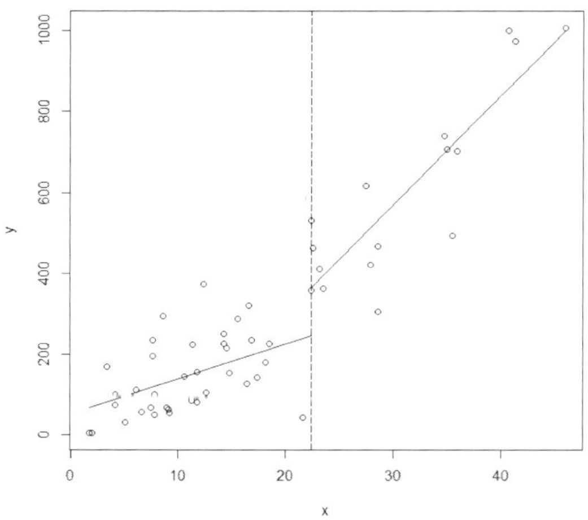

〈그림 3.11〉 부분 회귀적합선과 break선(세로)

[프로그램 3.9] 부분 회귀적합 (2)

```
##(2) break point: offer=22.4
model<-lm(y~(x<22.4)*x + (x>=22.4)*x)
model
summary(model)
plot(y~x)        # 그림 3.12
io <- order(x)
lines(x[io], fitted(model,list(x))[io])
```

Break=22.4 이전과 이후의 회귀식은 [결과 3.9]에서 보면 다음과 같다.

$$Y = \begin{cases} (-240.926 + 294.595) + (27.056 - 18.484)X = 53.670 + 8.572X, & X < 22.4 \\ -240.926 + 27.056X, & X \geq 22.4 \end{cases}$$

추정된 회귀직선은 〈그림 3.11〉에서 보여 준다.

[결과 3.9] 부분 회귀적합 결과 (2)

```
> model
Call:
lm(formula = y ~ (x < 22.4) * x + (x >= 22.4) * x)
Coefficients:
    (Intercept)     x < 22.4TRUE                x
        -240.93           294.60            27.06
  x >= 22.4TRUE   x < 22.4TRUE:x  x:x >= 22.4TRUE
             NA           -18.48               NA
> summary(model)
Call:
lm(formula = y ~ (x < 22.4) * x + (x >= 22.4) * x)
Residuals:
    Min      1Q  Median      3Q     Max
-227.88  -64.40   -4.09   73.89  213.03
Coefficients: (2 not defined because of singularities)
               Estimate Std. Error t value Pr(>|t|)
(Intercept)    -240.926    103.474  -2.328 0.024152 *
x < 22.4TRUE    294.595    110.184   2.674 0.010224 *
x                27.056      3.250   8.326 7.11e-11 ***
x >= 22.4TRUE        NA         NA      NA       NA
x < 22.4TRUE:x  -18.484      4.547  -4.065 0.000177 ***
x:x >= 22.4TRUE      NA         NA      NA       NA
Signif. codes:  0 '***' 0.001 '**' 0.01 '*' 0.05 '.' 0.1 ' ' 1
Residual standard error: 95.58 on 48 degrees of freedom
Multiple R-squared:  0.8707,    Adjusted R-squared:  0.8626
F-statistic: 107.8 on 3 and 48 DF,  p-value: < 2.2e-16
```

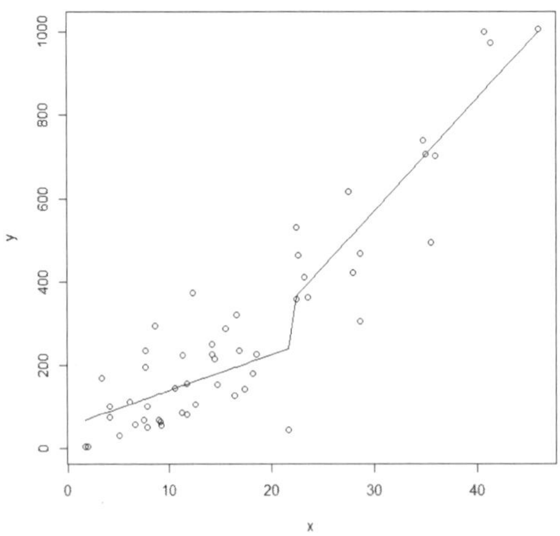

〈그림 3.12〉 부분 회귀적합선

[프로그램 3.10] 부분 회귀적합 (3)

```
##(3) After reading your data into dat
Break <- 22.4
dat$grp <- (dat$x < Break)  # TRUE/ FALSE

#Note the addition of the grp variable makes this a bit easier to read
m <- lm(y~x*grp,data = dat)
dat$pred <- predict(m)

plot(dat$x,dat$y)    # 그림 3.13
dat <- dat[order(dat$x),]
with(subset(dat,x < Break),lines(x,pred))
with(subset(dat,x >= Break),lines(x,pred))
```

[결과 3.10] 부분 회귀적합 (3)

```
> m
Call:
lm(formula = y ~ x * grp, data = dat)
Coefficients:
(Intercept)            x      grpTRUE    x:grpTRUE
   -240.93        27.06       294.60       -18.48
> summary(m)
Call:
lm(formula = y ~ x * grp, data = dat)
Residuals:
   Min       1Q    Median       3Q      Max
-227.88   -64.40     -4.09    73.89   213.03
Coefficients:
            Estimate  Std. Error  t value  Pr(>|t|)
(Intercept) -240.926    103.474    -2.328  0.024152  *
x             27.056      3.250     8.326  7.11e-11  ***
grpTRUE      294.595    110.184     2.674  0.010224  *
x:grpTRUE    -18.484      4.547    -4.065  0.000177  ***
---
Signif. codes:  0 ‘***’ 0.001 ‘**’ 0.01 ‘*’ 0.05 ‘.’ 0.1 ‘ ’ 1
Residual standard error: 95.58 on 48 degrees of freedom
Multiple R-squared:  0.8707,    Adjusted R-squared:  0.8626
F-statistic: 107.8 on 3 and 48 DF,  p-value: < 2.2e-16
```

Break=22.4 이전과 이후의 회귀식은 [결과 3.10]에서 보면 다음과 같다.

$$Y = \begin{cases} (-240.926 + 294.595) + (27.056 - 18.484)X = 53.670 + 8.572X, & X < 22.4(grp = T) \\ -240.926 + 27.056X, & X \geqq 22.4(grp = F) \end{cases}$$

추정된 회귀직선은 〈그림 3.13〉에서 보여준다.

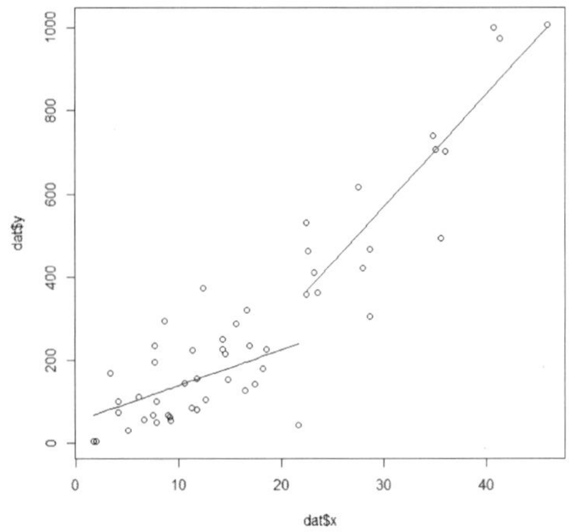

〈그림 3.13〉 산점도와 부분 회귀적합선

3.1 결정계수 R^2는 반응변수나 설명변수의 단위가 바뀌어도 영향을 받지 않고 일정함을 증명하시오.

즉 $Y^* = aY, X^* = bX$일 때, 단순회귀모형 $Y = \alpha + \beta X + \epsilon$의 결정계수 R^2와 단위가 변한 새로운 변수에 대한 단순회귀모형 $Y^* = \alpha^* + \beta^* X^* + \epsilon$의 결정계수 R^{*2}은 같음을 보이시오.

3.2 단순회귀시 다음의 제곱합식

$$\begin{aligned}\sum_{i=1}^{n}(Y_i - \overline{Y})^2 &= \sum_{i=1}^{n}(\widehat{Y}_i - \overline{Y})^2 + \sum_{i=1}^{n}(Y_i - \widehat{Y}_i)^2 \\ TSS &= SSR + SSE\end{aligned}$$

에 대해 회귀제곱합과 오차제곱합을 각각

$$SSR = \boldsymbol{Y}'\boldsymbol{A}\boldsymbol{Y}, \quad SSE = \boldsymbol{Y}'\boldsymbol{B}\boldsymbol{Y}$$

와 같이 이차형식으로 표현하시오.

참고 $TSS = \sum Y_i^2 - \frac{(\sum Y_i)^2}{n} = \boldsymbol{Y}'\boldsymbol{I}\boldsymbol{Y} - \frac{1}{n}\boldsymbol{Y}'\boldsymbol{1}\boldsymbol{1}'\boldsymbol{Y} = \boldsymbol{Y}'\left(\boldsymbol{I} - \frac{1}{n}\boldsymbol{J}\right)\boldsymbol{Y}$

3.3 다음의 비선형모형을 적합하고자 한다. 적절한 변환을 통해 선형모형으로 전환하시오.

[예] $Y = e^{\alpha + \beta X + \epsilon}$

양변에 log 변환을 하면, $Y^* = \log Y$, $Y^* = \alpha + \beta X + \epsilon$으로 선형모형이 된다.

(a) $Y = \alpha + \beta\sqrt{X} + \epsilon$

(b) $Y = \alpha X^{\beta}\epsilon$

(c) $Y = \alpha + \beta X^{-1} + \epsilon$

3.4 다음과 같이 발생한 데이터를 사용하여 분석하시오.

```
x <- runif(100, 0, 10)                     # 100 draws from U(0,10)
y <- 2 + 3*x + rnorm(100, mean=0, sd=1)    # beta = [2, 3] and sigma is 1
plot(x,y)                                  # scatterplot
d <- lm(y ~ x)
```

(a) x와 y 간의 상관계수를 구하시오.

(b) 단순선형회귀모형 $Y=\beta_0+\beta_1 X+\epsilon,\ \ \epsilon \sim iid\ N(0,\sigma^2)$을 적합하시오.

(c) 회귀식을 산점도와 같은 평면에 그리시오.

(d) $H_0: \beta_1=0$에 대해 $H_1: \beta_1 \neq 0$ 기울기가 유의한지 유의수준 $\alpha=0.05$에서 $t-$검정하시오.

(e) 기울기에 대한 95% 신뢰구간을 구하시오.

(f) 결정계수를 구하고 해석하시오.

(g) $(\hat{Y}, e)$ 잔차그림을 그리고 오차의 독립성에 대해 설명하시오.

(h) 잔차에 대한 정규 Q-Q 그림을 그리고 설명하시오.

3.5 정치학자(political scientist) K는 20개 선거구에 대해 선거기간 중 텔레비전 광고를 통한 캠페인 비용(campaign expenditure)과 선거참여비율(percent of registered voter turnout)을 조사하여 〈표 3.8〉와 같은 데이터를 얻었다.

〈표 3.8〉 캠페인 비용과 선거참여율 데이터

(단위) X : 100만원, Y : %

X	Y	X	Y
28.5	35.4	31.3	40.8
48.3	58.2	50.1	61.9
40.2	46.1	31.3	36.5
34.8	45.5	24.8	32.7
50.1	64.8	42.2	53.8
44.0	52.0	23.0	24.6
27.2	37.9	30.1	31.2
37.8	48.2	36.5	42.6
27.2	41.8	40.2	49.6
46.1	54.0	46.1	56.6

(a) 캠페인 비용(X)과 선거참여비율(Y) 간의 산점도를 그리시오.

(b) 캠페인 비용(X)과 선거참여비율(Y) 간의 상관계수를 구하시오.

(c) 단순회귀모형 $Y=\beta_0+\beta_1 X+\epsilon,\ \ \epsilon \sim iid\ N(0,\sigma^2)$을 적합하시오.

(d) (c)에서 구한 회귀식을 산점도와 같은 평면에 그리시오.

(e) 기울기가 유의한지 $H_0: \beta_1=0$에 대해 $H_1: \beta_1 \neq 0$ 유의수준 $\alpha=0.05$에서 검정하시오.

(f) 기울기에 대한 95% 신뢰구간을 구하시오.

(g) 결정계수를 구하고 해석하시오.

(h) 잔차 e를 구하고 잔차제곱합을 구하시오.

(i) $(\widehat{Y}, e)$ 그림을 그리고 오차의 독립성에 대해 설명하시오.

(j) 잔차에 대한 정규 Q-Q 그림을 그리고 설명하시오.

(k) 캠페인 비용이 50일 때 선거참여비율을 예측하시오.

3.6 다음의 데이터 stat500을 이용하여 분석하시오.

```
> library(faraway)
> data(stat500)
> stat500 <- data.frame(scale(stat500))
> plot(final ~ midterm, stat500)
> abline(0,1)     # y=x 직선
```

(a) midterm(중간고사점수)와 final(기말점수)의 산점도를 그리고 상관계수를 구하시오.

(b) midterm(중간고사점수)에 대한 final(기말점수)의 단순선형회귀식을 구하시오.

(c) Y 절편을 0으로 한 midterm(중간고사점수)에 대한 final(기말점수)의 회귀직선을 구하시오.

(d) midterm(중간고사점수)와 final(기말점수)의 산점도와 추정된 회귀직선(b)와 (c)를 같은 평면에 그리시오[`matplot()` 이용].

(e) (b)와 (c)에서 추정된 회귀직선의 적합도에 대해 각각 설명하시오.

3.7 R 시스템에 내장된 데이터셋 women을 이용하여 분석하시오.

```
> data(women)
> women
  height weight
1     58    115
2     59    117
3     60    120
:
```

(a) weight에 대한 height의 산점도를 그리고, 단순선형회귀직선을 구하여 산점도에 함께 나타내시오.

(b) 추정된 회귀식의 적합도에 대해 설명하시오.

(c) 잔차에 대해 독립성, 등분산성, 정규성을 만족하는지 잔차그림과 Q-Q 그림을 그리고 설명하시오.

3.8 어떤 특수한 종류의 상품을 팔고 있는 회사에서 그 회사의 대리점의 판매액이 각 대리점의 광고료와 어떤 관계인가를 조사하기 위하여, 10개의 대리점을 랜덤추출하여 연간 광고료 X (100만원)와 총판매액 Y (1000만원)을 알아보니 다음 자료가 얻어졌다.

X	4	6	6	8	8	8	9	9	10	12
Y	9	10	18	20	15	17	20	22	25	30

(a) 산점도를 그리고, 추정회귀직선을 구하여 산점도에 함께 나타내시오.

(b) 잔차의 산점도를 그리고, 단순선형회귀모형의 적용 가능성을 검토하시오. 또한 결정계수의 값을 구하고 그 의미를 설명하시오.

(c) 회귀계수에 대하여 다음 가설을 유의수준 5%에서 검정하시오.

$$H_0: \beta = 1.5 \qquad H_1: \beta > 1.5$$

3.9 화학오염물질에 대한 메기(catfish)의 민감성(susceptibility)를 알아보기 위해 실험한 결과이다. 2리터의 물에 오염물질의 양을 달리하여 생존시간을 측정하여 〈표 3.9〉 데이터를 얻었다.

〈표 3.9〉 메기의 민감성 데이터

Fish	Y= log(survival time)	X= log(concentration)
1	2.51	5.0
2	2.57	5.0
3	2.43	5.0
4	2.62	4.8
5	2.74	4.8
6	2.68	4.8
7	2.83	4.6
8	2.91	4.6
9	2.98	4.6
10	3.17	4.4
11	3.05	4.4
12	3.09	4.4
13	3.32	4.2
14	3.22	4.2
15	3.29	4.2
16	3.44	4.0
17	3.52	4.0
18	3.55	4.0

(a) 오염물질양(X)과 생존시간(Y) 간의 산점도를 그리시오.
(b) 오염물질양(X)과 생존시간(Y) 간의 상관계수를 구하시오.
(c) 단순회귀모형 $Y = \beta_0 + \beta_1 X + \epsilon,\ \epsilon \sim iid\ \ N(0, \sigma^2)$을 적합하시오.
(d) (c)에서 구한 회귀식을 산점도와 같은 평면에 그리시오.
(e) 기울기가 유의한지 유의수준 $\alpha = 0.05$에서 검정하시오.

$$H_0 : \beta_1 = 0 \text{ 대해 } H_1 : \beta_1 \neq 0$$

(f) 기울기에 대한 95% 신뢰구간을 구하시오.
(g) 결정계수를 구하고 해석하시오.
(h) 잔차 e를 구하고 잔차제곱합을 구하시오.
(i) 잔차그림 $(\hat{Y}, e)$을 그리고 오차의 독립성에 대해 설명하시오.
(j) 잔차에 대한 정규 Q-Q 그림을 그리고 설명하시오.
(k) 오염물질양이 5.5일 때 생존시간을 예측하시오.

3.10 비누 중량에 대한 비누 거품의 높이의 관계식을 구하고자 한다.
〈표 3.10〉 비누 데이터에 대해
(a) (X, Y) 산점도를 그리시오.
(b) 통계적 모형 $Y = \beta_1 X + \varepsilon$를 적합하시오.
(c) $H_0 : \beta_1 = 0$에 대해 $H_1 : \beta_1 \neq 0$에 대해 유의수준 5%에서 검정하시오.
(d) 결정계수를 구하고 해석하시오.
(e) (b)번의 모형을 이용하여 각 X에 대응하는 $\hat{Y}$을 구하시오.
(f) 각 Y에 대응하는 잔차를 구하시오.
(g) $(\hat{Y}, e)$ 잔차그림을 그리고 독립성과 등분산성에 대해 설명하시오.
(h) 잔차가 정규분포를 따른다고 할 수 있는지 Q-Q 그림을 그리고 설명하시오.
(i) $X = 5.3$에서의 $\hat{Y}$을 구하시오.

〈표 3.10〉 비누 중량과 거품 높이 데이터

비누의 중량 (grams) X	비누거품의 높이 Y
3.5	24.4
4.0	32.1
4.5	37.1
5.0	40.4

비누의 중량 (grams) X	비누거품의 높이 Y
5.5	43.3
6.0	51.4
6.5	61.9
7.0	66.1
7.5	77.2
8.0	79.2

3.11 어떤 섬유를 만들 때의 온도(X)와 물이 닿았을 때의 섬유수축량(Y)에 대한 실험결과 데이터가 〈표 3.11〉에 주어졌다.

(a) (X, Y) 산점도를 그리시오.

(b) 통계적 모형 $Y = \beta_0 + \beta_1 X + \varepsilon$에 적합하시오.

(c) $H_0 : \beta_1 = 0$ 대해 $H_1 : \beta_1 \neq 0$ 검정을 위한 t 통계량과 p-값을 쓰고 유의수준 5%에서 검정하시오.

(d) 결정계수를 구하고 해석하시오.

(e) (b)번의 모형을 이용하여 각 X에 대응하는 $\hat{Y}$을 구하시오.

(f) 각 Y에 대응하는 잔차 e를 추정하시오.

(g) $(\hat{Y}, e)$ 그림을 그리고 독립성과 등분산성에 대해 설명하시오.

(h) 잔차가 정규분포를 따른다고 할 수 있는지 Q-Q 그림을 그리고 설명하시오.

(i) $X = 400$에서 섬유수축량을 추정하시오.

〈표 3.11〉 섬유수축량 데이터

batch no.	온도 X	수축량 Y
1	280	2.1
2	250	3.0
3	300	3.2
4	320	1.4
5	310	2.6
6	280	3.9
7	320	1.3
8	300	3.4
9	320	2.8

3.12 R 시스템에 내장된 데이터 cars를 이용하여 분석하시오.

```
> data(cars)
```

(a) $dist = \beta_0 + \beta_1 speed + \varepsilon$ 회귀모형을 적합하고 분석하시오.

(b) $dist = \beta_0 + \beta_1 speed + \beta_2 speed^2 + \varepsilon$ 회귀모형을 적합하고 분석하시오.

(c) $dist = \beta_1 speed + \varepsilon$ 회귀모형을 적합하고 분석하시오.

3.13 다음은 투여량과 체중증가량을 조사한 데이터 〈표 3.12〉에 대한 회귀분석을 하고자 한다.

(a) (X, Y) 산점도를 그리시오.

(b) 통계적 모형 $Y = \beta_1 X + \varepsilon$를 적합하시오.

(c) 통계적 모형 $Y = \beta_0 + \beta_1 X + \beta_2 X^2 + \varepsilon$를 적합하시오.

(d) 통계적 모형 $Y = \beta_0 + \beta_1 X + \beta_2 X^2 + \beta_3 X^3 + \varepsilon$를 적합하시오.

〈표 3.12〉 체중증가 데이터

Observation	Y (weight gain)	X (dose)
1	0.9	1
2	1.1	2
3	1.6	3
4	2.3	4
5	3.5	5
6	5	6
7	6.6	7
8	8.7	8
9	0.9	1
10	1.1	2
11	1.6	3
12	2.1	4
13	3.4	5
14	4.5	6
15	6.7	7
16	8.6	8
17	0.8	1
18	1.2	2
19	1.4	3
20	2.2	4
21	3.2	5
22	4.8	6
23	6.7	7
24	8.8	8

3.14 고무의 양(X)을 달리한 6개 배치에서 각각 4개의 표본에 대해 생산한 플라스틱의 강도(Y) 실험 결과이다. 단순선형 회귀모형을 적합하고 적합결여검정을 하고자 한다.

〈표 3.13〉 플라스틱 강도 데이터

experiment	X	Y	experiment	X	Y
1	1	6	13	5.0	36
2	1	9	14	5.0	39
3	1	7	15	5.0	37
4	1	10	16	5.0	35
5	2.5	13	17	6.5	38
6	2.5	13	18	6.5	39
7	2.5	15	19	6.5	40
8	2.5	16	20	6.5	42
9	4.8	21	21	7.8	50
10	4.8	23	22	7.8	53
11	4.8	28	23	7.8	48
12	4.8	30	24	7.8	55

(a) 고무 양(X)과 강도(Y) 간의 산점도를 그리시오.

(b) 고무 양(X)과 강도(Y) 간의 상관계수를 구하시오.

(c) 단순회귀모형 $Y = \beta_0 + \beta_1 X + \epsilon,\ \epsilon \sim iid \quad N(0, \sigma^2)$을 적합하시오.

(d) (c)에서 구한 회귀식을 산점도와 같은 좌표평면에 그리시오.

(e) 기울기가 유의한지 유의수준 $\alpha = 0.05$에서 검정하시오.

$H_0 : \beta_1 = 0$에 대해 $H_1 : \beta_1 \neq 0$

(f) 기울기에 대한 95% 신뢰구간을 구하시오.

(g) 단순회귀모형에 대한 적합결여 분산분석표를 작성하시오.

(h) 유의수준 5%에서 적합결여검정을 하시오.

3.15 구리-니켈 합금 데이터로 철의 함량(Fe: X)에 대해 무게 감량(loss: Y)을 실험한 데이터가 〈표 3.14〉에 있다. 단순선형 회귀모형 적합 및 적합결여검정을 하고자 한다.

(a) 철의 함량(Fe: X)에 대해 무게 감량(loss: Y) 간의 산점도를 그리시오.

(b) 철의 함량(Fe: X)에 대해 무게 감량(loss: Y) 간의 산점도를 그리시오.

(c) 단순회귀모형 $Y = \beta_0 + \beta_1 X + \epsilon,\ \epsilon \sim iid \quad N(0, \sigma^2)$을 적합하시오.

(d) (c)에서 구한 회귀식을 산점도와 같은 좌표평면에 그리시오.

(e) 단순회귀모형에 대한 적합결여 분산분석표를 작성하시오.

(f) 유의수준 5%에서 적합결여검정을 하시오.

〈표 3.14〉 구리-니켈 합금 데이터

experiment	Fe(X)	loss(Y)
1	0.01	127.6
2	0.48	124.0
3	0.71	110.8
4	0.95	103.9
5	1.19	101.5
6	0.01	130.1
7	0.48	122.0
8	1.44	92.3
9	0.71	113.1
10	1.96	83.7
11	0.01	128.0
12	1.44	91.4
13	1.96	86.2

3.16 내장된 데이터셋 cars에 대해 speed=15를 기준으로 $speed \leq 15$, $speed > 15$ 두 개의 부분으로 나누어 부분 회귀모형을 적합하고자 한다.

```
> data(cars)
> attach(cars)
> plot(speed, dist)
```

(a) 통계적 모형을 쓰시오.

(b) 추정된 회귀식을 쓰시오.

(c) 유의수준 5%에서 각 회귀계수에 대한 유의성 검정을 하시오.

(d) 산점도와 같이 추정된 회귀직선을 그리시오.

+ + +

CHAPTER 04 다중선형회귀분석

3장에서는 설명변수(독립변수)가 한 개인 경우의 단순선형회귀모형을 다루었다. 그러나 일반적으로 자연현상, 사회현상은 여러 개의 설명변수로 반응변수와의 관계를 파악하여 현상을 설명해야 하는 경우가 대부분이다. 설명변수가 2개 이상인 경우의 회귀모형을 다중회귀모형(multiple regression model)이라고 한다. 다중회귀모형은 다차원에 대한 표현을 해야 하므로 벡터와 행렬로 표현하게 된다. 또한 다중회귀모형에서는 설명변수가 여러 개이므로 단순회귀모형에서와는 달리 설명변수들 간의 관계도 고려되어야 한다.

4.1 다중선형회귀모형-설명변수가 두 개인 경우

관측벡터 $(X_{11}, X_{12}, Y_1), (X_{21}, X_{22}, Y_2), (X_{31}, X_{32}, Y_3), \cdots, (X_{n1}, X_{n2}, Y_n)$에 대해 다중선형회귀모형을 다루고자 한다. X_1, X_2는 고정된(fixed) 설명변수이고 Y는 일변량 반응변수인 경우, 설명변수들과 반응변수 간에 다음의 선형회귀모형

$$Y = \beta_0 + \beta_1 X_1 + \beta_2 X_2 + \epsilon \tag{4.1}$$

을 고려하고자 한다. 여기서 회귀모수로 β_0는 절편, β_1은 X_1과 관련된 회귀계수, β_2은 X_2와 관련된 회귀계수이며 오차항 $\epsilon \sim iid\ N(0, \sigma^2)$을 가정한다.

n개 관측점에 대해 표현하면

$$Y_i = \beta_0 + \beta_1 X_{1i} + \beta_2 X_{2i} + \epsilon_i, \quad i = 1, 2, \cdots, n \tag{4.2}$$

여기서 $Cov(\epsilon_i, \epsilon_l) = 0,\ i \neq l$이다.

선형회귀모형 (4.2)를 벡터와 행렬로 나타내면

$$\boldsymbol{Y} = \boldsymbol{X}\boldsymbol{\beta} + \boldsymbol{\epsilon} \tag{4.3}$$

로 표현할 수 있다. 여기서

$$\boldsymbol{Y}=\begin{pmatrix} Y_1 \\ Y_2 \\ \vdots \\ Y_n \end{pmatrix},\quad \boldsymbol{x}_i=\begin{pmatrix} 1 \\ X_{i1} \\ X_{i2} \end{pmatrix},\quad \boldsymbol{X}=\begin{pmatrix} \boldsymbol{x}_1{'} \\ \vdots \\ \boldsymbol{x}_n{'} \end{pmatrix}=\begin{pmatrix} 1 & X_{11} & X_{12} \\ \vdots & \vdots & \vdots \\ 1 & X_{n1} & X_{n2} \end{pmatrix},\quad \boldsymbol{\beta}=\begin{pmatrix} \beta_0 \\ \beta_1 \\ \beta_2 \end{pmatrix},\quad \boldsymbol{\epsilon}=\begin{pmatrix} \epsilon_1 \\ \epsilon_2 \\ \vdots \\ \epsilon_n \end{pmatrix} \tag{4.4}$$

으로 $\boldsymbol{Y}$와 $\boldsymbol{\epsilon}$은 $n\times 1$ 벡터, $\boldsymbol{x}_i$와 $\boldsymbol{\beta}$는 3×1 벡터이고 $\boldsymbol{X}$는 $n\times 3$ 행렬이다.

회귀계수 추정량을 구하기 위해 다음의 오차제곱합

$$S=\sum_{i=1}^{n}\epsilon_i{}^2=\sum_{i=1}^{n}(Y_i-\beta_0-\beta_1X_{i1}-\beta_2X_{i2})^2 \tag{4.5}$$

를 최소화하도록 $\hat{\beta}_0,\hat{\beta}_1,\hat{\beta}_2$을 구해 보자. 각 모수에 대해 편미분하여 0으로 놓으면

$$\begin{aligned} \frac{\partial S}{\partial\beta_0}&=2\sum(Y_i-\beta_0-\beta_1X_{i1}-\beta_2X_{i2})(-1)=0 \\ \frac{\partial S}{\partial\beta_1}&=2\sum(Y_i-\beta_0-\beta_1X_{i1}-\beta_2X_{i2})(-X_{i1})=0 \\ \frac{\partial S}{\partial\beta_2}&=2\sum(Y_i-\beta_0-\beta_1X_{i1}-\beta_2X_{i2})(-X_{i2})=0 \end{aligned} \tag{4.6}$$

을 얻는다. β_0,β_1,β_2에 대한 연립방정식 즉, 다음의 정규방정식

$$\begin{aligned} &n\beta_0+\beta_1\sum X_{i1}+\beta_2\sum X_{i2}=\sum Y_i \\ &\beta_0\sum X_{i1}+\beta_1\sum X_{i1}^2+\beta_2\sum X_{i1}^2=\sum X_{i1}Y_i \\ &\beta_0\sum X_{i2}+\beta_1\sum X_{i1}X_{i2}+\beta_2\sum X_{i2}^2=\sum X_{i2}Y_i \end{aligned} \tag{4.7}$$

을 풀면 $\hat{\beta}_0,\hat{\beta}_1,\hat{\beta}_2$을 구할 수 있다.

설명변수 개수가 증가함에 따라 동시에 풀어야 할 연립방정식 개수도 증가하지만, 일반적인 표현을 위해 행렬을 이용하면 표현이 간결하고 이해하기도 쉽다. 다음 절에서는 행렬을 이용하여 표현한 다중회귀모형에 대한 설명을 하고자 한다.

4.2 다중선형회귀모형-설명변수가 여러 개인 경우

일반적으로 반응변수에 영향을 미치는 설명변수가 여러 개인 경우가 많다. 그러므로 설명변수가 여러 개인 경우의 다중선형회귀모형으로 확장해 보자.

k개 설명변수와 한 개 반응변수를 포함한 관측벡터 $(X_{11}, X_{12}, \cdots, X_{1k}, Y_1), (X_{21}, X_{22}, \cdots, X_{2k}, Y_2), \cdots, (X_{n1}, X_{n2}, \cdots, X_{nk}, Y_n)$에 대해 다중선형회귀모형을 다루고자 한다. $X_1, X_2, \cdots, X_k$ 는 k개의 고정된(fixed) 설명변수이고 Y는 일변량 반응변수인 다음의 선형회귀모형

$$Y = \beta_0 + \beta_1 X_1 + \cdots + \beta_k X_k + \epsilon \tag{4.8}$$

을 고려하고자 한다. 여기서 $\beta_j, j = 1, 2, \cdots, k$은 회귀계수(regression coefficient)라 하며 오차항 ϵ은 서로 독립인 확률변수이다. n개의 표본 개체에 대해서는

$$\begin{aligned} Y_1 &= \beta_0 + \beta_1 X_{11} + \beta_2 X_{12} + \cdots + \beta_k X_{1k} + \epsilon_1 \\ Y_2 &= \beta_0 + \beta_1 X_{21} + \beta_2 X_{22} + \cdots + \beta_k X_{2k} + \epsilon_2 \\ &\vdots \\ Y_n &= \beta_0 + \beta_1 X_{n1} + \beta_2 X_{n2} + \cdots + \beta_k X_{nk} + \epsilon_n \end{aligned} \tag{4.9}$$

로 나타낼 수 있다. 일반적으로 오차항 ϵ_i에 대한 가정으로부터

$$\begin{aligned} &\text{(i)}\ E(\epsilon_i) = 0, \quad i = 1, 2, \cdots, n \\ &\text{(ii)}\ Var(\epsilon_i) = \sigma^2, \quad i = 1, 2, \cdots, n \\ &\text{(iii)}\ Cov(\epsilon_i, \epsilon_l) = 0, \quad i \neq l. \end{aligned} \tag{4.10}$$

즉, 오차항은 서로 독립이며 평균 0, 분산 σ^2인 정규분포 $N(0, \sigma^2)$을 따른다고 가정한다. 오차항 ϵ이 정규분포를 따르면 Y도 정규분포를 따르게 된다. 그러므로 주어진 X에 대하여 Y의 기댓값과 분산을 구하면 다음과 같다.

$$\begin{aligned} &\text{(i)}\ E(Y_i) = \beta_0 + \beta_1 X_{i1} + \beta_2 X_{i2} + \cdots + \beta_k X_{ik}, \quad i = 1, 2 \cdots, n \\ &\text{(ii)}\ Var(Y_i) = \sigma^2, \ i = 1, 2, \cdots, n \\ &\text{(iii)}\ Cov(Y_i, Y_l) = 0, \quad i \neq l. \end{aligned} \tag{4.11}$$

모형 (4.9)를 행렬과 벡터로 다음과 같이

$$\begin{pmatrix} Y_1 \\ Y_2 \\ \vdots \\ Y_n \end{pmatrix} = \begin{pmatrix} 1 & X_{11} & X_{12} & \cdots & X_{1k} \\ 1 & X_{21} & X_{22} & \cdots & X_{2k} \\ \vdots & & & \vdots & \\ 1 & X_{n1} & X_{n2} & \cdots & X_{nk} \end{pmatrix} \begin{pmatrix} \beta_0 \\ \beta_1 \\ \vdots \\ \beta_k \end{pmatrix} + \begin{pmatrix} \epsilon_1 \\ \epsilon_2 \\ \vdots \\ \epsilon_n \end{pmatrix} \tag{4.12}$$

나타낼 수 있으며 또한

$$\boldsymbol{Y} = \boldsymbol{X}\boldsymbol{\beta} + \boldsymbol{\epsilon} \tag{4.13}$$

으로 쓸 수 있다. 여기서 $\boldsymbol{Y}$와 ϵ은 $n\times1$ 벡터, $\boldsymbol{X}$는 $n\times(k+1)$ 행렬이고 β는 $(k+1)\times1$ 벡터이다.

회귀분석과정으로 〈그림 4.1〉은 반응관측값 Y를 설명변수 X_1과 X_2가 만드는 공간으로 투영시켜 반응추정값을 구하는 기학학적인 표현을 보여 준다. 〈그림 4.2〉는 선형최소제곱법을 이용한 회귀직선 적합을 공간에서 표현한 그림이다.

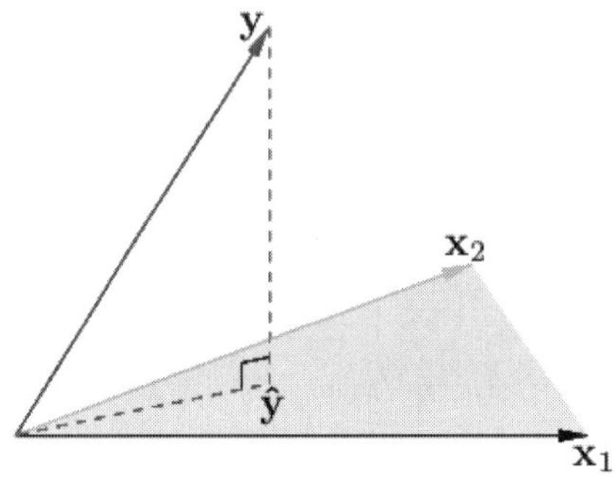

〈그림 4.1〉 설명변수 X_1, X_2가 생성하는 공간으로의 Y의 직교투영(orthogonal projection)이 최소제곱추정량 $\hat{Y}$ (그림출처: Hastie, Tibshirani & Freidman, 2001)

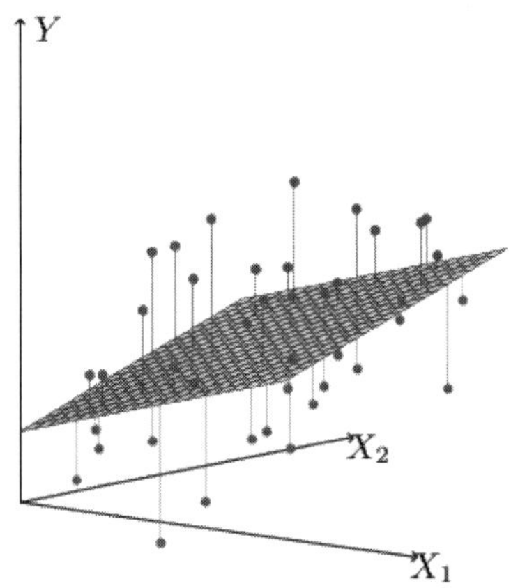

〈그림 4.2〉 $X\in R^2$일 경우 선형최소제곱법을 이용한 회귀직선 적합: Y로부터의 잔차제곱합을 최소로 하는 $\hat{Y}$을 만드는 $\boldsymbol{X}$의 선형함수 (그림출처: Hastie, Tibshirani & Friedman, 2001)

4.3 모수추정

회귀분석을 위한 추정식을 구하기 위해서는 회귀모형을 설정한 후 모형에 포함된 모수를 추정해야 한다. 이 절에서는 모수추정방법으로 최소제곱법을 이용하는 방법,

우도함수를 이용하는 방법과 추정된 회귀계수 추정량의 성질을 알아보고자 한다.

4.3.1 최소제곱법을 이용한 모수추정

오차제곱합을 최소화하는 최소제곱법을 이용하여 회귀계수 추정량을 구하는 방법은 표본자료로부터 회귀계수를 추정하는 방법 중 가장 널리 이용되는 방법이다. 회귀계수 β의 추정치 $\hat{\beta}$을 구하기 위해 다음의 오차제곱합

$$\begin{aligned} S(\beta) &= \sum_{i=1}^{n} \epsilon_i^{\,2} \\ &= \sum_{i=1}^{n} (Y_i - \beta_0 - \beta_1 X_{i1} - \cdots - \beta_k X_{ik})^2 \\ &= (\boldsymbol{Y} - \boldsymbol{X}\beta)'(\boldsymbol{Y} - \boldsymbol{X}\beta) \end{aligned} \tag{4.14}$$

을 구하고 $S(\beta)$를 최소화하도록 $\hat{\beta}$를 구하면 정리 4.1을 얻는다.

정리 4.1

다중선형회귀모형 (4.13)에서 $\boldsymbol{X}$가 완전계수(full rank) $k+1 \leqq n$일 때, 회귀계수 β의 최소제곱추정량(least squares estimator)은

$$\hat{\beta} = (\boldsymbol{X}'\boldsymbol{X})^{-1}\boldsymbol{X}'\boldsymbol{Y} \tag{4.15}$$

이다.

$\boldsymbol{H} = \boldsymbol{X}(\boldsymbol{X}'\boldsymbol{X})^{-1}\boldsymbol{X}'$ 라고 하면

$$\hat{\boldsymbol{Y}} = \boldsymbol{X}\hat{\beta} = \boldsymbol{H}\boldsymbol{Y} \tag{4.16}$$

$$\boldsymbol{e} = \boldsymbol{Y} - \hat{\boldsymbol{Y}} = [\boldsymbol{I} - \boldsymbol{X}(\boldsymbol{X}'\boldsymbol{X})^{-1}\boldsymbol{X}']\boldsymbol{Y} = (\boldsymbol{I} - \boldsymbol{H})\boldsymbol{Y} \tag{4.17}$$

이며 $\boldsymbol{X}'\boldsymbol{e} = 0$과 $\hat{\boldsymbol{Y}}'\boldsymbol{e} = 0$을 만족한다. 또한 잔차제곱합은

$$\begin{aligned} S(\hat{\beta}) &= \sum_{i=1}^{n} (Y_i - \hat{\beta}_0 - \hat{\beta}_1 X_{i1} - \cdots - \hat{\beta}_k X_{ik})^2 \\ &= \boldsymbol{e}'\boldsymbol{e} \\ &= \boldsymbol{Y}'[\boldsymbol{I} - \boldsymbol{X}(\boldsymbol{X}'\boldsymbol{X})^{-1}\boldsymbol{X}']\boldsymbol{Y} \\ &= \boldsymbol{Y}'\boldsymbol{Y} - \boldsymbol{Y}'\boldsymbol{X}\hat{\beta} \end{aligned} \tag{4.18}$$

이다. ■

단순회귀모형에 대해 추정량 (4.15)을 이용해 회귀계수벡터를 구해 보자. 다음의 단순선형회귀모형 $\boldsymbol{Y} = \boldsymbol{X}\beta + \epsilon$는

$$\begin{pmatrix} Y_1 \\ Y_2 \\ \vdots \\ Y_n \end{pmatrix} = \begin{pmatrix} 1 & X_{11} \\ 1 & X_{21} \\ \vdots & \vdots \\ 1 & X_{n1} \end{pmatrix} \begin{pmatrix} \beta_0 \\ \beta_1 \end{pmatrix} + \begin{pmatrix} \epsilon_1 \\ \epsilon_2 \\ \vdots \\ \epsilon_n \end{pmatrix} \tag{4.19}$$

이다. 여기서 $\boldsymbol{Y}$와 ϵ은 $n \times 1$ 벡터, $\boldsymbol{X}$는 $n \times 2$ 행렬이고 β는 2×1 벡터이다. 다음의 계산과정

$$(\boldsymbol{X}'\boldsymbol{X}) = \begin{pmatrix} n & \sum_{i=1}^{n} X_i \\ \sum_{i=1}^{n} X_i & \sum_{i=1}^{n} X_i^2 \end{pmatrix}, \qquad \boldsymbol{X}'\boldsymbol{Y} = \begin{pmatrix} \sum_{i=1}^{n} Y_i \\ \sum_{i=1}^{n} X_i Y_i \end{pmatrix} \tag{4.20}$$

$$\begin{aligned} (\boldsymbol{X}'\boldsymbol{X})^{-1} &= \frac{1}{n\sum_{i=1}^{n} X_i^2 - (\sum_{i=1}^{n} X_i)^2} \begin{pmatrix} \sum_{i=1}^{n} X_i^2 & -\sum_{i=1}^{n} X_i \\ -\sum_{i=1}^{n} X_i & n \end{pmatrix} \\ &= \frac{1}{\sum_{i=1}^{n}(X_i - \overline{X})^2} \begin{pmatrix} \frac{1}{n}\sum_{i=1}^{n} X_i^2 & -\overline{X} \\ -\overline{X} & 1 \end{pmatrix} \end{aligned} \tag{4.21}$$

으로

$$\begin{aligned} \hat{\beta} = \begin{pmatrix} \widehat{\beta_0} \\ \widehat{\beta_1} \end{pmatrix} = (\boldsymbol{X}'\boldsymbol{X})^{-1}\boldsymbol{X}'\boldsymbol{Y} &= \frac{1}{\sum_{i=1}^{n}(X_i - \overline{X})^2} \begin{pmatrix} \frac{1}{n}\sum_{i=1}^{n} X_i^2 & -\overline{X} \\ -\overline{X} & 1 \end{pmatrix} \begin{pmatrix} \sum_{i=1}^{n} Y_i \\ \sum_{i=1}^{n} X_i Y_i \end{pmatrix} \\ &= \begin{pmatrix} Y - \widehat{\beta_1}\overline{X} \\ \dfrac{\sum X_i Y_i - n\overline{X}\,\overline{Y}}{\sum (X_i - \overline{X})^2} \end{pmatrix} \end{aligned} \tag{4.22}$$

을 구하여 (3.12)와 같은 추정량을 얻는다.

4.3.2 우도함수를 이용한 모수추정

오차항이 정규분포를 따른다는 가정하에 관측값에 대한 결합우도함수(joint likelihood)를 벡터와 행렬을 이용하여 표현하면 다음과 같다:

$$P(\boldsymbol{Y}|\beta,\sigma^2,\boldsymbol{X}) \tag{4.23}$$
$$= (2\pi\sigma^2)^{-\frac{n}{2}}\exp\left\{-\frac{(\boldsymbol{Y}-\boldsymbol{X}\beta)'(\boldsymbol{Y}-\boldsymbol{X}\beta)}{2\sigma^2}\right\}$$
$$= (2\pi\sigma^2)^{-\frac{n}{2}}\exp\left\{-\frac{1}{2\sigma^2}\{(\beta-\hat{\beta})'(\boldsymbol{X}'\boldsymbol{X})(\beta-\hat{\beta})+\boldsymbol{Y}'[\boldsymbol{I}_n-\boldsymbol{X}(\boldsymbol{X}'\boldsymbol{X})^{-1}\boldsymbol{X}']\boldsymbol{Y}\}\right\}.$$

참고 식 (4.23)에서 지수함수내의 분자를 정리하면

$$\begin{aligned}(\boldsymbol{Y}-\boldsymbol{X}\beta)'(\boldsymbol{Y}-\boldsymbol{X}\beta) &= \boldsymbol{Y}'\boldsymbol{Y}-\boldsymbol{Y}'\boldsymbol{X}\beta-\boldsymbol{X}'\beta'\boldsymbol{Y}+\beta'\boldsymbol{X}'\boldsymbol{X}\beta\\ &= \beta[\boldsymbol{X}'\boldsymbol{X}\beta-\boldsymbol{X}'\boldsymbol{Y}]-\boldsymbol{Y}'\boldsymbol{X}\beta+\boldsymbol{Y}'\boldsymbol{Y}\\ &= \beta(\boldsymbol{X}'\boldsymbol{X})[\beta'-(\boldsymbol{X}'\boldsymbol{X})^{-1}\boldsymbol{X}'\boldsymbol{Y}]-\boldsymbol{Y}'\boldsymbol{X}\beta+\boldsymbol{Y}'\boldsymbol{Y}\\ &= \beta(\boldsymbol{X}'\boldsymbol{X})(\beta-\hat{\beta})-\boldsymbol{Y}'\boldsymbol{X}\beta+\boldsymbol{Y}'\boldsymbol{Y}\\ &= (\beta'-\hat{\beta}')(\boldsymbol{X}'\boldsymbol{X})(\beta-\hat{\beta})+\hat{\beta}'(\boldsymbol{X}'\boldsymbol{X})(\beta-\hat{\beta})-\boldsymbol{Y}'\boldsymbol{X}\beta+\boldsymbol{Y}'\boldsymbol{Y}\\ &= (\beta-\hat{\beta})'(\boldsymbol{X}'\boldsymbol{X})(\beta-\hat{\beta})+\hat{\beta}'(\boldsymbol{X}'\boldsymbol{X})\beta-\hat{\beta}'(\boldsymbol{X}'\boldsymbol{X})\hat{\beta}-\boldsymbol{Y}'\boldsymbol{X}\beta+\boldsymbol{Y}'\boldsymbol{Y}\\ &= (\beta-\hat{\beta})'(\boldsymbol{X}'\boldsymbol{X})(\beta-\hat{\beta})+\boldsymbol{Y}'[\boldsymbol{I}_n-\boldsymbol{X}(\boldsymbol{X}'\boldsymbol{X})^{-1}\boldsymbol{X}']\end{aligned}$$

여기서 $\hat{\beta}=(\boldsymbol{X}'\boldsymbol{X})^{-1}\boldsymbol{X}'\boldsymbol{Y}$.

우도함수 (4.23)을 최대로 하는 추정량은, 즉 지수함수를 최소로 하는 최대우노 추정량은 $\hat{\beta}=(\boldsymbol{X}'\boldsymbol{X})^{-1}\boldsymbol{X}'\boldsymbol{Y}$이다. 또한 로그 우도함수 LL을 β에 대해 미분하여 0으로 놓고

$$\frac{\partial LL}{\partial\beta}=0 \tag{4.24}$$

구한 최대우도추정량은 $\hat{\beta}=(\boldsymbol{X}'\boldsymbol{X})^{-1}\boldsymbol{X}'\boldsymbol{Y}$이다.

로그 우도함수 LL에 대해 σ^2에 대한 미분

$$\frac{\partial LL}{\partial\sigma^2}=0 \tag{4.25}$$

하여 얻은 최대우도추정량은

$$\begin{aligned}\widehat{\sigma_{ML}}^2 = \frac{(\boldsymbol{Y}-\boldsymbol{X}\hat{\beta})'(\boldsymbol{Y}-\boldsymbol{X}\hat{\beta})}{n} &= \frac{1}{n}[\boldsymbol{Y}'\boldsymbol{Y}-\boldsymbol{Y}'\boldsymbol{X}\hat{\beta}-\hat{\beta}'\boldsymbol{X}'\boldsymbol{Y}+\hat{\beta}'\boldsymbol{X}'\boldsymbol{X}\hat{\beta}] \\ &= \frac{1}{n}\{\boldsymbol{Y}'[\boldsymbol{I}_n-\boldsymbol{X}(\boldsymbol{X}'\boldsymbol{X})^{-1}\boldsymbol{X}']\boldsymbol{Y}\}\end{aligned} \tag{4.26}$$

이다. 여기서 $\boldsymbol{I}_n$은 $n\times n$ 항등행렬이다.

4.3.3 추정량의 성질

앞 절에서 구한 회귀계수의 최소제곱추정량은 불편성(unbiasedness)과 최소분산성(minimum variance)을 만족하는 우수한 추정량이며 다음 정리에서 이를 설명한다.

정리 4.2 가우스-마코프 정리(Gauss-Markov Theorem)

다중선형회귀모형의 오차벡터에 대해 $E(\epsilon)=\mathbf{0}$이고 오차항이 서로 독립이고 등분산인 경우 회귀계수에 대한 최적선형불편추정량(best linear unbiased estimator: BLUE)은 최소제곱추정량이다.

증명 우선 추정가능한 함수(estimable function)에 대한 개념을 이해하자. 모수들의 선형조합 $\psi = \boldsymbol{c}'\boldsymbol{\beta}$ 는 다음과 같은 선형조합이 존재할 경우에만 추정가능하다(estimable):

$$E(\boldsymbol{a}'\boldsymbol{y}) = \boldsymbol{c}'\boldsymbol{\beta} \qquad \forall\, \boldsymbol{\beta}. \tag{4.27}$$

만약 $\boldsymbol{X}$가 완전 행렬계수(full rank)라면 모든 선형조합은 추정가능하다. 가우스-마코프 정리는 불편성을 지닌 선형조합들 중 최소제곱추정량이 최소분산(minimum variance)을 가지며 유일하다고(unique) 설명한다.

$\boldsymbol{a}'\boldsymbol{y}$는 $\boldsymbol{c}'\boldsymbol{\beta}$ 의 불편추정량이라고 가정하면

$$E(\boldsymbol{a}'\boldsymbol{y}) = \boldsymbol{c}'\boldsymbol{\beta} \qquad \forall\, \boldsymbol{\beta} \tag{4.28}$$

이므로

$$\boldsymbol{a}'\boldsymbol{X}\boldsymbol{\beta} = \boldsymbol{c}'\boldsymbol{\beta} \qquad \forall\, \boldsymbol{\beta}$$

이 되므로 $\boldsymbol{a}'\boldsymbol{X} = \boldsymbol{c}'$. 벡터 $\boldsymbol{c}$는 $\boldsymbol{X}'$의 공간에 있어야 한다. 즉 $\boldsymbol{X}'\boldsymbol{X}$의 공간에 있어야 하므로 $\boldsymbol{c} = \boldsymbol{X}'\boldsymbol{X}\boldsymbol{\lambda}$를 만족하는 $\boldsymbol{\lambda}$가 존재해야 한다. 그러므로

$$\boldsymbol{c}'\hat{\boldsymbol{\beta}} = \boldsymbol{\lambda}'\boldsymbol{X}'\boldsymbol{X}\boldsymbol{\beta} = \boldsymbol{\lambda}'\boldsymbol{X}'\boldsymbol{y} \tag{4.29}$$

이 된다. 추정량 $\boldsymbol{a}'\boldsymbol{y}$의 분산을 구해 보면

$$\begin{aligned} Var(\boldsymbol{a}'\boldsymbol{y}) &= Var(\boldsymbol{a}'\boldsymbol{y} - \boldsymbol{c}'\hat{\boldsymbol{\beta}} + \boldsymbol{c}'\hat{\boldsymbol{\beta}}) \\ &= Var(\boldsymbol{a}'\boldsymbol{y} - \boldsymbol{\lambda}'\boldsymbol{X}'\boldsymbol{y} + \boldsymbol{c}'\hat{\boldsymbol{\beta}}) \\ &= Var(\boldsymbol{a}'\boldsymbol{y} - \boldsymbol{\lambda}'\boldsymbol{X}'\boldsymbol{y}) + Var(\boldsymbol{c}'\hat{\boldsymbol{\beta}}) + 2Cov(\boldsymbol{a}'\boldsymbol{y} - \boldsymbol{\lambda}'\boldsymbol{X}'\boldsymbol{y}, \boldsymbol{\lambda}'\boldsymbol{X}'\boldsymbol{y}) \end{aligned} \tag{4.30}$$

여기서

$$\begin{aligned} Cov(\boldsymbol{a}'\boldsymbol{y}-\boldsymbol{\lambda}'\boldsymbol{X}'\boldsymbol{y},\boldsymbol{\lambda}'\boldsymbol{X}'\boldsymbol{y}) &= (\boldsymbol{a}'-\boldsymbol{\lambda}'\boldsymbol{X}')\sigma^2\boldsymbol{I}\boldsymbol{X}\boldsymbol{\lambda} \\ &= (\boldsymbol{a}'\boldsymbol{X}-\boldsymbol{\lambda}'\boldsymbol{X}'\boldsymbol{X})\sigma^2\boldsymbol{I}\boldsymbol{X}\boldsymbol{\lambda} \\ &= (\boldsymbol{c}'-\boldsymbol{c}')\sigma^2\boldsymbol{I}\boldsymbol{\lambda} \\ &= 0 \end{aligned} \tag{4.31}$$

이므로

$$Var(\boldsymbol{a}'\boldsymbol{y}) = Var(\boldsymbol{a}'\boldsymbol{y}-\boldsymbol{\lambda}'\boldsymbol{X}'\boldsymbol{y}) + Var(\boldsymbol{c}'\hat{\boldsymbol{\beta}}) \geq Var(\boldsymbol{c}'\hat{\boldsymbol{\beta}}) \tag{4.32}$$

즉 $\boldsymbol{c}'\hat{\boldsymbol{\beta}}$은 최소분산을 갖는다.

다음 단계로 $\boldsymbol{c}'\hat{\boldsymbol{\beta}}$이 유일함을 보이고자 한다. (4.32)에서 등호 성립 경우를 고려하면

$$Var(\boldsymbol{a}'\boldsymbol{y}-\boldsymbol{\lambda}'\boldsymbol{X}'\boldsymbol{y}) = 0 \tag{4.33}$$

이어야 하므로 $(\boldsymbol{a}'-\boldsymbol{\lambda}'\boldsymbol{X}')=0$이 되고 $\boldsymbol{a}'\boldsymbol{y}=\boldsymbol{\lambda}'\boldsymbol{X}'\boldsymbol{y}=\boldsymbol{c}'\hat{\boldsymbol{\beta}}$이 된다. 그러므로 등호는 $\boldsymbol{a}'\boldsymbol{y}=\boldsymbol{c}'\hat{\boldsymbol{\beta}}$인 경우에만 성립하므로 등호가 성립되는 경우의 유일한 추정량이 된다. ■

회귀계수의 최소제곱추정량 $\hat{\boldsymbol{\beta}}=(\boldsymbol{X}'\boldsymbol{X})^{-1}\boldsymbol{X}'\boldsymbol{Y}$는 다음의 특성을 갖는다.
$E(\hat{\boldsymbol{\beta}})=\boldsymbol{\beta}$, 즉 $\hat{\boldsymbol{\beta}}$은 $\boldsymbol{\beta}$의 불편추정량(unbiased estimator)이며 공분산행렬

$$Cov(\hat{\boldsymbol{\beta}}) = \sigma^2(\boldsymbol{X}'\boldsymbol{X})^{-1} \tag{4.34}$$

을 갖는다. 잔차벡터 $\boldsymbol{e}=(e_1,\cdots,e_n)'$에 대해

$$E(\boldsymbol{e}) = \boldsymbol{0}, \quad Cov(\boldsymbol{e}) = \sigma^2(\boldsymbol{X}'\boldsymbol{X})^{-1} \tag{4.35}$$

이 성립한다. 분산추정량

$$s^2 = \frac{\boldsymbol{e}'\boldsymbol{e}}{n-(k+1)} = \frac{\boldsymbol{Y}'[\boldsymbol{I}-\boldsymbol{X}(\boldsymbol{X}'\boldsymbol{X})^{-1}\boldsymbol{X}']\boldsymbol{Y}}{n-k-1} = \frac{\boldsymbol{Y}'[\boldsymbol{I}-\boldsymbol{H}]\boldsymbol{Y}}{n-k-1} \tag{4.36}$$

에 대해

$$E(s^2) = \sigma^2 \tag{4.37}$$

을 만족하므로 s^2은 σ^2의 불편추정량이다.

4.4 회귀모형추정

반응변수가 정규분포 $N(\boldsymbol{X}\beta, \sigma^2\boldsymbol{I})$를 따른다고 가정할 경우 회귀계수에 대한 신뢰구간을 구하고 가설검정에 대해 알아보자.

4.4.1 회귀계수에 대한 검정

회귀모형에 대한 유의성은 각 회귀계수에 대한 유의성 문제와 관련된다. 이 절에서는 각 회귀계수에 대한 검정과 신뢰구간을 구해 보고자 한다. 다음과 같은 가설

$$H_{0j}:\ \beta_j = 0 \text{ 대해 } H_{1j}:\ \beta_j \neq 0,\quad j = 1,2,\cdots,k \tag{4.38}$$

에 대해 검정통계량

$$t_j = \frac{\hat{\beta}_j}{\widehat{Var}(\hat{\beta}_j)} = \frac{\hat{\beta}_j}{s\sqrt{q_{jj}}} \tag{4.39}$$

은 H_0 하에서 t_{n-k-1} 분포를 따르며 여기서 q_{jj}는 $(\boldsymbol{X}'\boldsymbol{X})^{-1}$의 j번째 대각선상 $j = 0,1,2,\cdots,k$에 놓인 값이다. 유의수준 α에서의 양측검정법은

$$|t_j| \geq t_{n-k-1}(\alpha/2) \text{이면 } H_{0j}\text{를 기각한다.} \tag{4.40}$$

즉, H_0를 기각하는 경우 $\beta_j = 0$이라고 할 수 없으므로 추정된 회귀계수가 회귀모형에 기여함을 알 수 있다.

4.4.2 회귀계수에 대한 신뢰구간

각 회귀계수에 대한 신뢰구간은 3.5절의 내용으로부터 $t-$분포를 이용하여 구할 수 있다.

β_j에 대한 $100(1-\alpha)\%$ 신뢰구간은

$$\hat{\beta}_j \pm t_{n-k-1}(\alpha/2)\sqrt{\widehat{Var}(\hat{\beta}_j)} \tag{4.41}$$

으로 구한다.

정리 4.3에서는 $\hat{\beta}$의 분포를 설명하고, 정리 4.4에서는 $\hat{\beta}$에 대한 동시신뢰영역을 보여 준다.

정리 4.3

$Y = X\beta + \epsilon$, $rank(X) = k+1$ 이고 $\epsilon \sim N_n(0, \sigma^2 I)$일 때 회귀계수벡터 β의 최대우도추정량과 최소제곱법추정량은 일치한다. 또한

$$\hat{\beta} = (X'X)^{-1}X'Y \sim N_{k+1}\left(\beta, \sigma^2(X'X)^{-1}\right) \tag{4.42}$$

로 $(k+1)$ 변량 정규분포를 따른다. 잔차에 대해서는 $e = Y - X\hat{\beta}$ 일 때,

$$n\hat{\sigma}^2 = e'e \sim \sigma^2 \chi^2_{n-k-1} \tag{4.43}$$

로 카이제곱분포를 따른다. 여기서 $\widehat{\sigma^2}$는 σ^2의 최대우도추정량이다. ■

정리 4.4

$Y = X\beta + \epsilon$, $rank(X) = k+1$이고 $\epsilon \sim N_n(0, \sigma^2 I)$일 때,
회귀계수벡터 β에 대한 $100(1-\alpha)\%$ 신뢰영역은

$$(\beta - \hat{\beta})'X'X(\beta - \hat{\beta}) \leqq (k+1)s^2 F_{k+1, n-k-1}(\alpha) \tag{4.44}$$

로 주어진다. 여기서 $F_{k+1, n-k-1}(\alpha)$ 는 $k+1$, $n-k-1$의 자유도를 따르는 F -분포의 오른쪽 꼬리부분의 확률이 α가 되는 값이다.

β_j에 대한 $100(1-\alpha)\%$ 동시신뢰구간은

$$\hat{\beta}_j \pm \sqrt{\widehat{Var}(\hat{\beta}_j)}\sqrt{(k+1)F_{k+1, n-k-1}(\alpha)}, \quad j = 0, 1, \cdots, k \tag{4.45}$$

으로 주어진다. 여기서 $s^2 = MSE$ 이고 $\widehat{Var}(\hat{\beta}_j)$ 는 $s^2(X'X)^{-1}$의 대각선상에서의 j번째 원소이다. ■

4.5 모형에 대한 적합도 검정

회귀모형을 적합한 후에는 그 모형에 대한 적합성 또는 타당성에 대한 평가를 해야하고 만약 회귀모형에 대한 적합도가 충분하지 않다면 설명력이 높은 적절한 회귀모형을 찾아야 한다. 이 절에서는 모형의 적합성에 대한 측도로, 결정계수, 수정된 결정계수, 모형에 대한 검정으로 회귀계수벡터에 대한 검정, 그리고 잔차에 대한

검토 등에 대해 설명하고자 한다.

4.5.1 결정계수

회귀모형을 적합한 후 전체변동을 회귀모형에 의한 변동과 오차에 의한 변동으로 나누었을 때 회귀모형에 의해 설명되는 부분이 클수록 모형의 적합도가 증가하게 된다.

전체제곱합은 다음과 같이

$$\begin{aligned}(\boldsymbol{Y}-\overline{\boldsymbol{Y}})'(\boldsymbol{Y}-\overline{\boldsymbol{Y}}) &= [(\hat{\boldsymbol{Y}}-\overline{\boldsymbol{Y}})+(\boldsymbol{Y}-\hat{\boldsymbol{Y}})]'[(\hat{\boldsymbol{Y}}-\overline{\boldsymbol{Y}})+(\boldsymbol{Y}-\hat{\boldsymbol{Y}})] \\ &= (\hat{\boldsymbol{Y}}-\overline{\boldsymbol{Y}})'(\hat{\boldsymbol{Y}}-\overline{\boldsymbol{Y}})+(\boldsymbol{Y}-\hat{\boldsymbol{Y}})'(\boldsymbol{Y}-\hat{\boldsymbol{Y}}) \\ &= \sum_{j=1}^{n}(\widehat{Y}_j-\overline{Y})^2+\sum_{j=1}^{n}e_j^{\,2} \\ TSS = &\quad\; SSR \quad + \quad SSE\end{aligned} \tag{4.46}$$

으로 회귀제곱합 SSR과 잔차제곱합 SSE로 분해된다. 여기서 $\overline{\boldsymbol{Y}}=\overline{Y}\mathbf{1}$이다.

회귀모형의 적합도에 대한 측도로서 결정계수는

$$R^2=\frac{\sum_{j=1}^{n}(\widehat{Y}_j-\overline{Y})^2}{\sum_{j=1}^{n}(Y_j-\overline{Y})^2}=1-\frac{\sum_{j=1}^{n}e_j^{\,2}}{\sum_{j=1}^{n}(Y_j-\overline{Y})^2} \tag{4.47}$$

로 정의되며 전체 변동 중 적합된 회귀식에 의해 설명되는 비율을 나타낸다.

설명변수 개수가 증가할수록 R^2는 무조건 증가한다. 이런 점을 보완한 수정된 결정계수(adjusted R^2)는

$$R_{adj}^2=1-(1-R^2)\left(\frac{n-1}{n-k-1}\right)=1-\frac{SSE/(n-k-1)}{TSS/(n-1)} \tag{4.48}$$

으로 정의된다. 여기서 n은 관측 개체수이고, k는 설명변수의 개수이다.

총변동을 회귀모형에 의한 변동과 오차 요인에 의한 변동으로 분해하여 분산분석표로 정리하여 〈표 4.1〉에서 보여 준다. 모형의 유의성에 대해 통계적 가설

$$H_0:\ \boldsymbol{Y}=\beta_0\mathbf{1}+\boldsymbol{\epsilon} \text{ 대해 } H_1:\ \boldsymbol{Y}=\boldsymbol{X\beta}+\boldsymbol{\epsilon} \tag{4.49}$$

에 대한 검정을 할 수 있다. 여기서 $(k+1)\times 1$ 벡터로 $\mathbf{1}=(1,\cdots,1)'$이다. 위 가설은 회귀계수벡터에 대해 표현하면

$$H_0: \beta = 0 \text{에 대해 } H_1: \beta \neq 0 \tag{4.50}$$

이므로 회귀계수벡터에 대한 유의성 가설이 된다. 〈표 4.1〉에서 검정통계량

$$F_{model} = \frac{(TSS - SSE)/k}{SSE/(n-k-1)} \tag{4.51}$$

은 두 모형에 대한 비교를 나타내는 $F-$통계량으로, H_0 하에서 분자 자유도 k, 분모 자유도 $n-k-1$인 $F-$분포를 따르는 확률변수이다. 그러므로 유의수준 α에서 검정법은

$$F_{model} \geq F_{k,n-k-1}(\alpha) \text{이면 } H_0 \text{를 기각한다.} \tag{4.52}$$

귀무가설하에서는 설명변수가 반응변수와 관련 없이 상수함수로 주어지는 경우로 이러한 상황에서는 두 변수 간의 관련식을 구할 필요가 없게 된다. 그러므로 귀무가설을 기각하지 못하면 추정된 회귀모형이 유의하지 않게 된다.

〈표 4.1〉 다중회귀모형 분산분석표(설명변수가 k개인 경우)

요인 (source)	자유도 (df)	제곱합 (SS)	평균제곱합 (MS)	$F-$통계량	기각값
모형(model)	k	SSR	$MSR = \frac{SSR}{k}$	$F_{model} = \frac{MSR}{MSE}$	$F_{k,n-k-1}(\alpha)$
오차(error)	$n-k-1$	SSE	$MSE = \frac{SSE}{n-k-1}$		
총합(Total)	$n-1$	TSS			

4.5.2 회귀계수벡터에 대한 검정

다중회귀모형에서 반응변수와 설명변수벡터 간의 관계를 나타내는 부분이 회귀계수벡터이며, 이 회귀계수벡터에 대한 유의성이 모형의 유의성을 결정한다. 이 절에서는 회귀계수벡터에 대한 검정을 설명하기로 한다.

회귀계수벡터 β는 다음과 같이

$$\beta = \begin{pmatrix} \beta_0 \\ \beta_X \end{pmatrix} \tag{4.53}$$

두 부분으로 나누어 쓸 수 있다. 여기서 β_0는 절편을 나타내므로 설명변수와의 관계는 β_X에서 나타나며 β_X에 대한 유의성 검정이 모형의 유의성 검정이 된다.

$$H_0: \ \beta_X = 0 \tag{4.54}$$

의 귀무가설에 대해 회귀제곱합 SSR과 오차제곱합 SSE가 서로 독립이며 각각 카이제곱분포를 따르므로 다음의 F-검정통계량

$$F = \frac{SSR/k}{SSE/(n-k-1)} \tag{4.55}$$

은 H_0 하에서 $F_{k,n-k-1}$ 분포를 따른다. 그러므로 유의수준 α에서 검정법은

만일 $F \geq F_{k,n-k-1}(\alpha)$이면 H_0를 기각한다. (4.56)

4.6 신뢰구간과 예측구간

반응변수는 변동이 있는 확률변수이기 때문에 정확한 예측값으로 점추정(point estimation)하기는 쉽지 않다. 그러나 회귀모형을 기반으로 반응변수를 포함한 예측구간 및 신뢰구간을 계산하여 구간추정(interval estimation)을 할 수 있으므로 이에 대해 설명하고자 한다.

4.6.1 반응평균과 반응평균에 대한 신뢰구간

회귀모형을 적합한 구간 내에 있는 설명변수에서의 반응변수의 예측 문제에 대해 다루고자 한다. 설명변수 $\boldsymbol{X}_* = (X_{*1}, X_{*2}, \cdots, X_{*k})'$에서의 종속변수 $Y_* = \beta_0 + \beta_1 X_{*1} + \beta_2 X_{*2} + \cdots + \beta_k X_{*k}$의 반응평균을 구하면

$$\begin{aligned} y_* &= E[Y_*] \\ &= \beta_0 + \beta_1 X_{*1} + \beta_2 X_{*2} + \cdots + \beta_k X_{*k} \\ &= \boldsymbol{x}_*'\beta \end{aligned} \tag{4.57}$$

이고 여기서 $\boldsymbol{x}_* = (1, X_{1*}, X_{2*}, \cdots, X_{k*})'$이다. y_*의 추정값은

$$\widehat{y_*} = \boldsymbol{x}_*'\hat{\beta} \tag{4.58}$$

이며 Y_*의 불편추정량은 $\widehat{y_*}$이고, 분산은 $Var\left[\widehat{y_*}\right] = \sigma^2 \boldsymbol{x}_*'(\boldsymbol{X}'\boldsymbol{X})^{-1}\boldsymbol{x}_*$이다. 그러므로 반응평균에 대한 추정값은 $\hat{y}_* = \boldsymbol{x}_*'\hat{\beta} \sim N\left(y_*, \sigma^2 \boldsymbol{x}_*'(\boldsymbol{X}'\boldsymbol{X})^{-1}\boldsymbol{x}_*\right)$ 분포를 따른다.

$\boldsymbol{X}_*$에서 반응평균에 대한 추정값 $\widehat{y_*}$에 대한 $100(1-\alpha)\%$ 신뢰구간은

$$\widehat{y_*} \pm t_{n-k-1}(\alpha/2)\, se[\widehat{y_*}] \tag{4.59}$$

이다. 여기에서 $t_{n-k-1}(\alpha/2)$는 t_{n-k-1}분포의 오른쪽 꼬리의 확률이 $\alpha/2$가 되는 분위수이고 $se[\hat{y}^*]$는 추정값 $\hat{y}^*$의 추정된 표준오차

$$se[\hat{y}^*] = s\sqrt{\boldsymbol{x}_*'(\boldsymbol{X}'\boldsymbol{X})^{-1}\boldsymbol{x}_*} \tag{4.60}$$

이다. 여기서 $s = \sqrt{MSE_{\text{model}}}$이고 MSE_{model}는 적합한 모형에 대한 평균제곱오차이다.

4.6.2 예측과 예측구간

회귀모형을 적합한 구간 밖에 있는 설명변수에서의 반응변수의 예측 문제에 대해 다루고자 한다. 아직 반응값이 관측되지 않은 새로운 설명변수값 $\boldsymbol{X}_* = (X_{*1}, X_{*2}, \cdots, X_{*k})'$에서 반응변수에 대한 예측모형은

$$\widehat{y_*} = \boldsymbol{x}_*'\hat{\beta} \tag{4.61}$$

이며, 여기서 $\boldsymbol{x}_* = (1,\ X_{1*},\ X_{2*},\ \cdots,\ X_{k*})'$이고, $\hat{\beta}$는 β의 추정값으로 $\hat{\beta} = (\boldsymbol{X}'\boldsymbol{X})^{-1}\boldsymbol{X}'\boldsymbol{Y}$이다.

$\widehat{Y_*}$는 $\hat{y}_*$의 예측값이라 할 때 예측값에 대한 신뢰구간을 예측구간(prediction interval)이라 한다. 확률변수 $\hat{Y}_*$는 다음의 모형

$$\widehat{Y_*} = \boldsymbol{x}_*'\hat{\beta} + \epsilon \tag{4.62}$$

으로 표현할 수 있다. 그러므로 $\widehat{Y_*}$는 평균 $E[\widehat{Y_*}] = \boldsymbol{x}_*'\beta$이고 예측값에 대한 분산이 더해지므로 분산 $Var[\widehat{Y_*}] = \sigma^2(1+\boldsymbol{x}_*'(\boldsymbol{X}'\boldsymbol{X})^{-1}\boldsymbol{x}_*)$인 정규분포를 따른다. 즉,

$$\widehat{Y_*} \sim N\left(\boldsymbol{x}_*'\beta,\ \sigma^2(1+\boldsymbol{x}_*'(\boldsymbol{X}'\boldsymbol{X})^{-1}\boldsymbol{x}_*)\right). \tag{4.63}$$

$\hat{Y}_*$에 대한 $100(1-\alpha)\%$ 예측구간은

$$\hat{Y}_* \pm t_{n-k-1}(\alpha/2)\, se[\widehat{Y_*}] \tag{4.64}$$

이다. 여기서 $se[\widehat{Y_*}]$는 예측값 $\hat{y}_*$의 추정된 표준오차

$$se[\hat{Y}_*] = s\sqrt{(1 + \boldsymbol{x}_*'(\boldsymbol{X}'\boldsymbol{X})^{-1}\boldsymbol{x}_*)} \quad (4.65)$$

이다. $s = \sqrt{MSE_{\mathrm{model}}}$ 로 MSE_{model}는 적합한 모형에 대한 평균제곱오차이다.

4.7 잔차분석

잔차는 관측값과 추정값의 차이로 정의되며 회귀모형에 의하여 설명되지 않는 변동의 크기를 나타내는 오차에 대한 추정값이다. 따라서 앞에서 가정한 오차에 대한 가정들의 성립여부는 잔차를 검토해 봄으로써 알 수 있다. 다중선형회귀모형에서 오차항에 대한 가정은 등분산성, 독립성, 평균 0인 정규성이다.

적합된 모형이 유의하기 위해서는 가정에 대한 점검이 필요하다. 다중회귀모형에서의 기본적인 잔차분석은 3.6절의 단순회귀모형의 잔차분석과 마찬가지 과정이므로 참고하기 바란다.

4.7.1 회귀함수의 선형성

선형회귀함수가 적합한지 적합하지 않은지에 대한 문제는 자료의 산점도를 그려보거나 선형회귀모형을 적합한 후의 잔차를 각 설명변수 또는 반응변수에 대해 그려봄으로써 추측할 수 있다. 회귀직선의 모형이 타당하고 오차의 등분산성이 성립된다면 설명변수에 대한 잔차 산점도 또는 반응변수에 대한 잔차 산점도에서 잔차는 0을 중심으로 랜덤하게 나타나게 된다. 예를 들어, 산점도에서 이차 곡선이나 삼차 곡선의 형태가 나타난다면 가정된 선형회귀함수는 적절하지 못하다고 볼 수 있다.

4.7.2 오차항의 등분산성과 독립성

잔차는 회귀직선의 모형이 타당하고 오차의 등분산성이 성립된다면 Y에 대한 잔차산점도 또는 $\hat{Y}$에 대한 잔차산점도에서 0을 중심으로 완전히 랜덤하게 나타나며 x축 변수에 따라 어떤 경향도 나타나지 않아야 한다.

4.7.3 오차항의 정규성

오차항의 확률분포가 정규분포에서 많이 벗어나는 경우는 정규성을 가정한 가설

검정 등의 추론을 할 수 없다. 오차항의 정규성을 검토하는 방법으로 잔차들에 대해 정규 Q-Q 그림을 그려 보고, 이들이 45° 직선을 따라 분포하면 정규성을 따른다고 볼 수 있다. 또한 정규성을 만족한다는 귀무가설에 대해 Shapiro-Wilks 검정통계량으로 정규성에 대한 검정을 할 수 있다.

4.8 R 활용 다중회귀분석

R에서 `lm()` 함수를 이용하여 회귀분석 후 생성된 객체에 대해 사용할 수 있는 함수들을 〈표 4.2〉에서 보여 주며 참고하여 필요한 함수를 활용하도록 한다.

〈표 4.2〉 `lm()` 사용후 적합된 회귀모형 객체에 대해 활용할 수 있는 함수

함수 이름	함수 설명
`print()`	출력
`summary()`	회귀분석후 기본적인 결과
`coef()` `coefficients()`	추정된 회귀계수값
`resid()` `residuals()`	잔차
`fitted()`	반응변수 추정값
`anova()`	요인에 대한 분산분석결과
`predict()`	새로운 데이터에 대한 추정
`plot()`	회귀진단 그림
`confint()`	회귀계수에 대한 신뢰구간
`deviance()`	잔차제곱합
`vcov()`	추정된 분산-공분산행렬
`logLik()`	정규성 가정하에서 로그-우도값(log-likelihood)
`AIC()`	정보기준값, AIC
`step()`	AIC 기준으로 모형 선택과정

예제 4.1

R 시스템에 내장되어 있는 환경 데이터 `airquality`에 대해 다중회귀분석을 해 보자. `airquality` 데이터셋은 New York 도시의 153일 동안 오존, 일조량, 기온과 풍속을 기록한 데이터이다.

[프로그램 4.1]에서의 `pairs()` 함수를 사용한 2개 변수 쌍에 대한 산점도를 〈그림 4.3〉에서 볼 수 있으며 `panel=panel.smooth` 옵션을 사용하여 평활(smooth)시킨 함수 추

정선을 볼 수 있다.

[결과 4.1](1)은 Ozone을 반응변수로 한 다중회귀모형(`lm.a`) 결과

```
Ozone = -64.34 + 0.059 Solar.R -3.333 Wind + 1.652 Temp
```

을 보여 주며, 이 모형에 대한 결정계수는 61%이고, 유의수준 5%에서 회귀계수 검정결과 두 모형의 각 회귀계수는 유의하다.

[결과 4.1](2)는 log(Ozone)을 반응변수로 한 다중회귀모형(`lm.ab`)

```
log(Ozone) = -0.262 + 0.003 Solar.R - 0.062 Wind + 0.049 Temp
```

을 보여주며, 이 모형에 대한 결정계수는 66%로, log 변환을 취한 경우가 약간 높다. 유의수준 5%에서 회귀계수 검정결과 두 모형의 각 회귀계수는 유의하다. 그러나 두 모형에 대한 잔차그림인 〈그림 4.4〉를 보면 `lm.a` 모형에 대한 잔차는 오차에 대한 가정을 벗어나 보인다. `shapiro.test()` 함수를 사용하여 잔차에 대해 Shapiro-Wilks 정규성 검정결과 유의수준 5%에서 `lm.a`모형은 귀무가설을 기각하여 정규성을 만족하지 못한다.

잔차에 대한 독립성 검정으로 `dwtest()` 함수를 사용하여 Durbin-Watson 검정을 할 수 있으며 Durbin-Watson 검정결과 두 모형 모두 독립성은 유의하다. `dwtest()` 함수는 `lmtest` 패키지에 내장된 함수이므로 `library(lmtest)` 수행 후 이용해야 한다. 〈그림 4.5〉는 두 개의 회귀계수에 대한 동시 신뢰영역을 보여 준다. 두 개의 회귀계수에 대한 동시 신뢰영역은 타원의 형체를 가지며 여러 개의 회귀계수에 대한 동시 신뢰영역은 타원체(ellipsoid)로 구해진다.

[프로그램 4.1] airquality 데이터에 대한 다중회귀분석

```
data(airquality)
airquality[1:2, ]
pairs(airquality[,1:4], panel=panel.smooth)    #그림 4.3

lm.a<- lm(Ozone~ Solar.R + Wind + Temp, data=airquality)       #회귀모형
  summary(lm.a)
lm.ab<- lm(log(Ozone)~ Solar.R + Wind + Temp, data=airquality)  #log(반응변수) 회귀모형
  summary(lm.ab)

op=par(mfrow=c(1,2))                        #그림 4.4
plot(fitted(lm.a), residuals(lm.a), xlab="fitted", ylab="residual")
plot(fitted(lm.ab), residuals(lm.ab), xlab="fitted", ylab="residual")
  abline(h=0)
par(op)

shapiro.test(residuals(lm.a))               # 잔차 정규성 검정
shapiro.test(residuals(lm.ab))
```

```
library(lmtest)
dwtest(Ozone~ Solar.R + Wind + Temp, data= na.omit(airquality))   #잔차 독립성 검정
dwtest(log(Ozone)~ Solar.R + Wind + Temp, data= na.omit(airquality))
```

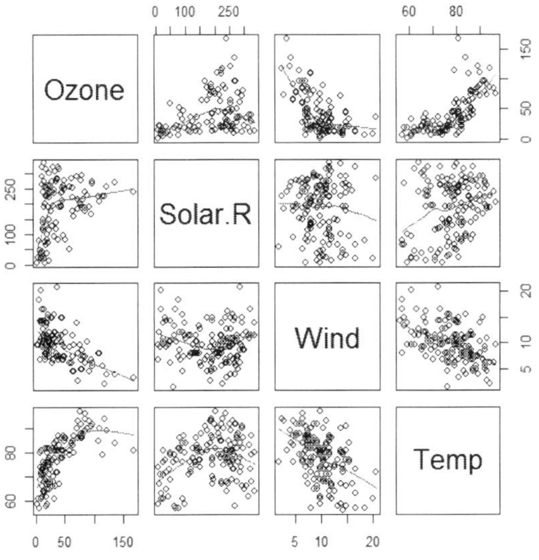

〈그림 4.3〉 airquality 데이터에 대한 산점도행렬

[결과 4.1] (1) 선형회귀모형

```
> airquality[1:2, ]
  Ozone Solar.R Wind Temp Month Day
1    41     190  7.4   67     5   1
2    36     118  8.0   72     5   2
> lm.a<- lm(Ozone~ Solar.R + Wind + Temp, data=airquality)
> summary(lm.a)
Call:
lm(formula = Ozone ~ Solar.R + Wind + Temp, data = airquality)
Residuals:
    Min      1Q  Median      3Q     Max
-40.485 -14.219  -3.551  10.097  95.619
Coefficients:
            Estimate Std. Error t value Pr(>|t|)
(Intercept) -64.34208   23.05472  -2.791  0.00623 **
Solar.R       0.05982    0.02319   2.580  0.01124 *
Wind         -3.33359    0.65441  -5.094 1.52e-06 ***
Temp          1.65209    0.25353   6.516 2.42e-09 ***
---
Signif. codes:  0 '***' 0.001 '**' 0.01 '*' 0.05 '.' 0.1 ' ' 1
Residual standard error: 21.18 on 107 degrees of freedom
  (42 observations deleted due to missingness)
```

```
Multiple R-squared: 0.6059,	Adjusted R-squared: 0.5948
F-statistic: 54.83 on 3 and 107 DF,  p-value: < 2.2e-16
```

[결과 4.1] (2) log 반응변수에 대한 선형회귀모형

```
> lm.ab<- lm(log(Ozone)~ Solar.R + Wind + Temp, data=airquality)
> summary(lm.ab)
Call:
lm(formula = log(Ozone) ~ Solar.R + Wind + Temp, data = airquality)
Residuals:
      Min        1Q    Median        3Q       Max
-2.061929 -0.299696 -0.002312  0.307559  1.235783
Coefficients:
             Estimate Std. Error t value Pr(>|t|)
(Intercept) -0.2621323  0.5535669  -0.474 0.636798
Solar.R      0.0025152  0.0005567   4.518 1.62e-05 ***
Wind        -0.0615625  0.0157130  -3.918 0.000158 ***
Temp         0.0491711  0.0060875   8.077 1.07e-12 ***
---
Residual standard error: 0.5086 on 107 degrees of freedom
  (42 observations deleted due to missingness)
Multiple R-squared: 0.6644,	Adjusted R-squared: 0.655
F-statistic: 70.62 on 3 and 107 DF,  p-value: < 2.2e-16
```

[결과 4.1] (3) 정규성 검정

```
> shapiro.test(residuals(lm.a))
        Shapiro-Wilk normality test
data:  residuals(lm.a)
W = 0.9171, p-value = 3.618e-06
> shapiro.test(residuals(lm.ab))
        Shapiro-Wilk normality test
data:  residuals(lm.ab)
W = 0.9775, p-value = 0.05726
```

[결과 4.1] (4) Durbin-Watson 검정

```
> library(lmtest)
> dwtest(Ozone~ Solar.R + Wind + Temp, data= na.omit(airquality))
        Durbin-Watson test
data:  Ozone ~ Solar.R + Wind + Temp
DW = 1.9355, p-value = 0.3347
alternative hypothesis: true autocorrelation is greater than 0
> dwtest(log(Ozone)~ Solar.R + Wind + Temp, data= na.omit(airquality))
        Durbin-Watson test
data:  log(Ozone) ~ Solar.R + Wind + Temp
DW = 1.8068, p-value = 0.1334
alternative hypothesis: true autocorrelation is greater than 0
```

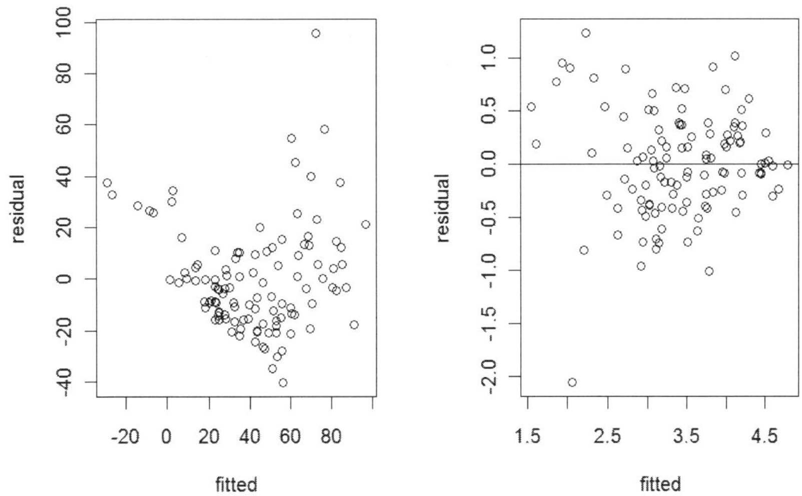

(a) 반응변수 Ozone에 대한 잔차　　(b) 반응변수 log(Ozone)에 대한 잔차

〈그림 4.4〉 반응변수 Ozone과 log(Ozone)에 대한 잔차그림

[프로그램 4.2] 오존 데이터의 회귀계수에 대한 신뢰영역

```
lm.ab<- lm(log(Ozone)~ Solar.R + Wind + Temp, data=airquality)
confint(lm.ab)                    # 95% CI
coef(lm.ab)                      # parameter coeff

library(ellipse)
op=par(mfrow=c(1,3))
plot(ellipse(lm.ab,c(2,3)), type="l")      # 그림 4.5
   points(coef(lm.ab)[2], coef(lm.ab)[3], pch=18)
   abline(v=confint(lm.ab)[2,], lty=2)
   abline(h=confint(lm.ab)[3,], lty=2)
plot(ellipse(lm.ab,c(2,4)), type="l")
    points(coef(lm.ab)[2], coef(lm.ab)[4], pch=18)
plot(ellipse(lm.ab,c(3,4)), type="l")
    points(coef(lm.ab)[3], coef(lm.ab)[4], pch=18)
par(op)

x0<- data.frame(Solar.R=170, Wind=8, Temp=70, Month=0, Day=0)
x0
predict(lm.ab, x0,interval="confidence")
predict(lm.ab, x0,interval="prediction")

conf<-predict(lm.ab, airquality,interval="confidence")
```

[결과 4.2] 회귀계수에 대한 신뢰구간

```
> confint(lm.ab)                        # 95% CI
                  2.5 %      97.5 %
(Intercept)  -1.359514052  0.835249426
Solar.R       0.001411525  0.003618830
Wind         -0.092711591 -0.030413349
Temp          0.037103361  0.061238888
> coef(lm.ab)                           # parameter coeff
 (Intercept)      Solar.R         Wind         Temp
-0.262132313  0.002515177 -0.061562470  0.049171124
> x0<- data.frame(Solar.R=170, Wind=8, Temp=70, Month=0, Day=0)
> x0
  Solar.R Wind Temp Month Day
1     170    8   70     0   0
> predict(lm.ab, x0,interval="confidence")
      fit      lwr      upr
1 3.114927 2.951955 3.277899
> predict(lm.ab, x0,interval="prediction")
      fit      lwr      upr
1 3.114927 2.093657 4.136196
```

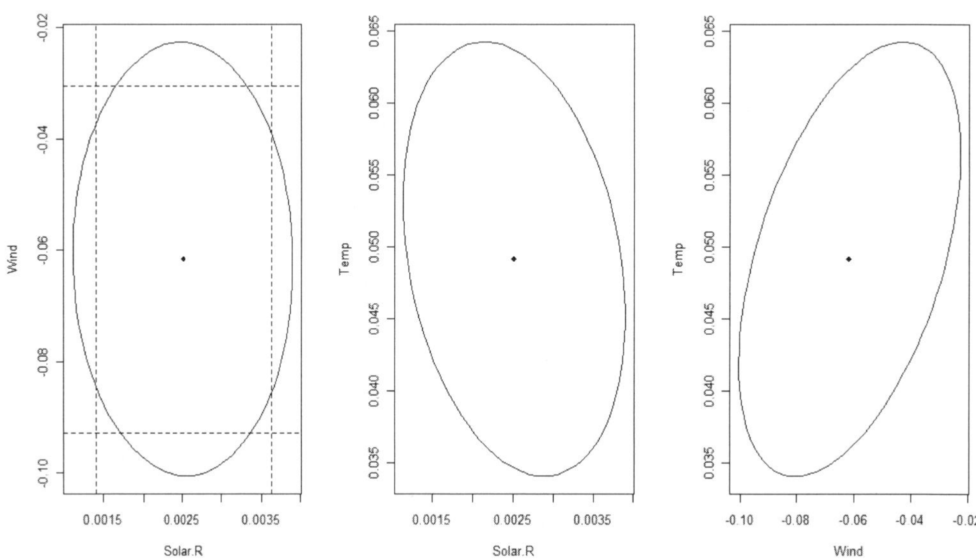

〈그림 4.5〉 회귀계수에 대한 95% 신뢰영역

4.9 다항회귀모형

설명변수와 반응변수 사이의 곡선 관계는 다항식(polynomial)을 이용해 표현할 수 있다.

수학적으로 k차 다항식은

$$y = c_0 + c_1 x + c_2 x^2 + \cdots + c_k x^k \tag{4.66}$$

이며 여기서 c_i와 k는 상수이다.

통계적 모형은

$$Y = \beta_0 + \beta_1 x + \beta_2 x^2 + \cdots + \beta_k x^k + \epsilon \tag{4.67}$$

으로 이와 같은 형태를 가지는 다항회귀모형에 대해 알아보자.

예제 4.2

8마리의 실험쥐에 대해 A약의 용량을 달리하여 투여한지 2주 후 몸무게 증가량을 측정하여 〈표 4.3〉 데이터를 얻었다. 이와 같은 데이터에 대해 이차항이 포함된 다항회귀모형

$$Y = \beta_0 + \beta_1 X + \beta_2 X^2 + \epsilon, \quad \epsilon \sim iid\ N(0, \sigma^2)$$

을 적합하고자 한다.

〈표 4.3〉 실험쥐 몸무게 증가량

투여량	1	2	3	4	5	6	7	8
몸무게 증가량	1.0	1.2	1.8	2.0	3.8	4.3	6.5	9.0

R에서의 선형모형함수 `lm(formula, data)`의 formula에서 덧셈 연산자 '+' 는 덧셈 연산이 아니라 설명변수 항의 다중선형회귀함수를 의미한다. formula에서의 산술 연산자 :, *, /, ^ 역시 계산에서 사용하는 연산이 아니고 상호작용효과 등을 표기하기 위한 기호이다. `I()` 함수는 formula 안에서 연산자들이 연산자의 원래 계산 역할을 하도록 하며 'as is'로 값을 보낸다.

[프로그램 4.3] 실험쥐 데이터에 대한 다항회귀

```
x<-c(1, 2, 3, 4, 5, 6, 7, 8)
y<-c(1, 1.2, 1.8, 2.0, 3.8, 4.3, 6.5, 9.0)
```

```
mouse.lm = lm(y ~ x + I(x^2) )
summary(mouse.lm)

plot(x, y)                    # scatterplot 그림 4.4
 lines(x, mouse.lm$fitted.values)
```

[결과 4.3] 실험쥐 데이터에 대한 다항회귀 결과

```
> summary(mouse.lm)
Call:
lm(formula = y ~ x + I(x^2))
Residuals:
       1        2        3        4        5        6        7        8 
-0.14167  0.05119  0.28214 -0.24881  0.45833 -0.49643 -0.11310  0.20833
Coefficients:
            Estimate Std. Error t value Pr(>|t|)
(Intercept)  1.49643    0.51333   2.915  0.03320 *
x           -0.53571    0.26172  -2.047  0.09602 .
I(x^2)       0.18095    0.02839   6.374  0.00141 **
---
Signif. codes:  0 '***' 0.001 '**' 0.01 '*' 0.05 '.' 0.1 ' ' 1
Residual standard error: 0.3679 on 5 degrees of freedom
Multiple R-squared: 0.988,      Adjusted R-squared: 0.9832
F-statistic: 205.6 on 2 and 5 DF,  p-value: 1.582e-05
```

다항회귀분석 결과, 추정회귀식

$$\hat{Y} = 1.496 - 0.536X + 0.181X^2$$

을 구했으며 $R^2 = 0.988$로 추정된 회귀직선의 설명력이 매우 높은 편이다. 〈그림 4.6〉은 산점도와 추정된 회귀곡선을 보여 준다.

일차 회귀계수의 유의성 검정으로

$$H_0 : \beta_1 = 0 \text{ 대해 } H_1 : \beta_1 \neq 0$$

에 대한 $t-$통계량은 -2.047이며 $p-$값 $= 0.096 < 0.10$으로 유의수준 10%에서 H_0를 기각한다.

이차 회귀계수의 유의성 검정으로

$$H_0 : \beta_2 = 0 \text{ 대해 } H_1 : \beta_2 \neq 0$$

에 대한 $t-$통계량은 6.374이며 $p-$값 $= 0.00141 < \alpha = 0.05$으로 유의수준 5%에서 H_0를 기각한다. 즉 유의수준 5%에서 유의하다.

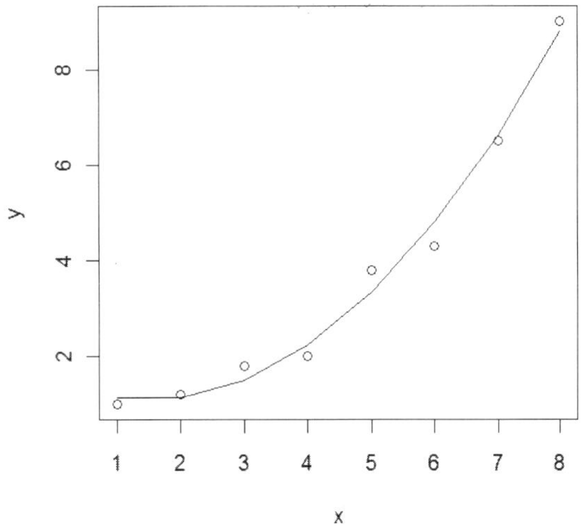

〈그림 4.6〉 실험쥐 데이터 산점도와 추정된 2차항 회귀곡선

예제 4.3

철(Fe) 성분 함유에 따라 부식(corrosion) 정도를 측정한 데이터에 대해 회귀분석을 하고자 한다. 이와 같은 데이터에 대해 이차항이 포함된 다항회귀모형

$$Y = \beta_0 + \beta_1 X + \epsilon, \quad \epsilon \sim iid\ N(0, \sigma^2)$$
$$Y = \beta_0 + \beta_1 X + \beta_2 X^2 + \beta_3 X^3 + \epsilon,$$
$$Y = \beta_0 + \beta_1 X + \beta_2 X^2 + \beta_3 X^3 + \beta_4 X^4 + \beta_5 X^5 + \epsilon$$

을 적합해보고 비교하고자 한다.

[프로그램 4.4] 수행 결과 [결과 4.4](1)(2)(3)을 보면 고차항을 모형에 첨가할수록 R^2 값은 증가함을 알 수 있다. 그러나 〈그림 4.7〉(c)를 보면 〈그림 4.7〉(a)와 (b)와는 달리 Fe=0.3 부근에서 증가했다 감소하며 Fe=1.8 부근에서 반응변수 값이 감소했다 증가한다. 이와 같이 비록 R^2 값이 크더라도 과대적합한(overfit) 경향이 발생할 수 있으므로, 데이터 발생 상황에 대한 물리적인 의미와 더불어 적절한 항을 선택하는 것이 중요하다.

[프로그램 4.4] corrosion 데이터에 대한 다항회귀

```
library(faraway)
data(corrosion)
attach(corrosion)

gF<- lm(loss~ Fe, corrosion)                    # 1차 선형 회귀모형
summary(gF)
```

```
plot(Fe, loss)
abline(coef(gF))

gp3<- lm(loss~ Fe+I(Fe^2)+I(Fe^3), corrosion)  # 3차 다항회귀모형
summary(gp2)
grid<- seq(0,2, length=50)
plot(loss~Fe, ylim=c(60,150))
lines(grid, predict(gp3, data.frame(Fe=grid)) )

gp5<- lm(loss~Fe+I(Fe^2)+I(Fe^3)+I(Fe^4)+I(Fe^5), corrosion) # 5차 다항회귀모형
summary(gp)
grid<- seq(0,2, length=50)
plot(loss~Fe, ylim=c(60,150))
lines(grid, predict(gp5, data.frame(Fe=grid)) )
```

[결과 4.4] (1) corrosion 데이터에 대한 선형회귀분석 결과

```
> gF<- lm(loss~ Fe, corrosion)
> summary(gF)
Residuals:
    Min      1Q  Median      3Q     Max
-3.7980 -1.9464  0.2971  0.9924  5.7429

Coefficients:
            Estimate Std. Error t value Pr(>|t|)
(Intercept)  129.787      1.403   92.52  < 2e-16 ***
Fe           -24.020      1.280  -18.77 1.06e-09 ***
---
Signif. codes:  0 '***' 0.001 '**' 0.01 '*' 0.05 '.' 0.1 ' ' 1
Residual standard error: 3.058 on 11 degrees of freedom
Multiple R-squared: 0.9697,     Adjusted R-squared: 0.967
F-statistic: 352.3 on 1 and 11 DF,  p-value: 1.055e-09
```

[결과 4.4] (2) corrosion 데이터에 대한 3차 다항회귀분석 결과

```
> gp3<- lm(loss~ Fe + I(Fe^2) +I(Fe^3) , corrosion)
> summary(gp3)
Residuals:
    Min      1Q  Median      3Q     Max
-3.2094 -1.2309 -0.3896  1.2691  3.3284
Coefficients:
            Estimate Std. Error t value Pr(>|t|)
(Intercept)  128.889      1.325  97.298 6.49e-15 ***
Fe            -5.524      6.972  -0.792  0.4485
I(Fe^2)      -29.208      9.288  -3.145  0.0118 *
I(Fe^3)       10.523      3.173   3.316  0.0090 **
---
Residual standard error: 2.237 on 9 degrees of freedom
```

```
Multiple R-squared: 0.9867,     Adjusted R-squared: 0.9823
F-statistic: 223.2 on 3 and 9 DF,  p-value: 9.17e-09
```

[결과 4.4] (3) corrosion 데이터에 대한 5차 다항회귀분석 결과

```
> gp5<- lm(loss~ Fe + I(Fe^2)+ I(Fe^3)+I(Fe^4)+I(Fe^5), corrosion)
> summary(gp)
Residuals:
    Min      1Q  Median      3Q     Max
-1.2447 -0.9616 -0.5616  0.8494  1.6060
Coefficients:
            Estimate Std. Error t value Pr(>|t|)
(Intercept)  127.2525     0.9531 133.511 3.49e-13 ***
Fe           136.5846    39.0436   3.498  0.01002 *
I(Fe^2)     -574.4146   154.2411  -3.724  0.00742 **
I(Fe^3)      746.7922   216.8110   3.444  0.01077 *
I(Fe^4)     -414.7316   127.0915  -3.263  0.01380 *
I(Fe^5)       82.7722    26.2723   3.151  0.01614 *
---
Residual standard error: 1.437 on 7 degrees of freedom
Multiple R-squared: 0.9957,     Adjusted R-squared: 0.9927
F-statistic: 327.4 on 5 and 7 DF,  p-value: 3.892e-08
```

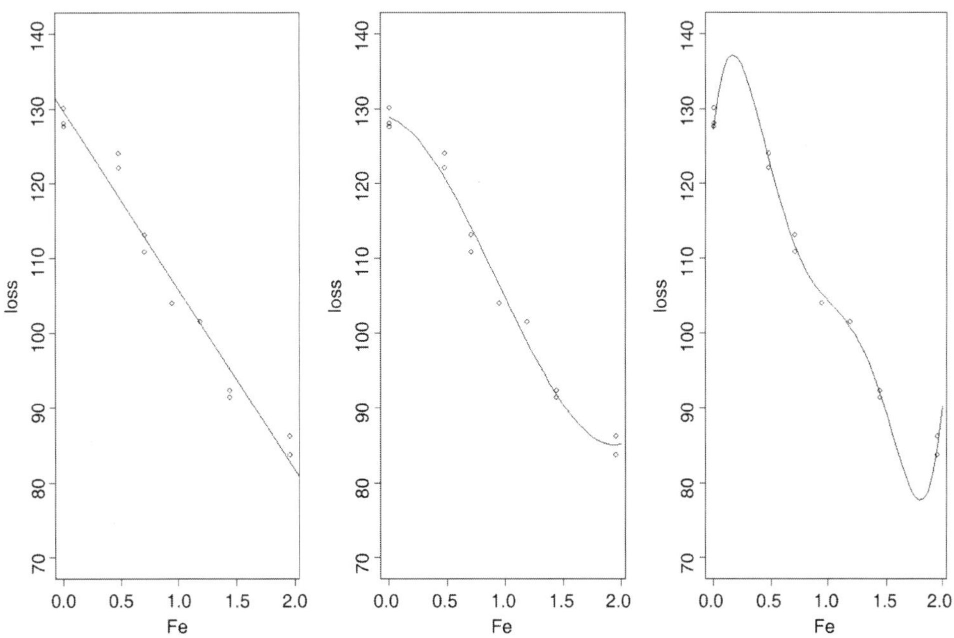

(a) 1차 선형모형 (b) 3차 다항회귀모형 (c) 5차 다항회귀모형

〈그림 4.7〉 부식 데이터에 대한 산점도와 다항 모형 적합 회귀직선

4.10 설명변수와 반응변수의 상관성과 관련한 문제

회귀분석 시 변수들 간의 관련성을 주의 깊게 파악해야 한다. 다음의 경우는 회귀분석 시 특히 간과하기 쉬운 경우로, 분석 시 신중한 접근이 필요하다.

(i) **그럴듯한 관계**(spurious relationship)

중간에 매개된 변수 Z가 X와 Y를 공통적으로 관련하고 있어 X도 Y를 설명할 수 있는 것처럼 보인다. 이러한 경우 회귀계수추정량은 불편추정량이 아니다.

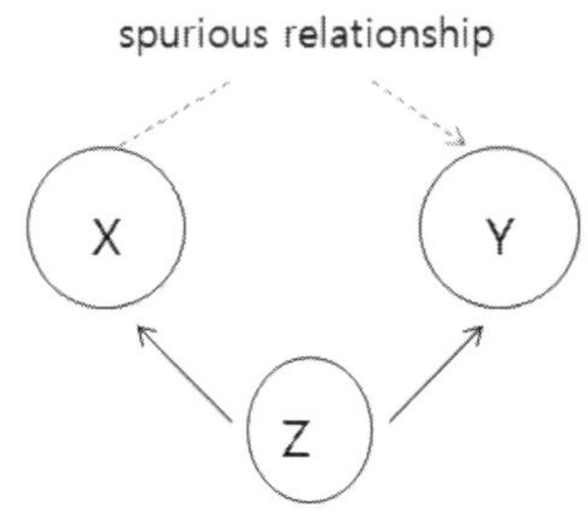

(ii) **다중공선성 관계**(collinear relationship): X_2**는** X_1**과** Y**와 각각 상관있을 경우**

모형 $Y=\beta_0+\beta_1X_1+\beta_2X_2+\epsilon$에서 $\widehat{\beta_1}$은 β_1에 대해 불편추정량이 아니다.

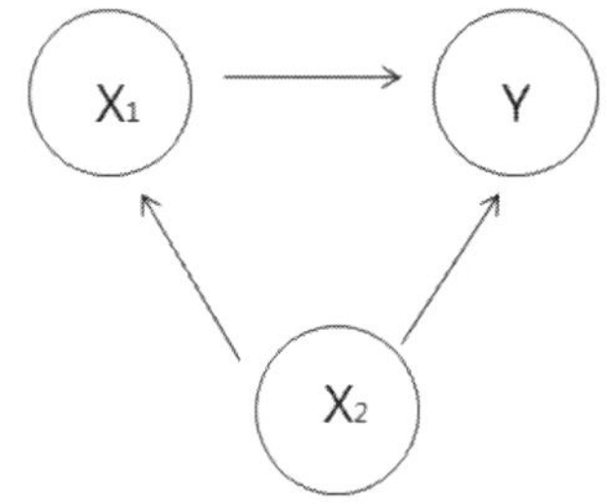

(iii) **끼어드는 관계**(intervening relationship)

X_2가 X_1과 Y 사이에서 관련이 있을 경우 $\widehat{\beta_1}$은 β_1에 대해 불편추정량이 아니다. $\widehat{\beta_1}$은 Y에 미치는 X_1의 직접(direct) 효과와 X_2를 통한 간접 효과(indirect effect)를 반영한다.

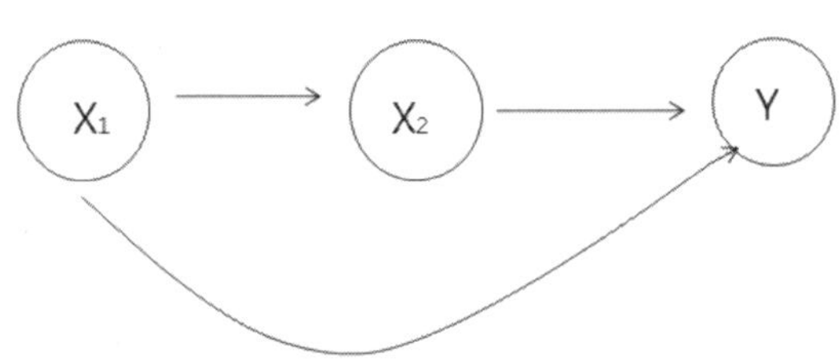

4.11 표준화 회귀모형

회귀계수벡터를 구하기 위해 $(\boldsymbol{X}'\boldsymbol{X})^{-1}$ 행렬을 이용하는 데 행렬 계산시 반올림오차 등에 민감하다. $\boldsymbol{X}'\boldsymbol{X}$의 결정식이 0에 가까울 경우는 X변수들의 상관성이 높은 경우이다. 또한 $\boldsymbol{X}'\boldsymbol{X}$의 값이 단위에 큰 차이가 날 경우는 각 X변수를 표준화한 후 안정된 $\boldsymbol{X}'\boldsymbol{X}$를 얻을 수 있다. 이러한 과정을 이용한 회귀모형을 표준화 회귀모형이라 한다.

변수에 대한 상관성 변환(correlation transformation)은 각 변수가 동일한 단위를 갖게 할 수 있어 회귀계수를 비교할 경우 장점이 있다. 다음의 다중선형 회귀모형

$$Y = \beta_0 + \beta_1 X_1 + \beta_2 X_2 + \cdots + \beta_k X_k + \epsilon \tag{4.68}$$

을 고려하고자 한다. 여기서 회귀모수로 β_0는 절편, β_j은 X_j과 관련된 회귀계수, 오차항 $\epsilon \sim iid\ N(0, \sigma^2)$을 가정한다. 변수 표준화(standardization)는 평균으로 중심화(centering)하고 표준편차로 스케일링(scaling)하여 비례 축소한다.

$$\frac{Y_i - \overline{Y}}{s_Y} \tag{4.69}$$

$$\frac{X_{ij} - \overline{X}_j}{s_j}, \quad j = 1, 2, \cdots, k \tag{4.70}$$

여기서

$$\overline{Y} = \frac{1}{n}\sum_{i=1}^{n} Y_i, \quad \overline{X}_j = \frac{1}{n}\sum_{j=1}^{n} X_{ij}, \quad j = 1, 2, \cdots, k$$

$$s_Y = \sqrt{\frac{\sum_{i=1}^{n}(Y_i - \overline{Y})^2}{n-1}}, \quad s_j = \sqrt{\frac{\sum_{i=1}^{n}(X_{ij} - \overline{X}_j)^2}{n-1}}. \tag{4.71}$$

상관성 변환은 변환 후 변수의 분산이 1이 되도록

$$Y_i^* = \frac{1}{\sqrt{n-1}}\left(\frac{Y_i - \overline{Y}}{s_Y}\right) \tag{4.72}$$

$$X_{ij}^* = \frac{1}{\sqrt{n-1}}\left(\frac{X_{ij} - \overline{X}}{s_j}\right) \tag{4.73}$$

으로 변환한다.

n개 관측점에 대해 표현하면, 표준화 회귀모형(standardized regression model)은

$$Y_i^* = \beta_1^* X_{i1} + \beta_2^* X_{i2} + \cdots + \beta_k^* X_{ik} + \epsilon_i, \qquad i = 1, 2, \cdots, n \tag{4.74}$$

여기서 절편항은 표준화 결과 0이 된다. 모형 (4.68)을 벡터와 행렬로

$$\boldsymbol{Y}^* = \boldsymbol{X}^* \beta^* + \epsilon \tag{4.75}$$

표현한다.

표준화 회귀모형에서의 회귀계수 β^*와 원래 모형에서의 회귀계수 β의 관계는 크기조정 요소(scaling factor) 간의 비로 나타난다. 즉,

$$\beta_j = \left(\frac{s_Y}{s_j}\right)\beta_j^*, \quad j = 1. \cdots, k \tag{4.76}$$

$$\beta_0 = \overline{Y} - (\beta_1 \overline{X_1} + \beta_2 \overline{X_2} + \cdots + \beta_k \overline{X_k}). \tag{4.77}$$

$\boldsymbol{X}^{*\prime}\boldsymbol{X}^*$ 행렬을 구해보면 X 변수들 간의 상관행렬을 얻게 된다. 여기서 r_{12} 는 X_1과 X_2간의 상관계수를 나타낸다. $\boldsymbol{X}^{*\prime}\boldsymbol{Y}^*$를 구해보면 Y와 X 변수들 간의 상관계수 벡터를 얻게 된다. r_{Y1} 는 Y와 X_1간의 상관계수를 나타낸다. 즉,

$$\boldsymbol{X}^{*\prime}\boldsymbol{X}^* = \boldsymbol{r}_{XX} = \begin{pmatrix} 1 & r_{12} & \cdots & \cdots & r_{1k} \\ r_{21} & 1 & \cdots & \cdots & r_{2k} \\ \vdots & \vdots & \vdots & \vdots & \vdots \\ r_{k1} & r_{k2} & \cdots & \cdots & 1 \end{pmatrix} \tag{4.78}$$

$$\boldsymbol{r}_{YX} = \begin{pmatrix} r_{Y1} \\ r_{Y2} \\ \vdots \\ r_{Yk} \end{pmatrix}. \tag{4.79}$$

최소제곱추정량은

$$\widehat{\beta^*} = \begin{pmatrix} \widehat{\beta_1^*} \\ \vdots \\ \widehat{\beta_k^*} \end{pmatrix} = (\boldsymbol{X}^{*\prime}\boldsymbol{X}^*)^{-1}(\boldsymbol{X}^{*\prime}\boldsymbol{Y}) = \boldsymbol{r}_{XX}^{-1}\boldsymbol{r}_{YX} \tag{4.80}$$

으로 $\widehat{\beta_1^*}, \cdots, \widehat{\beta_k^*}$를 표준화 회귀계수(standardized regression coefficients)로 부른다. 추정된 회귀계수는 다음의 관계를 갖는다.

$$\widehat{\beta_j} = \left(\frac{s_Y}{s_j}\right)\widehat{\beta_j^*}, \quad j = 1. \cdots, k \tag{4.81}$$

$$\widehat{\beta_0} = \overline{Y} - (\widehat{\beta_1}\overline{X_1} + \widehat{\beta_2}\overline{X_2} + \cdots + \widehat{\beta_k}\overline{X_k}). \tag{4.82}$$

$X^{*\prime}X^*$ 행렬을 구성하는 (1,1) 자리의 요소를 계산해보면

$$\sum_{i=1}^{n} X_{i1}^{*2} = \sum_{i=1}^{n}\left\{\frac{1}{\sqrt{n-1}}\left(\frac{X_{i1}-\overline{X_1}}{s_1}\right)\right\}^2 = \frac{\sum_{i=1}^{n}(X_{i1}-\overline{X_1})^2}{n-1} \cdot \frac{1}{s_1^2} = 1.$$

$X^{*\prime}X^*$ 행렬을 구성하는 (1,2) 자리의 요소를 계산해보면

$$\begin{aligned}
\sum_{i=1}^{n} X_{i1}X_{i2} &= \sum_{i=1}^{n}\left\{\frac{1}{\sqrt{n-1}}\left(\frac{X_{i1}-\overline{X_1}}{s_1}\right)\right\}\left\{\frac{1}{\sqrt{n-1}}\left(\frac{X_{i2}-\overline{X_2}}{s_2}\right)\right\} \\
&= \frac{1}{n-1}\frac{\sum_{i=1}^{n}(X_{i1}-\overline{X_1})(X_{i2}-\overline{X_2})}{s_1 s_2} \\
&= \frac{\sum_{i=1}^{n}(X_{i1}-\overline{X_1})(X_{i2}-\overline{X_2})}{\left[\sum_{i=1}^{n}(X_{i1}-\overline{X_1})^2\sum_{i=1}^{n}(X_{i2}-\overline{X_2})^2\right]^{1/2}} = r_{12}
\end{aligned}$$

이다.

예제 4.4

랜덤 발생 데이터에 대해 회귀모형을 적합하고자 한다. 또한 표준화 회귀계수도 구하고자 한다. 표준화 회귀모형은 각 변수에 scale() 함수를 이용해 구할 수 있다.

[프로그램 4.5] 표준화 회귀

```
# Standardized linear regression coefficients
set.seed(1)
n <- 30
x1 <- rnorm(n, -1, 10)
x2 <- rnorm(n, 3, 2)
y <- 5 * x1 + x2 + rnorm(n, 0, 1)

model1<-lm(y~x1+x2)    # original linear regression
summary(model1)
b <- summary(model1)$coef[2:3, 1]
```

```
sy <- sd(y)
sx <- apply(model1$model[2:3], 2, sd)   # sd of x's
bstar <- b * (sx/sy)

yt <- (y - mean(y))/sd(y)
x1t <- (x1 - mean(x1))/sd(x1)
x2t <- (x2 - mean(x2))/sd(x2)

model2 <- lm(yt ~ x1t + x2t)  # (i) Standardized linear regression
summary(model2)
rbind(model1$coef, model2$coef, c(NA, bstar))

lm(scale(y) ~ scale(x1)+ scale(x2))  # (ii) Standardized linear regression
```

[결과 4.5] 표준화 회귀

```
> model1<-lm(y~x1+x2)    # original linear regression
> summary(model1)
Residuals:
    Min       1Q   Median        Q      Max
-1.6232  -0.6626   0.0234   0.4180   1.7137
Coefficients:
             Estimate  Std. Error  t value  Pr(>|t|)
(Intercept)  -0.78573     0.37533   -2.093    0.0458  *
x1            4.99930     0.01784  280.239   < 2e-16  ***
x2            1.27435     0.10364   12.296  1.42e-12  ***
---
Signif. codes:  0 '***' 0.001 '**' 0.01 '*' 0.05 '.' 0.1 ' ' 1
Residual standard error: 0.8867 on 27 degrees of freedom
Multiple R-squared:  0.9997,   Adjusted R-squared:  0.9996
F-statistic: 3.96e+04 on 2 and 27 DF,  p-value: < 2.2e-16

> model2 <- lm(yt ~ x1t + x2t)
> summary(model2)
Residuals:
      Min         1Q     Median         3Q        Max
-0.035020  -0.014296   0.000505   0.009019   0.036973

Coefficients:
              Estimate  Std. Error  t value  Pr(>|t|)
(Intercept) -2.281e-17   3.493e-03      0.0         1
x1t          9.967e-01   3.557e-03    280.2   < 2e-16 ***
x2t          4.373e-02   3.557e-03     12.3  1.42e-12 ***
---
Signif. codes:  0 '***' 0.001 '**' 0.01 '*' 0.05 '.' 0.1 ' ' 1
Residual standard error: 0.01913 on 27 degrees of freedom
Multiple R-squared:  0.9997,   Adjusted R-squared:  0.9996
F-statistic: 3.96e+04 on 2 and 27 DF,  p-value: < 2.2e-16
```

```
> rbind(model1$coef, model2$coef, c(NA, bstar))
       (Intercept)        x1         x2
[1,] -7.857350e-01 4.9992950 1.27434569
[2,] -2.280904e-17 0.9967465 0.04373279
[3,]            NA 0.9967465 0.04373279
```

예제 4.5

1980년 935명으로부터 받은 월급 관련 데이터 wages에 대해 회귀모형과 표준화 회귀모형을 적합하고자 한다.

lm.1: 변수변환 없는 기본 회귀모형,

lm.2: 설명변수만 표준화 회귀모형,

lm.3: 설명변수와 반응변수 모두 표준화 회귀모형

[프로그램 4.6] 회귀표준화 회귀

```
download.file(url="http://murraylax.org/datasets/wage2.csv", dest="wage2.csv")
wages <- read.csv("wage2.csv");

head(wages)
y<-wages$MonthlyEarnings
lm.1 <- lm(y~ IQ + Knowledge + YearsEdu + YearsExperience, data=wages)
summary(lm.1)

lm.2 <- lm(y~scale(IQ) + scale(Knowledge) + scale(YearsEdu)
             + scale(YearsExperience), data=wages)
summary(lm.2)

lm.3 <- lm(scale(y)~ scale(IQ) + scale(Knowledge) + scale(YearsEdu)
                   + scale(YearsExperience), data=wages)
summary(lm.3)

cbind(coef(lm.1), coef(lm.2), coef(lm.3))
```

```
> head(wages)
  MonthlyEarnings AveWeeklyHours  IQ Knowledge YearsEdu YearsExperience Tenure Age Married Black South Urban NumSiblings BirthOrder MomEdu DadEdu
1             769             40  93        35       12              11      2  31       1     0     0     1           1          2      8      8
2             808             50 119        41       18              11     16  37       1     0     0     1           1          .     14     14
3             825             40 108        46       14              11      9  33       1     0     0     1           1          2     14     14
4             650             40  96        32       12              13      7  32       1     0     0     1           4          3     12     12
5             562             40  74        27       11              14      5  34       1     0     0     1          10          6      6     11
```

[결과 4.6](1)을 보면 회귀계수값 자체는 모형별 차이가 크지만 유의성 검정 결과는 같

다. 각 변수의 단위와 범위가 다르므로 표준화회귀를 하면 회귀계수 비교가 편리하다. [결과 4.6](2)에서 각 모형에서의 추정된 회귀계수를 비교할 수 있다.

[결과 4.6] (1) 표준화 회귀 결과

```
> summary(lm.1)
Call:
lm(formula = y ~ IQ + Knowledge + YearsEdu + YearsExperience, data = wages)
Coefficients:
                 Estimate  Std. Error  t value  Pr(>|t|)
(Intercept)     -536.8475   115.3662   -4.653  3.74e-06 ***
IQ                 3.7950     0.9671    3.924  9.35e-05 ***
Knowledge          8.7356     1.8234    4.791  1.93e-06 ***
YearsEdu          47.4723     7.3190    6.486  1.43e-10 ***
YearsExperience   13.7330     3.1740    4.327  1.68e-05 ***
Residual standard error: 366.5 on 930 degrees of freedom
Multiple R-squared:  0.1822,    Adjusted R-squared:  0.1787
F-statistic: 51.79 on 4 and 930 DF,  p-value: < 2.2e-16

> summary(lm.2)
Call:
lm(formula = y ~ scale(IQ) + scale(Knowledge) + scale(YearsEdu)
              +scale(YearsExperience), data = wages)
Coefficients:
                        Estimate  Std. Error  t value   Pr(>|t|)
(Intercept)               957.95       11.98   79.931    < 2e-16 ***
scale(IQ)                  57.12       14.56    3.924   9.35e-05 ***
scale(Knowledge)           66.73       13.93    4.791   1.93e-06 ***
scale(YearsEdu)           104.28       16.08    6.486   1.43e-10 ***
scale(YearsExperience)     60.08       13.89    4.327   1.68e-05 ***
Residual standard error: 366.5 on 930 degrees of freedom
Multiple R-squared:  0.1822,    Adjusted R-squared:  0.1787
F-statistic: 51.79 on 4 and 930 DF,  p-value: < 2.2e-16

> summary(lm.3)
Call:
lm(formula = scale(y) ~ scale(IQ) + scale(Knowledge) + scale(YearsEdu) +
    scale(YearsExperience), data = wages)
Coefficients:
                        Estimate  Std. Error  t value   Pr(>|t|)
(Intercept)           -1.309e-16  2.964e-02    0.000          1
scale(IQ)              1.413e-01  3.600e-02    3.924   9.35e-05 ***
scale(Knowledge)       1.650e-01  3.445e-02    4.791   1.93e-06 ***
scale(YearsEdu)        2.579e-01  3.976e-02    6.486   1.43e-10 ***
scale(YearsExperience) 1.486e-01  3.434e-02    4.327   1.68e-05 ***
Residual standard error: 0.9063 on 930 degrees of freedom
Multiple R-squared:  0.1822,    Adjusted R-squared:  0.1787
F-statistic: 51.79 on 4 and 930 DF,  p-value: < 2.2e-16
```

[결과 4.6] (2) 회귀와 표준화 회귀계수 비교

```
> cbind(coef(lm.1), coef(lm.2), coef(lm.3))
                        [,1]      [,2]          [,3]
(Intercept)      -536.847533 957.94545 -1.308695e-16
IQ                  3.794963  57.12420  1.412704e-01
Knowledge           8.735614  66.72950  1.650247e-01
YearsEdu           47.472286 104.28018  2.578889e-01
YearsExperience    13.732963  60.07603  1.485704e-01
```

연습문제

4.1 〈표 4.4〉는 고리포단백혈증(hyperlipoproteinemia) 환자 25명에 대해 약물치료를 받기 전 몸무게(X_1)와 나이(X_2)와 콜레스테롤(cholesterol) 정도(Y)를 측정한 데이터이다.

(a) (X_1, Y) 산점도와 (X_2, Y) 산점도를 그리시오.

(b) 통계적 모형 $Y=\beta_0+\beta_1 X_1+\varepsilon$을 적합하시오.

(c) 통계적 모형 $Y=\beta_0+\beta_2 X_2+\varepsilon$을 적합하시오.

(d) 통계적 모형 $Y=\beta_0+\beta_1 X_1+\beta_2 X_2+\varepsilon$을 적합하시오.

(e) (d) 모형에 대해 회귀계수에 대한 유의성 검정을 하시오.

$H_0: \beta_i = 0$에 대해 $H_1: \beta_i \neq 0 \;\; i=1,2$

검정통계량과 p-값을 쓰고 유의수준 5%에서 검정하시오.

(f) 결정계수를 구하고 해석하시오.

(g) $(\hat{Y}, \hat{\epsilon})$ 그림을 그리고 등분산성에 대해 설명하시오.

(h) 잔차가 정규분포를 따른다고 할 수 있는지 Q-Q 그림을 그리고 설명하시오.

(i) 잔차가 정규분포를 따른다고 할 수 있는지 유의수준 5%에서 검정하시오.

(j) 잔차가 독립성을 따른다고 할 수 있는지 유의수준 5%에서 Durbin-Watson 검정하시오.

(k) $X_1=84$, $X_2=54$에서 콜레스테롤 예측값을 구하시오.

〈표 4.4〉 고리포단백혈증 환자 콜레스테롤 데이터

환자 번호	콜레스테롤 (mg/100ml) Y	몸무게 (kg) X_1	나이 (year) X_2	환자 번호	콜레스테롤 (mg/100ml) Y	몸무게 (kg) X_1	나이 (year) X_2
1	354	84	46	14	254	57	23
2	190	73	20	15	395	59	60
3	405	65	52	16	434	69	48
4	263	70	30	17	220	60	34
5	451	76	57	18	374	79	51
6	302	69	25	19	308	75	50
7	288	63	28	20	220	82	34
8	385	72	36	21	311	59	46
9	402	79	57	22	181	67	23
10	365	75	44	23	274	85	37
11	209	27	24	24	303	55	40
12	290	89	31	25	244	63	30
13	346	65	52				

4.2 〈표 4.5〉는 미국의 20개의 도시에 대해 조사한 데이터이다.

Y = 100,000명 중 살인자의 비율

X_1 = 모집단 크기

X_2 = 연간 수입이 $5,000 미만인 가구의 비율

X_3 = 무직자의 비율

(a) (X_1, Y) 산점도를 그려보고 관련성을 파악하시오.

(b) (X_2, Y) 산점도를 그려보고 관련성을 파악하시오.

(c) (X_3, Y) 산점도를 그려보고 관련성을 파악하시오.

(d) 통계적 모형 $Y = \beta_0 + \beta_1 X_1 + \beta_2 X_2 + \beta_3 X_3 + \varepsilon$을 적합하시오.

(e) (d) 모형에 대해 각 회귀계수에 대한 유의성 검정을 하시오.

$$H_0 : \beta_i = 0 \text{에 대해 } H_1 : \beta_i \neq 0,\ i = 1,2,3$$

검정통계량과 p-값을 쓰고 유의수준 5%에서 검정하시오.

(f) 결정계수를 구하고 해석하시오.

(g) $(\hat{Y}, e)$ 잔차그림을 그리고 등분산성에 대해 설명하시오.

(h) 잔차가 정규분포를 따른다고 할 수 있는지 Q-Q 그림을 그리고 설명하시오.

(i) 잔차가 정규분포를 따른다고 할 수 있는지 유의수준 5%에서 검정하시오.

(j) 잔차가 독립성을 따른다고 할 수 있는지 유의수준 5%에서 Durbin-Watson 검정하시오.

(k) $X_1 = 700,\ X_2 = 27,\ X_3 = 7.1$에서의 Y 예측값을 구하시오.

〈표 4.5〉 미국 도시 데이터

City	Y	X_1	X_2	X_3
1	11.2	587	16.5	6.2
2	13.4	643	20.5	6.4
3	40.7	635	26.3	9.3
4	5.3	692	16.5	5.3
5	24.8	1248	19.2	7.3
6	12.7	643	16.5	5.9
7	20.9	1964	20.2	6.4
8	35.7	1531	21.3	7.6
9	8.7	713	17.2	4.9

City	Y	X_1	X_2	X_3
10	9.6	749	14.3	6.4
11	14.5	7895	18.1	6
12	26.9	762	23.1	7.4
13	15.7	2793	19.1	5.8
14	36.2	741	24.7	8.6
15	18.1	625	18.6	6.5
16	28.9	854	24.9	8.3
17	14.9	716	17.9	6.7
18	25.8	921	22.4	8.6
19	21.7	595	20.2	8.4
20	25.7	3353	16.9	6.7

4.3 Stanley와 Miller는 1979년 RAND Corporation 기술 보고서에서 다양한 디자인과 실행 요인들의 역할을 통해 전투기(jet fighter aircraft) 모델의 기술적인 혁신을 이루기 위해 실험을 실시하였다. 1940년에서 1979년 사이에 제작된 전투기에 대해 다음의 변수들이 측정되었다.

FFD = 1940년 1월 이후의 첫 비행일(in month)
SRP = 비출력(specific power), 단위 무게당 전력에 비례
RGF = 비행 범위 인자 (비행 범위 계수)
PLF = 비행기의 총 중량 중 유효 탑재량
SLF = 지속된 하중의 계수
CAR = 비행기가 캐리어(carrier)에 착륙할 수 있으면 1, 아니면 0.

(a) FED와 기술 수준 변화가 관련이 있으므로 반응변수를 $LFED = \log FED$로 만드시오.
(b) 각 설명변수와 반응변수 간의 산점도를 그리시오.
(c) 다중회귀모형을 적합하시오.
(d) (c) 모형에 대해 각 회귀계수에 대한 유의성 검정을 하시오.
귀무가설과 대립가설, 검정통계량과 p-값을 쓰고 유의수준 5%에서 검정하시오.
(e) (c) 모형에 대해 결정계수를 구하고 해석하시오.
(f) $(\hat{Y}, \hat{\epsilon})$ 그림을 그리고 등분산성에 대해 설명하시오.
(g) 잔차가 정규분포를 따른다고 할 수 있는지 Q-Q 그림을 그리고 설명하시오.

〈표 4.6〉 전투기 데이터

case	ID	FFD	SPR	RGF	PLF	SLF	CAR
1	FH-1	82	1.468	3.3	0.166	0.1	0
2	FJ-1	89	1.605	3.664	0.154	0.1	0
3	F-86A	101	2.168	4.87	0.177	2.9	1
4	F9F-2	107	2.054	4.72	0.275	1.1	0
5	F-94A	115	2.467	4.11	0.298	1	1
6	F3D-1	122	1.294	3.75	0.15	0.9	0
7	F-89A	127	2.183	3.97	0	2.4	1
8	XF10F-1	137	2.426	4.65	0.117	1.8	0
9	F9F-6	147	2.607	3.84	0.155	2.3	0
10	F-100A	166	4.567	4.92	0.138	3.2	1
11	F4D-1	174	4.588	3.82	0.249	3.5	0
12	F11F-1	175	3.618	4.32	0.143	2.8	0
13	F-101A	177	5.855	4.53	0.172	2.5	1
14	F3H-2	184	2.898	4.48	0.178	3	0
15	F-102A	187	3.88	5.39	0.101	3	1
16	F-8A	189	0.455	4.99	0.008	2.64	0
17	F-104A	194	8.088	4.5	0.251	2.7	1
18	F-105B	197	6.502	5.2	0.366	2.9	1
19	YF-107A	201	6.081	5.65	0.106	2.9	1
20	F-106A	204	7.105	5.4	0.089	3.2	1
21	F-4B	255	8.548	4.2	0.222	2.9	0
22	F-111A	328	6.321	6.45	0.187	2	1

4.4 드릴링 조건에서 드릴에 끼우는 날의 특정유형에 대한 성능특징을 알아보기 위한 실험을 통해 데이터를 얻었다. 반응변수 Y는 드릴 작동 과정 중 발생하는 축하중(axial load: 외력이 물체의 축선방향으로 작용하고 그 합력의 작용선이 횡단면의 중심을 통하고 횡단면에 일정한 수직응력을 발생시키는 하중)으로 하고 다음과 같은 3개의 설명변수를 고려한다.

S = 제조 공정에 있는 제품(work piece) 표면의 1분당 회전 속도
F = 1회전당 드릴이 제공되는 비율(feed rate, 인치)(드릴이 제품을 통과하는 비율)
D = 드릴에 끼우는 날의 지름

〈표 4.7〉 드릴 데이터

Case	S	F	D	Y	Case	S	F	D	Y
1	450	0.006	1.5	430	17	375	0.005	2.25	894
2	450	0.006	1.5	368	18	375	0.005	2.25	732
3	300	0.0045	1.5	306	19	375	0.005	2.25	813
4	300	0.0045	1.5	306	20	375	0.005	2.25	894
5	481	0.005	2.25	894	21	375	0.005	2.25	732
6	375	0.0045	2.25	813	22	375	0.005	2.25	813
7	450	0.006	3	969	23	375	0.005	2.25	813
8	450	0.006	3	969	24	375	0.005	2.25	894
9	375	0.0065	2.25	976	25	375	0.005	2.25	813
10	300	0.0045	3	727	26	269	0.005	2.25	813
11	300	0.0045	3	606	27	450	0.0045	3	727
12	375	0.005	1	276	28	450	0.0045	3	485
13	450	0.0045	1.5	338	29	300	0.006	3	969
14	450	0.0045	1.5	399	30	300	0.006	3	847
15	300	0.006	1.5	368	31	375	0.005	3.5	1126
16	300	0.006	1.5	368					

(a) 각 설명변수와 반응변수 간의 산점도를 그리시오.

(b) 다중선형회귀모형 $Y=\beta_0+\beta_1 S+\beta_2 F+\beta_3 D+\epsilon$을 적합하시오.

(c) (b) 모형에 대해 각 회귀계수에 대한 유의성 검정을 하시오.
귀무가설과 대립가설, 검정통계량과 p-값을 쓰고 유의수준 5%에서 검정하시오.

(d) (b) 모형에 대해 결정계수를 구하고 해석하시오.

(e) 다중회귀모형 $Y=\beta_0+\beta_1 S+\beta_2 F+\beta_3 D+\beta_{12}SF+\beta_{13}SD+\beta_{23}FD+\epsilon$을 적합하시오.

(f) (e) 모형에 대해 각 회귀계수에 대한 유의성 검정을 하시오.
귀무가설과 대립가설, 검정통계량과 p-값을 쓰고 유의수준 5%에서 검정하시오.

(g) (e) 모형에 대해 결정계수를 구하고 해석하시오.

(h) 상호작용과 이차항을 포함한 다중회귀모형

$$Y=\beta_0+\beta_1 S+\beta_2 F+\beta_3 D+\beta_{12}SF+\beta_{13}SD+\beta_{23}FD+\beta_{11}S^2+\beta_{22}F^2+\beta_{33}D^2+\epsilon$$

을 적합하시오.

(i) (h) 모형에 대해 각 회귀계수에 대한 유의성 검정을 하시오.
귀무가설과 대립가설, 검정통계량과 p-값을 쓰고 유의수준 5%에서 검정하시오.

(j) (h) 모형에 대해 결정계수를 구하고 해석하시오.

4.5 A 심리학자(psychiatrist)가 다중회귀모형을 이용하여 정신병 환자의 병적 수준을 예측하고자 한다.

Y = 6개월 치료한 정신병 환자의 병적 측면(pathology)의 정도

X_1 = 생각 방해(thinking disturbances)

X_2 = 적대적인 의심(hostile suspiciousness)

(a) 각 설명변수와 반응변수 간의 산점도를 그리시오.

(b) 다중선형회귀모형 $Y = \beta_0 + \beta_1 X_1 + \beta_2 X_2 + \varepsilon$을 적합하시오.

(c) (b) 모형에 대해 각 회귀계수에 대한 유의성 검정을 하시오.
귀무가설과 대립가설, 검정통계량과 p-값을 쓰고 유의수준 5%에서 검정하시오.

(d) (b) 모형에 대해 결정계수를 구하고 해석하시오.

(e) 설명변수 1개인 경우와 2개인 회귀모형을 고려할 때 결정계수가 가장 높은 모형은 어떤 모형인가? 모형을 비교해 보시오.

〈표 4.8〉 심리 데이터

patient	Y	X_1	X_2	patient	Y	X_1	X_2
1	44	2.8	6.1	28	8	2.63	6.9
2	25	3.1	5.1	29	11	2.65	5.8
3	10	2.59	6	30	7	3.26	7.2
4	28	3.36	6.9	31	23	3.15	6.5
5	25	2.8	7	32	16	2.6	6.3
6	72	3.35	5.6	33	26	2.74	6.8
7	45	2.99	6.3	34	8	2.72	5.9
8	25	2.99	7.2	35	11	3.11	6.8
9	12	2.92	6.9	36	12	2.79	6.7
10	24	3.23	6.5	37	50	2.9	6.7
11	46	3.37	6.8	38	9	2.74	5.5
12	8	2.72	6.6	39	13	2.7	6.9
13	15	3.47	8.4	40	22	3.08	6.3
14	28	2.7	5.9	41	23	2.18	6.1
15	26	3.24	6	42	31	2.88	5.8
16	27	2.65	6	43	20	3.04	6.8
17	4	3.41	7.6	44	65	3.32	7.3
18	14	2.58	6.2	45	9	2.8	5.9
19	21	2.81	6	46	12	3.29	6.8

patient	Y	X_1	X_2	patient	Y	X_1	X_2
20	22	2.8	6.4	47	21	3.56	8.8
21	60	3.62	6.8	48	13	2.74	7.1
22	10	2.74	8.4	49	10	3.06	6.9
23	60	3.27	6.7	50	4	2.54	6.7
24	12	3.78	8.3	51	18	2.78	7.2
25	28	2.9	5.6	52	10	2.81	5.2
26	39	3.7	7.3	53	7	3.26	6.6
27	14	3.4	7				

4.6 R 시스템에 내장된 데이터셋 `stackloss`를 사용하여 `stack.loss`를 반응변수로 하고 나머지 세 개의 설명변수에 대해 분석하시오.

```
> data(stackloss)
> stackloss
    Air.Flow Water.Temp Acid.Conc. stack.loss
1      80         27         89          42
2      80         27         88          37
:                                        :
```

(a) 반응변수와 각 설명변수 간의 산점도를 그리시오.

(b) 다중선형회귀식을 구하시오.

(c) x 축을 추정 반응값으로 하여 (b) 모형에 대한 잔차 산점도를 그리고 설명하시오.

4.7 $Y_i = \beta_0 + \beta_1 X_{1i} + \beta_2 X_{2i} + \beta_3 X_{3i} + \epsilon_i,\ i = 1, 2, \cdots, n$

여기서 $E(\epsilon_i) = 0$, $Cov(\epsilon_i, \epsilon_l) = 0,\ i \neq l$이다.

회귀계수 β_*들을 구하기 위한 정규방정식을 쓰시오.

4.8 다음 문항에 답하시오.

(a) 식(4.16)에서 $\boldsymbol{H} = \boldsymbol{X}(\boldsymbol{X}'\boldsymbol{X})^{-1}\boldsymbol{X}'$ 행렬이 멱등행렬임을 보이시오.

(b) 식(4.17)에서 $(\boldsymbol{I} - \boldsymbol{H})$ 행렬이 멱등행렬임을 보이시오.

(c) $Cov(\boldsymbol{e}, \boldsymbol{Y}) = [\boldsymbol{I} - \boldsymbol{X}(\boldsymbol{X}'\boldsymbol{X})^{-1}\boldsymbol{X}']\sigma^2$

(d) $Cov(\boldsymbol{e}, \hat{\boldsymbol{Y}}) = 0$

(e) $Cov(\epsilon, \hat{\beta}) = \boldsymbol{X}(\boldsymbol{X}'\boldsymbol{X})^{-1}\sigma^2$

4.9 다음의 절편 없는 다중회귀모형을 적합하고자 한다.

$$Y = \beta_1 X_1 + \cdots + \beta_k X_k + \epsilon$$

여기서 $\beta_j, j = 1,2,\cdots,k$은 회귀계수(regression coefficient)라 하며 오차항 ϵ은 서로 독립인 확률변수이다. 행렬과 벡터로 다음과 같이

$$\begin{pmatrix} Y_1 \\ Y_2 \\ \vdots \\ Y_n \end{pmatrix} = \begin{pmatrix} X_{11} & X_{12} & \cdots & X_{1k} \\ X_{21} & X_{22} & \cdots & X_{2k} \\ & & \vdots & \\ X_{n1} & X_{n2} & \cdots & X_{nk} \end{pmatrix} \begin{pmatrix} \beta_1 \\ \vdots \\ \beta_k \end{pmatrix} + \begin{pmatrix} \epsilon_1 \\ \epsilon_2 \\ \vdots \\ \epsilon_n \end{pmatrix}$$

나타낼 수 있으며 또한 $\boldsymbol{Y} = \boldsymbol{X}\beta + \epsilon$으로 표기한다.

(a) β 에 대한 최소제곱추정량 $\hat{\beta}$ 식을 구하시오.

(b) 다중회귀모형에 절편이 있는 경우와 없는 경우의 최소제곱추정량의 차이에 대해 설명하시오.

(c) $Cov(\hat{\beta})$를 구하시오.

(d) 잔차벡터 $e = \boldsymbol{Y} - \hat{\boldsymbol{Y}}$일 때 $Cov(e, \hat{\boldsymbol{Y}})$을 구하시오.

(e) $Cov(\epsilon, \hat{\beta})$를 구하시오.

+ + +

CHAPTER 05

회귀진단 및 보정

회귀모형의 가정하에 모형적합을 한 후에는 모형과 가정에 대한 점검이 필요하며 이러한 과정에서 회귀진단(regression diagnostics) 통계량을 이용한다. 회귀진단의 첫 번째 목적은 모형이 얼마나 데이터 상황을 잘 설명하느냐에 대한 점검이고, 두 번째 목적은 추정에 있어 각 개체(object) 또는 관측(observed case)의 효과에 대해 점검하는 것이다. 이러한 단계에서 잔차를 이용한 통계량을 사용할 수 있으며 잔차들이 모형의 가정을 따르지 않는다면 수립된 모형을 의심하고 새로이 적절한 모형을 다시 모색해야 한다.

어떤 개체(또는 관측)를 제거했을 때 분석 결과가 크게 달라지는 관측을 영향점(influential point)이라고 하며 이러한 경우에 대해 고려해 보자. 또한 나머지 경우들과는 동떨어져 잔차가 큰 경향이 있는 이상점(outlier)에 대해서도 구별하고자 한다.

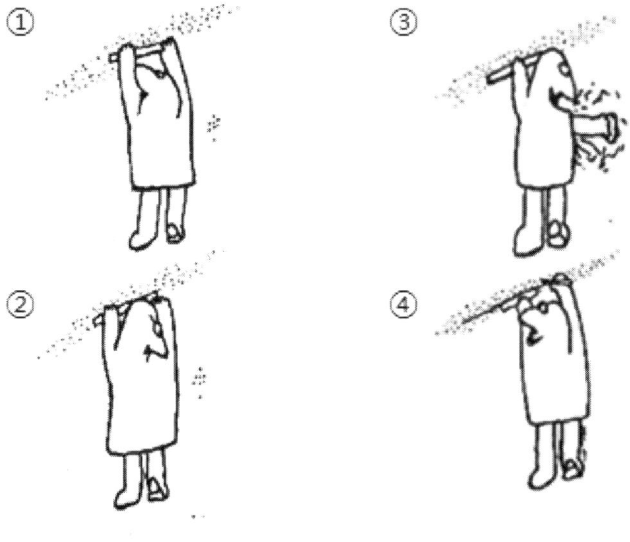

〈그림 5.1〉 회귀진단의 실행 절차

(출처: Summer program of the InterUniversity Consortium for Political and Social Research, 1991)

5.1 모자행렬과 지렛대

n개 개체를 포함한 데이터에 대해 다음의 회귀모형

$$\boldsymbol{Y} = \boldsymbol{X\beta} + \boldsymbol{\epsilon}, \qquad Var(\boldsymbol{\epsilon}) = \sigma^2 \boldsymbol{I} \tag{5.1}$$

에 대한 잔차분석을 고려해 보자. 오차벡터 $\boldsymbol{\epsilon}$는 등분산을 가지며 서로 독립인 확률변수라고 가정한다.

적합한 모형에 의한 반응추정벡터 $\hat{\boldsymbol{Y}}$은 다음과 같이

$$\begin{aligned}\hat{\boldsymbol{Y}} &= \boldsymbol{X}\hat{\boldsymbol{\beta}} \\ &= \boldsymbol{X}(\boldsymbol{X}'\boldsymbol{X})^{-1}\boldsymbol{X}'\boldsymbol{Y} \\ &= \boldsymbol{HY}\end{aligned} \tag{5.2}$$

표현되고 여기서 모자행렬(hat matrix) $\boldsymbol{H}$는

$$\boldsymbol{H} = \boldsymbol{X}(\boldsymbol{X}'\boldsymbol{X})^{-1}\boldsymbol{X}' \tag{5.3}$$

로 정의된다. 모자행렬 $\boldsymbol{H}$는 반응벡터 $\boldsymbol{Y}$를 적합된 반응벡터 $\hat{\boldsymbol{Y}}$으로 변환하는 행렬이다.

잔차벡터 $\boldsymbol{e} = (e_1, \cdots, e_n)'$는

$$\begin{aligned}\boldsymbol{e} &= \boldsymbol{Y} - \hat{\boldsymbol{Y}} \\ &= \boldsymbol{Y} - \boldsymbol{X}(\boldsymbol{X}'\boldsymbol{X})^{-1}\boldsymbol{X}'\boldsymbol{Y} \\ &= [\boldsymbol{I} - \boldsymbol{X}(\boldsymbol{X}'\boldsymbol{X})^{-1}\boldsymbol{X}']\boldsymbol{Y} \\ &= [\boldsymbol{I} - \boldsymbol{H}]\boldsymbol{Y}\end{aligned} \tag{5.4}$$

로 표현되며 잔차벡터 $\boldsymbol{e}$의 기댓값과 분산은 각각

$$E[\boldsymbol{e}] = 0, \qquad Var[\boldsymbol{e}] = \sigma^2(\boldsymbol{I} - \boldsymbol{H}) \tag{5.5}$$

이다. i번째 개체에 대한 잔차 e_i에 대한 기댓값과 분산은

$$E[e_i] = 0, \qquad Var[e_i] = \sigma^2(1 - h_{ii}), \quad i = 1, 2, \cdots, n \tag{5.6}$$

이다. 여기서 모자행렬의 대각원소 h_{ii}는 $\boldsymbol{H}$ 행렬의 i번째 대각선의 원소이며 지렛대(leverage)라고 한다.

회귀진단은 잔차를 통해 이루어지며 모자행렬 $\boldsymbol{H}$는 $\boldsymbol{e}$의 공분산행렬에 대한 정보를 담고 있으므로 모자행렬 $\boldsymbol{H}$를 활용한 회귀진단이 가능하다.

모자행렬 $\boldsymbol{H}$는 $n \times n$ 대칭행렬로 다음의 특성을 갖는다.

(i) $\boldsymbol{HX} = \boldsymbol{X}$이므로 $(\boldsymbol{I} - \boldsymbol{H})\boldsymbol{X} = 0$ (5.7)

(ii) $\boldsymbol{HH} = \boldsymbol{H}$이므로 $Cov(\hat{\boldsymbol{Y}}, \boldsymbol{e}) = \boldsymbol{H}(\boldsymbol{I} - \boldsymbol{H})\sigma^2 = 0$ 즉 $\boldsymbol{H}$는 $\boldsymbol{X}$의 열공간(column space)에 직교 투영(orthogonal projection) 역할을 한다.

(iii) $\boldsymbol{H}$의 (i, j)번째 성분 h_{ij}는

$$h_{ij} = \boldsymbol{x}_i{}'(\boldsymbol{X}'\boldsymbol{X})^{-1}\boldsymbol{x}_j = \boldsymbol{x}_j{}'(\boldsymbol{X}'\boldsymbol{X})^{-1}\boldsymbol{x}_i = h_{ji} \tag{5.8}$$

이며 i번째 대각선 성분은

$$h_{ii} = \boldsymbol{x}_i{}'(\boldsymbol{X}'\boldsymbol{X})^{-1}\boldsymbol{x}_i \tag{5.9}$$

이다. $0 \leqq h_{ii} \leqq 1$을 만족한다.

(iv) $\sum_{i=1}^{n} h_{ii} = rank(\boldsymbol{X}) = k+1$이고 $\sum_{i=1}^{n} h_{ij} = \sum_{j=1}^{n} h_{ij} = 1.$ (5.10)

(v) h_{ii}가 1에 가까울수록 $\hat{Y}_i$은 Y_i로 가까워진다, $i = 1, 2, \cdots, n$.

(vi) $h_{ii} = \dfrac{1}{n} + (\boldsymbol{X}_i - \overline{\boldsymbol{X}})'(\boldsymbol{X}_c{}'\boldsymbol{X}_c)^{-1}(\boldsymbol{X}_i - \overline{\boldsymbol{X}}),\ i = 1, 2, \cdots, n$ (5.11)

여기서 $\boldsymbol{X}_i'$는 절편이 제거된 $\boldsymbol{X}$에서 i번째 행벡터, $\boldsymbol{j} = (1, \cdots, 1)'$는 일벡터, 그리고 $\boldsymbol{X}_c = \boldsymbol{X} - \boldsymbol{j}\overline{\boldsymbol{X}}'$를 나타내며 평균벡터로 수정된 행렬

$$\boldsymbol{X}_c = \begin{pmatrix} X_{11} - \overline{X_1} & X_{12} - \overline{X_2} & \cdots & X_{1k} - \overline{X_k} \\ X_{21} - \overline{X_1} & X_{22} - \overline{X_2} & \cdots & X_{2k} - \overline{X_k} \\ \vdots & \cdots & \cdots & \vdots \\ X_{n1} - \overline{X_1} & X_{n2} - \overline{X_2} & \cdots & X_{nk} - \overline{X_k} \end{pmatrix} \tag{5.12}$$

이고 $\overline{\boldsymbol{X}} = (\overline{X_1}, \overline{X_2}, \cdots, \overline{X_k})'$는 변수들의 평균벡터이다.

식 (5.11)의 오른쪽 항을 보면 $\overline{\boldsymbol{X}}$를 중심으로 타원체를 형성한다. 또한 h_{ii} 값이 크면 i번째 관측값이 전체 $\boldsymbol{X}$ 관측값의 중심에서 멀리 있다는 것을 의미한다.

지렛대값이 클수록 $Var(e_i)$가 작아지며 추정값 $\hat{Y}_i$은 관측값 Y_i로 가까워진다. 그러나 지렛대값이 매우 큰 경우를 주의 깊게 살펴볼 필요가 있다. h_{ii}의 평균은 $\dfrac{k+1}{n}$이다. 일반적으로 $\dfrac{2(k+1)}{n}$보다 큰 경우에 대해서는 특별히 관찰해야 할 필요가 있다. 왜냐하면 지렛대값이 매우 큰 경우는 식 (5.11)에서 알 수 있듯이 반응변수 Y와는 관계없이 설명변수 $\boldsymbol{X}_i$에 의존하여 $\boldsymbol{X}_i$가 극단적으로 매우 큰 경우가 된

다. 지렛대값이 매우 큰 경우를 지렛대점(leverage point)이라고 한다.

참고 단순회귀모형 $Y_i = \beta_0 + \beta_1 X_{i1} + \epsilon_i,\ i = 1,2,\cdots,n$에서 모자행렬 $\boldsymbol{H}$를 구해 보자. h_{ij} 값을 계산하면

$$\begin{aligned} h_{ij} &= \boldsymbol{x}_i'(\boldsymbol{X}'\boldsymbol{X})^{-1}\boldsymbol{x}_j \\ &= (1\ \ X_{i1})\begin{pmatrix} \dfrac{\sum_t X_{t1}^2}{nS_{XX}} & \dfrac{-\overline{X_1}}{S_{XX}} \\ \dfrac{-\overline{X_1}}{S_{XX}} & \dfrac{1}{S_{XX}} \end{pmatrix}\begin{pmatrix} 1 \\ X_{j1} \end{pmatrix} \\ &= \frac{1}{n} + \frac{(X_{i1} - \overline{X_1})(X_{j1} - \overline{X_1})}{S_{XX}} \end{aligned}$$

이고 대각선상에서의 값을 구하면

$$h_{ii} = \frac{1}{n} + \frac{(X_{i1} - \overline{X_1})^2}{S_{XX}}$$

이다. $X_{i1} = \overline{X_1}$일 때 h_{ii}의 최솟값을 갖고 $\overline{X_1}$로부터 멀어질수록 h_{ii} 값이 증가한다.

R에서는 `influence()` 또는 `influence.measures()` 함수를 사용해 h_{ii}의 값과 다른 영향점 관련 통계량들을 구한다.

5.2 스튜던트화 잔차

지렛대값 h_{ii}가 클수록 $Var(e_i)$는 작아지고 이러한 경우 식 (5.11)에서 보면 $\boldsymbol{X}_i$가 $\overline{\boldsymbol{X}}$에서 먼 경우이며 $\overline{\boldsymbol{X}}$에서 먼 값에서의 적합일수록 모형에 대한 적합 정도가 떨어질 수 있다. 그러므로 e_i를 $\sqrt{Var(e_i)}$로 나누어 표준화하면, 적합된 모형이 적절한 경우, 등분산을 가지게 되므로 회귀진단에 이용할 수 있다.

스튜던트화 잔차(studentized residual)는

$$r_i = \frac{e_i}{\sqrt{Var(e_i)}} = \frac{e_i}{\hat{\sigma}\sqrt{1-h_{ii}}} \tag{5.13}$$

로 정의된다. 스튜던트화 잔차에 대한 기댓값은 $E(r_i) = 0,\ i = 1,2,\cdots,n$이지만

$\sum_{i=1}^{n} r_i \neq 0$이다.

R에서는 `rstudent()` 함수를 사용해 스튜던트화 잔차를 구한다.

5.3 영향점

어떤 특정 관측값이 있을 때와 그것을 제외했을 때 적합된 회귀함수에 큰 차이가 생기는 경우를 영향점(influential point)이라고 한다. 즉 n개의 관측들 중에서 i번째 관측을 제외한 $n-1$개의 관측들을 이용하여 회귀분석을 한 결과가 i번째 관측을 포함한 전체 n개 관측들을 이용하여 분석한 결과와 상당히 다른 경우라면 이러한 i번째 관측을 영향력 관측이라고 한다. 〈그림 5.2〉의 예를 보면 한 개의 영향점이 추정직선의 기울기의 부호를 바꾸는 데 큰 영향을 미침을 알 수 있다.

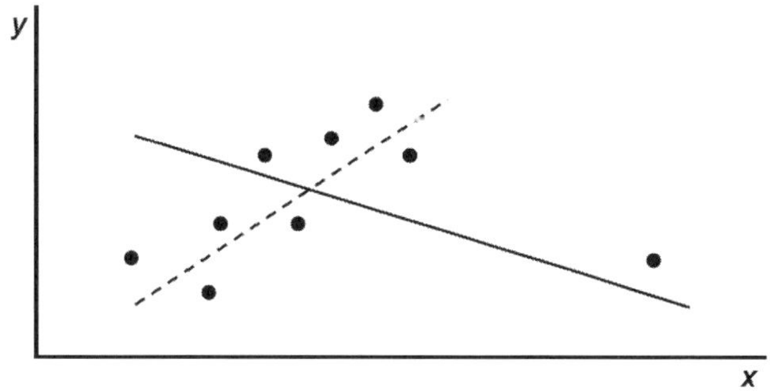

〈그림 5.2〉 영향점 관측값

영향력 관측의 방법으로 쿡의 거리와 DFFITS 통계량을 소개하고자 한다.

$\hat{\beta}_{(i)}$은 i번째 관측을 제외한 후 추정한 회귀계수벡터로 다음과 같이 정의된다.

$$\hat{\beta}_{(i)} = (\boldsymbol{X}_{(i)}'\boldsymbol{X}_{(i)})^{-1}\boldsymbol{X}_{(i)}'\boldsymbol{Y}_{(i)} \tag{5.14}$$

여기서 $\boldsymbol{X}_{(i)}$는 $\boldsymbol{X}$에서 i번째 행을 제외한 $(n-1)\times(k+1)$ 행렬이다.

5.3.1 쿡의 거리

$\hat{\beta}$과 $\hat{\beta}_{(i)}$를 비교하는 통계량은 i번째 관측의 영향력에 대한 측도로 이용될 수 있다. Cook(1970)은 쿡의 거리(Cook's distance) D_i를 다음과 같이 정의하였다:

$$D_i = \frac{(\hat{\beta}_{(i)} - \hat{\beta})'(\boldsymbol{X}'\boldsymbol{X})(\hat{\beta}_{(i)} - \hat{\beta})}{(k+1)\widehat{\sigma^2}}. \tag{5.15}$$

D_i 값이 일정할 때 타원체의 등고선을 형성하며 $\hat{\beta}$과 $\hat{\beta}_{(i)}$의 거리가 등고선에 반영된다.

i번째 관측이 n개의 적합값 전체에 미치는 영향의 크기를 측정하는 방법으로 Cook의 거리를 사용한다. $\hat{\boldsymbol{Y}} = \boldsymbol{X}\hat{\beta}$이고 $\widehat{\boldsymbol{Y}_{(i)}} = \boldsymbol{X}\widehat{\beta_{(i)}}$라고 놓으면 i번째 관측값에 대한 Cook의 거리는

$$D_i = \frac{(\hat{\boldsymbol{Y}}_{(i)} - \hat{\boldsymbol{Y}})'(\hat{\boldsymbol{Y}}_{(i)} - \hat{\boldsymbol{Y}})}{(k+1)\widehat{\sigma^2}} \tag{5.16}$$

으로 표현된다. D_i값이 큰 경우는 i번째 관측이 모형적합에 영향을 주는 것으로 판단할 수 있으며 이렇게 영향력 있는 경우의 관측을 제외하면 모형에 변화가 생긴다. 또한 D_i는 스튜던트화 잔차와 h_{ii}를 이용해 다음과 같이 다시 표현할 수 있으며 계산이 훨씬 용이한 식이 된다.

$$D_i = \left(\frac{1}{k+1}\right) r_i^2 \left(\frac{h_{ii}}{1-h_{ii}}\right) = \frac{r_i^2 h_{ii}}{(k+1)\widehat{\sigma^2}(1-h_{ii})^2} \tag{5.17}$$

그러므로 D_i는 스튜던트화 잔차 r_i의 크기와 지렛대값 h_{ii}에 의해 좌우된다. 즉 r_i나 h_{ii}가 클수록 D_i가 커진다.

Cook의 거리 측도 D_i에 대한 영향력 정도를 $F_{k+1,n-k-1}$ 분포에서와 대응하는 백분위수값을 이용하여 해석할 수 있다. 백분위수값이 대략 10%나 20%보다 작으면 i번째 관측은 적합값에 별로 영향이 없다 할 수 있다. 반면에 백분위수가 50% 부근이거나 더 크면 i번째 관측을 포함하고 얻은 적합값과 포함하지 않고 얻은 적합값은 상당히 다르다고 간주되어 적합에 영향을 미침을 의미한다. 만일 $D_i > F_{k+1,n-k-1}(0.5)$이면 i번째 관측은 영향이 큰 관측값으로 간주할 수 있다.

R에서는 `cooks.distance()` 함수를 사용해 쿡의 거리 통계량을 구한다.

5.3.2 DFFITS

Belsley, Kuh와 Welsch (1980)은 회귀계수벡터에 대해 쿡의 거리 측도를 변형한 통계량 DFFITS를 다음과 같이 제안하였다:

$$(DFFITS_i)^2 = \frac{(\hat{\beta}_{(i)} - \hat{\beta})'(\boldsymbol{X}'\boldsymbol{X})(\hat{\beta}_{(i)} - \hat{\beta})}{(k+1)\widehat{\sigma^2_{(i)}}} \tag{5.18}$$

여기서 $\hat{\sigma}^2_{(i)}$은 i번째 관측을 제외한 분산추정량이다. 식 (5.18)을 스튜던트화 제외잔차와 h_{ii}를 이용해 다시 표현하면

$$DFFITS_i = r_{(i)}\left(\frac{h_{ii}}{(1-h_{ii})}\right)^{1/2} \tag{5.19}$$

여기서 $r_{(i)}$는 스튜던트화 제외잔차

$$r_{(i)} = \frac{\hat{e_i}}{\widehat{\sigma_{(i)}}\sqrt{1-h_{ii}}} \tag{5.20}$$

이다.

DFFITS의 절댓값이 $2\sqrt{(k+1)/n}$보다 클 때 영향점이라고 판단할 수 있다. DFFITS 측도를 이용해 i번째 관측이 그것의 적합값 $\widehat{Y}_i$에 얼마나 영향을 미치는가를 알 수 있다.

R에서는 `dffits()` 함수를 사용해 DFFITS 통계량을 구한다.

5.3.3 추가변수그림

단순회귀의 경우 반응변수와 설명변수 사이의 관계는 이차원 평면에 산점도로 표현할 수 있다. 그러나 설명변수가 k개인 다중회귀의 경우에는 여러 개의 설명변수와의 관계를 그림으로 표현하기 쉽지 않다. 다중회귀분석 상황에서 반응변수 Y와 설명변수 X_i만의 관계는 나머지 설명변수 $X_1, \cdots, X_{i-1}, X_{i+1}, \cdots, X_k$ 가 반영된 상황을 보여주지 못한다. 이러한 경우 추가변수그림(added variable plot)으로 X_i를 제외한 다른 설명변수들이 반영된 상황을 나타낼 수 있다.

추가변수그림을 그리는 단계는 다음과 같다:

(1) 반응변수 Y에 대해 X_i를 제외한 나머지 설명변수들과 회귀식을 구하여 잔차 $e_Y(X_i)$를 구한다. 그러므로 $e_Y(X_i)$는 Y 중 X_i를 제외한 나머지 변수들로 적합한 후 설명되지 않는 부분이라고 볼 수 있다.

(2) X_i를 반응변수로 놓고 X_i를 제외한 나머지 설명변수들과 회귀식을 구해 잔차 $e_{X_i}(X_i)$를 구한다. $e_{X_i}(X_i)$는 설명변수들 중 X_i를 제외한 나머지 변수들

로 설명되지 않는 부분이라고 볼 수 있다.

(3) Y와 나머지 변수들이 조정된 후의 X_i 와의 관계는 $e_Y(X_i)$과 $e_{X_i}(X_i)$의 관계로 나타낼 수 있게 된다.

(4) $(e_{X_i}(X_i),\ e_Y(X_i))$로 점을 찍어 나타낸 그림을 추가변수그림이라 한다.

추가변수그림에서 강력한 선형관계를 보인다면 Y와 X_i에 대해 나머지 설명변수들로 조정된 후 관계가 강하다고 할 수 있으며 뚜렷한 경향을 보이지 않는다면 이렇게 조정된 관계가 약하다고 할 수 있다.

R에서는 `avPlots()` 함수를 사용해 추가변수그림을 그릴 수 있다.

5.4 이상점

회귀분석 문제의 자료에서 종종 특이하거나 극단적인 관측값을 보게 된다. 즉, 어떤 관측값들은 나머지 값들과 동떨어져 있는 경우가 있는데 이것을 이상점(특이점, outlier)이라 한다. 이렇게 특이한 값들의 잔차는 큰 경향이 있고 적합성에 큰 영향을 미친다. 즉 이상점을 포함한 개체들에 대한 모형과 이상점을 제거한 나머지 개체들에 대한 모형이 크게 다를 수 있다.

이상점은 잔차의 절댓값 $|e_i|$이 매우 큰 경우가 될 수 있으나 잔차 절댓값이 크다고 항상 이상점이 되는 것은 아니다. 또한 모형이 변하면 이상점으로 판단되는 경우도 변하게 되므로 신중한 판단이 필요하다. 어떠한 경우가 이상점으로 의심되면 다음과 같은 이상점 검정을 할 수 있다.

(1) i번째 관측(경우)을 제외한 데이터, 즉 $n-1$개 경우로만 선형모형을 적합한다. i번째 관측을 제외하고 추정된 회귀계수벡터를 $\widehat{\beta_{(i)}}$, 분산추정량을 $\hat{\sigma}^2_{(i)}$ 이라 놓는다. 여기서 $\hat{\sigma}^2_{(i)}$는 자유도 $n-1-(k+1)=n-k-2$를 갖는다.

(2) 제거된 데이터에 대해 (1)에서 적합한 모형으로 추정을 하여 $\widetilde{Y_i}=\boldsymbol{x}_i{}'\widehat{\beta_{(i)}}$를 구한다. i번째 관측은 (1) 모형적합 시 제외되었으므로 Y_i 와 $\widetilde{Y_i}$ 는 서로 독립이고 분산을 구하면

$$Var(Y_i-\widetilde{Y_i})=\sigma^2[1+\boldsymbol{x}_i{}'(\boldsymbol{X}_{(i)}{}'\boldsymbol{X}_{(i)})^{-1}\boldsymbol{x}_i]^{1/2} \qquad (5.21)$$

이다.

(3) Y_i가 이상점이 아니라면 $E(Y_i - \widetilde{Y}_i) = 0$이 된다. 오차항이 정규분포를 따를 경우, 검정통계량

$$t_i = \frac{Y_i - \widetilde{Y}_i}{\widehat{\sigma^2_{(i)}}[1 + \boldsymbol{x}_i{}'(\boldsymbol{X}_{(i)}{}'\boldsymbol{X}_{(i)})^{-1}\boldsymbol{x}_i]^{1/2}} \tag{5.22}$$

는 자유도 $n-k-2$인 t-분포를 따른다.

$$H_0 : E(Y_i - \widetilde{Y}_i) = 0 \text{ 대해 } H_1 : E(Y_i - \widetilde{Y}_i) \neq 0 \tag{5.23}$$

에 대해 유의수준 α 검정법은

$$\text{만일 } |t_i| \geq t_{n-k-2}(\alpha/2)\text{이면 } H_0\text{를 기각한다.} \tag{5.24}$$

이상점을 다루는 접근으로, 이상점을 구별해 내어 제거하는 방법도 있지만 변수 변환 등 적절한 처리를 통해 이상점을 포함한 분석을 할 수도 있다.

이상점에 관해 염두에 두어야 할 점을 알아보자.

(i) 두 개 이상의 이상점이 이웃하면 서로의 이상점 효과가 상쇄될 수 있다.
(ii) 어떤 모형에서의 이상점은 변수 변환 등을 하여 다른 모형으로 적합할 경우 이상점이 아닐 수 있다. 그러므로 모형이 변하면 이상점을 다시 조사해야 한다.
(iii) 오차항이 정규분포를 따르지 않을 경우에서 잔차가 크더라도 오차 분포 특성에 의한 것으로 이상점이 아닐 수 있다.
(iv) 데이터셋이 클 경우 한 두 개의 이상점은 문제가 되지 않지만 이상점이 그룹을 형성하는 경우에는 분석에 주의해야 한다.

이상점에 대해 취해야 할 방법에 대해 알아보자.

(i) 데이터 입력 오류를 검사한다.
(ii) 이상점의 상황에 대해 알아본다. 예를 들어, 신용카드 사용액 분석 시 한 번에 매우 큰 액수가 사용된 경우 도난된 카드 사용일 수 있다.
(iii) 이상점을 제거하고 분석한다. 그리고 분석 결과에서 제거한 이상점에 대해 설명해야 한다. 그러나 새로운 모형을 적합할 경우 제거했던 이상점을 다시 포함시켜 분석해야 한다.
(iv) 이상점으로 보이지만 실제 가능한 경우라면 이들을 포함한 적절한 모형, 예를 들어, 로버스트(robust) 회귀식 등을 찾아야 한다.

R에서는 `ls.diag()` 함수 등을 사용해 회귀진단 통계량을 구한다.

예제 5.1

library(car) 내장 데이터 mtcars에 대한 회귀분석과 회귀진단을 하고자 한다. 이 데이터는 여러 가지 차종에 대한 특성 변수들을 측정한 데이터이다.

[프로그램 5.1]과 [프로그램 5.2]에서는 설명변수 4개를 포함한 다중선형회귀 적합 후 다양한 회귀진단에 대한 R 코드를 보여 준다. [결과 5.1]을 보면 영향력이 큰 개체가 3개 즉 Honda Civic, Ford Pantera, Laserati Bora으로 추정되며 이들에 대한 영향점 관련 측도를 summary() 함수를 통해 출력한다. [결과 5.2](1)을 보면 이상점 검정 결과 Toyota Corolla는 이상점으로 판단된다. [결과 5.2](2)에서는 여러 가지 회귀진단 통계량을 보여 주며, [결과 5.2](3)에서는 회귀계수추정량에 대한 변동성 정보를 보여 준다.

〈그림 5.3〉에서는 표준화 잔차와 스튜던트화 잔차 산점도를 보여 주는데 극단값의 경우에 약간의 차이가 나는 것을 볼 수 있다. 〈그림 5.4〉에서는 각 개체에 대한 지렛대값을 보여주는데 31번째 차량에 대한 지렛대값이 가장 큰 것을 알 수 있다. 추가변수그림은 〈그림 5.5〉에서 보여 주는데 기울기가 클수록 다른 변수들에 의해 조정된 후에도 두 변수 간의 관계가 크다고 볼 수 있다. 〈그림 5.6〉은 쿡의 거리 통계량을 보여 주는데 31번째 경우인 Maserati Bora 차량에 대한 값이 가장 크다. 〈그림 5.7〉은 $\hat{h}$와 스튜던트화 잔차, 원의 크기로 표시된 쿡의 거리 통계량을 동시에 보여 주는 그림이다.

[프로그램 5.1] DFFITS 통계량과 영향점

```
library(car)
data(mtcars);  attach(mtcars)
mtcars[1:3,]    # data

fit <- lm(mpg~disp+hp+wt+drat, data=mtcars)   # OLS fit
summary(fit)

# residuals
par(mfrow=c(1,2))   # 그림 5.3
plot(mpg, rstandard(fit), ylim=c(-2,2.5), pch="*",main="standadized residual")
plot(mpg, rstudent(fit), ylim=c(-2,2.5), pch="*",main="studentized residual")

dffits(fit)   # DFFITS

# influece measure
inflm.fit <- influence.measures(fit)
which(apply(inflm.fit$is.inf, 1, any))
    # which observations 'are' influential: 영향점만 출력
summary(inflm.fit)   # only these
inflm.fit            # all 모든 경우에 대해 영향점 관련 통계량 출력
```

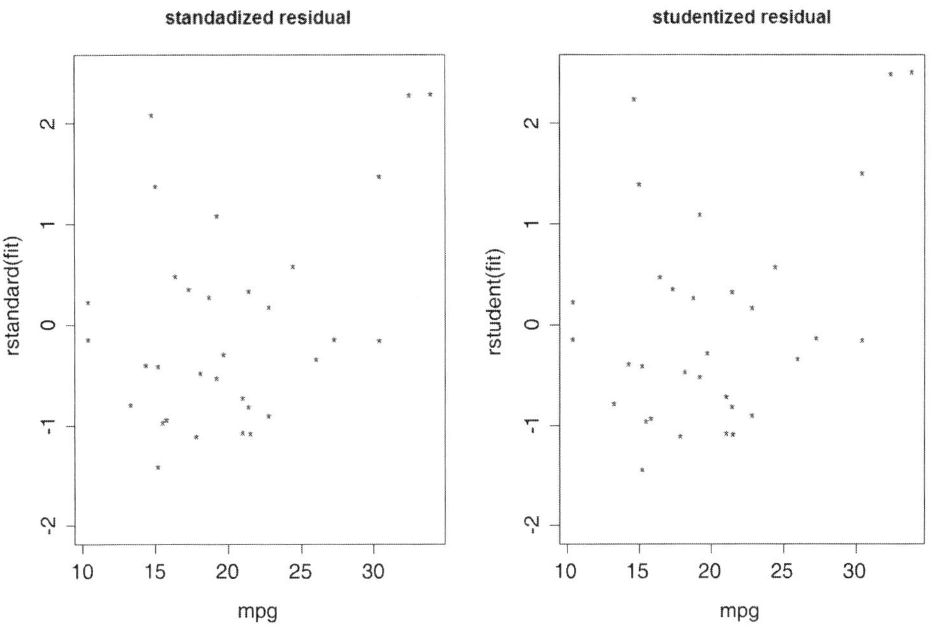

〈그림 5.3〉 표준화 잔차와 스튜던트화 잔차

[결과 5.1] DFFITS 통계량과 영향점

```
> mtcars[1:3,] # data
              mpg cyl disp hp drat    wt  qsec vs am gear carb
Mazda RX4     21.0   6  160 110 3.90 2.620 16.46  0  1    4    4
Mazda RX4 Wag 21.0   6  160 110 3.90 2.875 17.02  0  1    4    4
Datsun 710    22.8   4  108  93 3.85 2.320 18.61  1  1    4    1
> dffits(fit)
         Mazda RX4       Mazda RX4 Wag          Datsun 710      Hornet 4 Drive
       -0.23494875         -0.16323630         -0.24088916          0.12636107
 Hornet Sportabout             Valiant          Duster 360           Merc 240D
        0.12568741         -0.23301630         -0.16025758          0.22002691
  :
> inflm.fit <- influence.measures(fit)
> which(apply(inflm.fit$is.inf, 1, any))
   Honda Civic Ford Pantera L  Maserati Bora
            19             29             31
>      # which observations 'are' influential
> summary(inflm.fit) # only these
Potentially influential observations of
         lm(formula = mpg ~ disp + hp + wt + drat, data = mtcars) :
               dfb.1_ dfb.disp dfb.hp  dfb.wt dfb.drat dffit   cov.r   cook.d hat
Honda Civic     0.05  -0.05     0.04    0.02  -0.08    -0.10    1.77_*  0.00   0.32
Ford Pantera L  0.33  -0.34    -0.16    0.27  -0.41    -0.70    1.61_*  0.10   0.36
Maserati Bora   0.04  -0.68     1.36_*  0.05  -0.19     1.43_*  1.70_*  0.39   0.51_*
```

[프로그램 5.2] 회귀진단

```
library(car)
fit <- lm(mpg~disp+hp+wt+drat, data=mtcars)   # OLS fit
summary(fit)

# Assessing Outliers
outlierTest(fit)            # Bonferonni p-value for most extreme obs
qq.plot(fit, main="QQ Plot")   # qq plot for studentized resid
h <- hat(model.matrix(fit))
plot(h, type = "h", xlab="case index", main="leverage plot")
                             # leverage plots  그림 5.4
# Influential Observations
avPlots(fit,  ask=FALSE)       # added variable plots 그림 5.5

# Cook's D plot  : identify D values > 4/(n-k-1)  # 그림 5.6
cutoff <- 4/((nrow(mtcars)-length(fit$coefficients)-2))
plot(fit, which=4, cook.levels=cutoff)

# Influence Plot  # 그림 5.7
influencePlot(fit, main="Influence Plot",
    sub="Circle size is proportial to Cook's Distance" )

# Normality of Residuals  # 그림 5.8
qqPlot(fit, main="QQ Plot")    # t 분포 Q-Q plot for studentized resid

# distribution of studentized residuals
library(MASS)
sresid <- studres(fit)
hist(sresid, freq=FALSE, main="Distribution of Studentized Residuals")
xfit<-seq(min(sresid),max(sresid),length=40)
yfit<-dnorm(xfit)
lines(xfit, yfit)

# Evaluate homoscedasticity
ncvTest(fit)     # non-constant error variance test

# plot studentized residuals vs. fitted values
spread.level.plot(fit)   # 그림 5.9
ls.diag(fit)  # diagnostics statistics
```

[결과 5.2] (1) 회귀모형 적합결과 이상점 검정과 등분산 검정

```
> summary(fit)
Call:
lm(formula = mpg ~ disp + hp + wt + drat, data = mtcars)
Residuals:
   Min     1Q Median     3Q    Max
-3.508 -1.905 -0.506  0.982  5.688
```

```
Coefficients:
            Estimate Std. Error t value Pr(>|t|)
(Intercept) 29.14874    6.29359    4.63  8.2e-05 ***
disp         0.00382    0.01080    0.35   0.7268
hp          -0.03478    0.01160   -3.00   0.0058 **
wt          -3.47967    1.07837   -3.23   0.0033 **
drat         1.76805    1.31978    1.34   0.1915
---
Signif. codes:  0 '***' 0.001 '**' 0.01 '*' 0.05 '.' 0.1 ' ' 1
Residual standard error: 2.6 on 27 degrees of freedom
Multiple R-squared: 0.838,     Adjusted R-squared: 0.814
F-statistic: 34.8 on 4 and 27 DF,  p-value: 2.70e-10

> outlierTest(fit)
No Studentized residuals with Bonferonni p < 0.05
Largest |rstudent|:
               rstudent unadjusted p-value Bonferonni p
Toyota Corolla     2.52             0.0184        0.588

> ncvTest(fit)
Non-constant Variance Score Test
Variance formula: ~ fitted.values
Chisquare = 1.43    Df = 1     p = 0.232
```

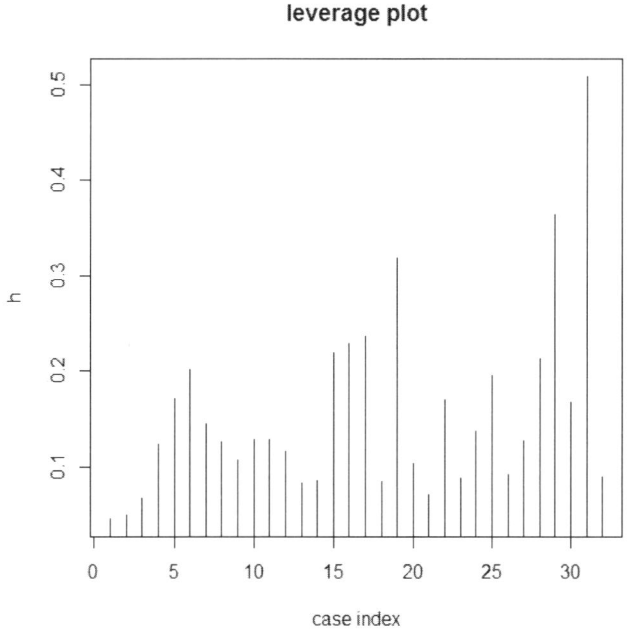

〈그림 5.4〉 지렛대 그림(leverage plot)

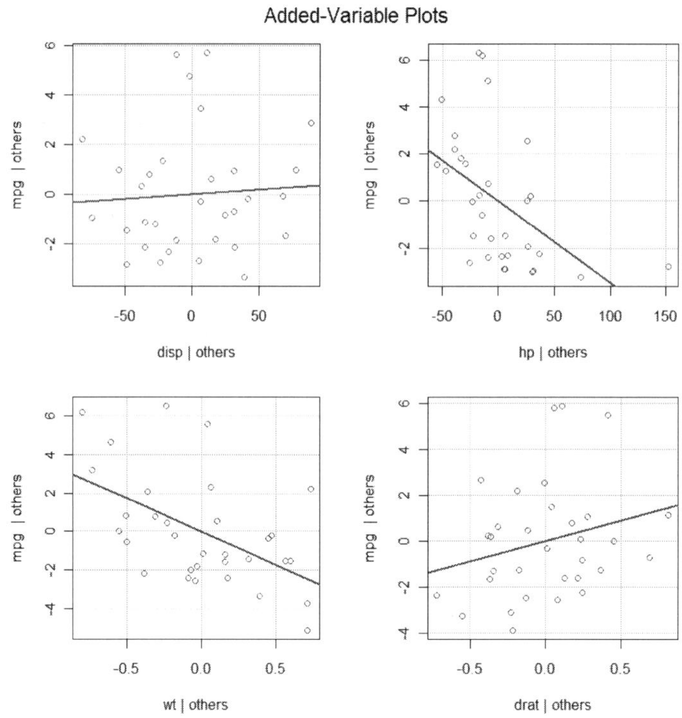

〈그림 5.5〉 추가변수그림(added variable plot)

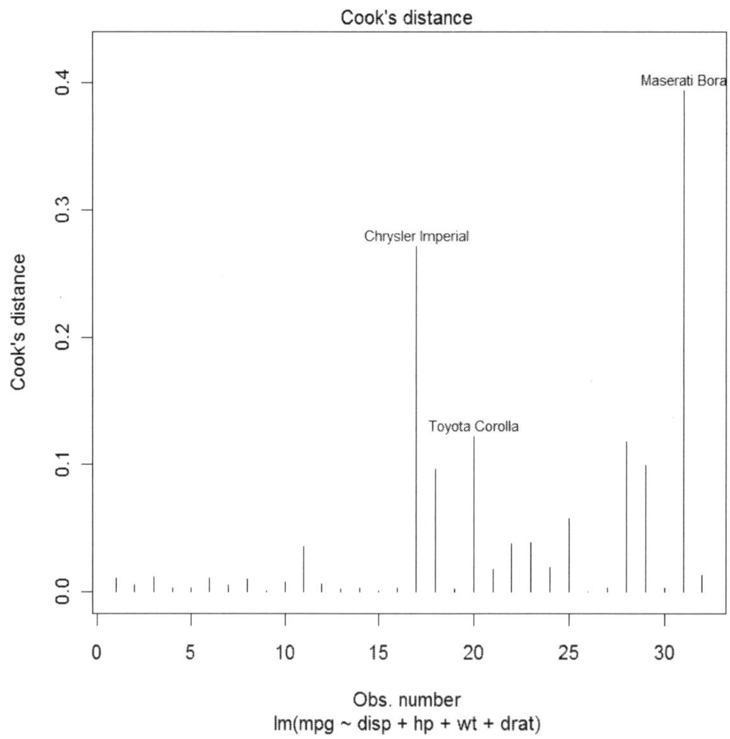

〈그림 5.6〉 쿡의 거리 그림(Cook's distance plot)

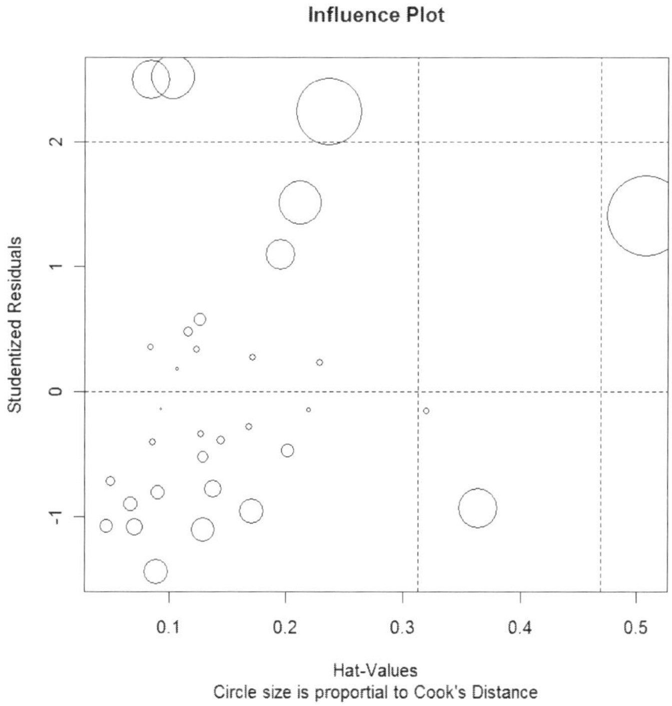

〈그림 5.7〉 영향점 그림(influence plot)

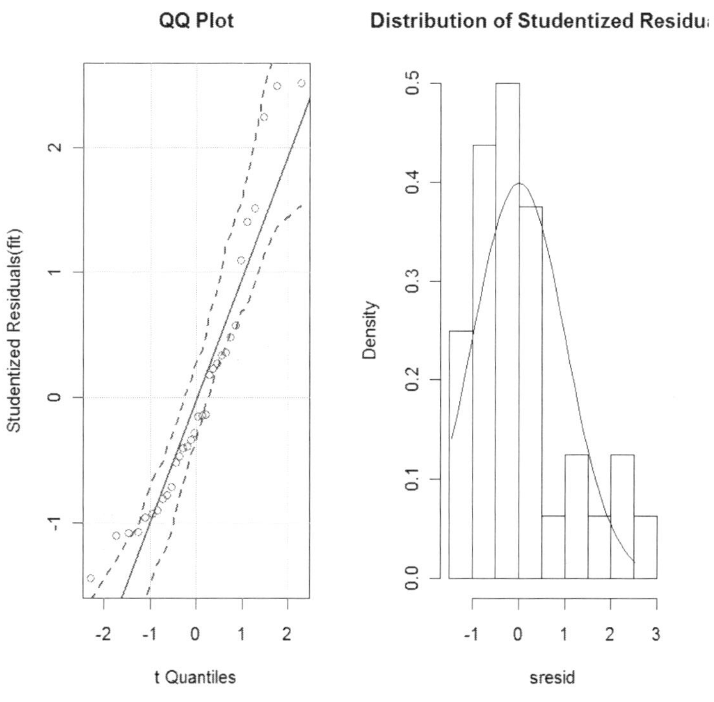

(a) t 분포 Q–Q 그림 (b) 히스토그램과 확률밀도함수추정선

〈그림 5.8〉 스튜던트 잔차에 대한 분포 그림

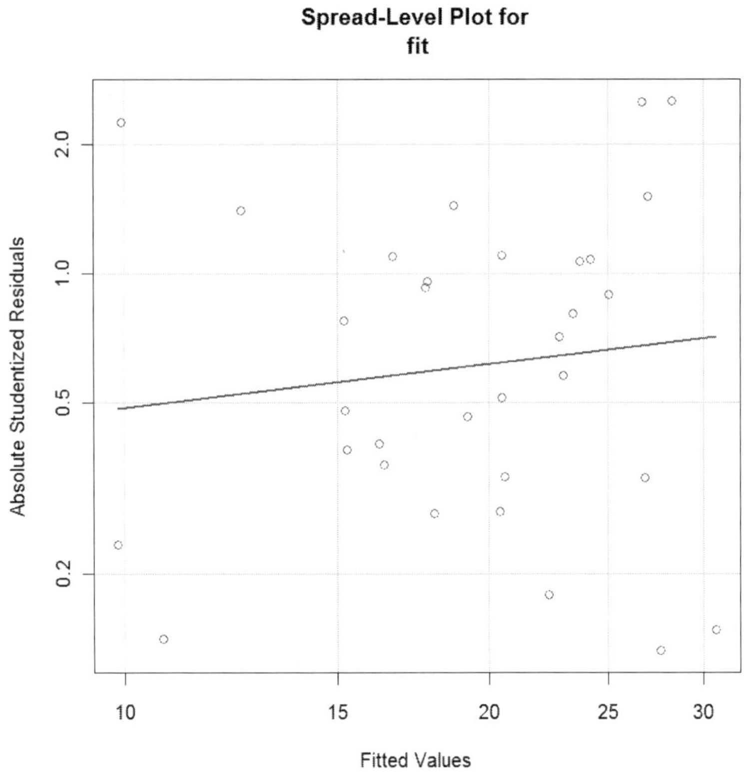

〈그림 5.9〉 스튜던트화 잔차(studentized residuals)와 반응적합값(fitted values)

[결과 5.2] (2) 일반적인 회귀진단 통계량

```
> ls.diag(fit)  # diagnostics statistics
$std.dev
[1] 2.6

$hat
 [1] 0.0460 0.0499 0.0674 0.1233 0.1716 0.2014 0.1446 0.1265 0.1070 0.1287
[11] 0.1287 0.1161 0.0840 0.0862 0.2195 0.2294 0.2364 0.0844 0.3191 0.1036
[21] 0.0705 0.1704 0.0891 0.1375 0.1956 0.0929 0.1274 0.2123 0.3635 0.1682
[31] 0.5083 0.0904

$std.res
 [1] -1.067 -0.719 -0.899  0.343  0.281 -0.471 -0.396  0.586  0.182 -0.523
[11] -1.099  0.488  0.366 -0.408 -0.144  0.238  2.094  2.284 -0.152  2.299
[21] -1.075 -0.960 -1.412 -0.784  1.091 -0.135 -0.341  1.480 -0.932 -0.285
[31]  1.380 -0.811

$stud.res
 [1] -1.070 -0.713 -0.896  0.337  0.276 -0.464 -0.390  0.578  0.179 -0.516
[11] -1.104  0.481  0.360 -0.402 -0.141  0.234  2.245  2.496 -0.149  2.516
[21] -1.078 -0.959 -1.440 -0.778  1.095 -0.133 -0.335  1.515 -0.930 -0.280
```

```
[31]  1.405 -0.805

$cooks
 [1] 0.010981 0.005428 0.011691 0.003302 0.003271 0.011184 0.005303 0.009927
 [9] 0.000798 0.008085 0.035720 0.006262 0.002456 0.003141 0.001166 0.003379
[17] 0.271338 0.096155 0.002155 0.122137 0.017534 0.037877 0.039000 0.019610
[25] 0.057883 0.000374 0.003390 0.118109 0.099296 0.003287 0.394064 0.013069

$dfits
 [1] -0.2349 -0.1632 -0.2409  0.1264  0.1257 -0.2330 -0.1603  0.2200  0.0620
[10] -0.1983 -0.4243  0.1744  0.1090 -0.1234 -0.0750  0.1277  1.2488  0.7576
[19] -0.1019  0.8551 -0.2970 -0.4345 -0.4503 -0.3108  0.5400 -0.0425 -0.1280
[28]  0.7867 -0.7028 -0.1260  1.4288 -0.2540

$correlation
            (Intercept)   disp     hp     wt   drat
(Intercept)       1.000 -0.111  0.100 -0.483 -0.944
disp             -0.111  1.000 -0.623 -0.661  0.328
hp                0.100 -0.623  1.000  0.095 -0.233
wt               -0.483 -0.661  0.095  1.000  0.222
drat             -0.944  0.328 -0.233  0.222  1.000
```

[결과 5.2] (3) 회귀계수벡터의 표준오차와 공분산행렬

```
$std.err
              [,1]
(Intercept) 6.2936
disp        0.0108
hp          0.0116
wt          1.0784
drat        1.3198

$cov.scaled
            (Intercept)      disp        hp       wt     drat
(Intercept)    39.60925 -7.53e-03  7.33e-03 -3.27659 -7.83872
disp           -0.00753  1.17e-04 -7.81e-05 -0.00770  0.00468
hp              0.00733 -7.81e-05  1.34e-04  0.00119 -0.00357
wt             -3.27659 -7.70e-03  1.19e-03  1.16288  0.31646
drat           -7.83872  4.68e-03 -3.57e-03  0.31646  1.74182

$cov.unscaled
            (Intercept)      disp        hp        wt      drat
(Intercept)     5.84918 -1.11e-03  1.08e-03 -0.483861 -1.157560
disp           -0.00111  1.72e-05 -1.15e-05 -0.001137  0.000691
hp              0.00108 -1.15e-05  1.99e-05  0.000175 -0.000528
wt             -0.48386 -1.14e-03  1.75e-04  0.171726  0.046732
drat           -1.15756  6.91e-04 -5.28e-04  0.046732  0.257218
```

5.5 회귀진단 후 보정 방법

회귀진단 결과, 즉 회귀모형에 대한 가정 검토 결과, 가정을 만족하지 않을 경우 데이터에 대한 보정을 고려할 수 있다. 이 절에서는 변수변환 등을 통한 보정방법에 대해 알아보자.

5.5.1 잔차그림

다음과 같은 잔차에 대한 그림을 그릴 때 독립성 가정을 만족한다면 잔차들은 0을 중심으로 랜덤하게 퍼져야 한다.

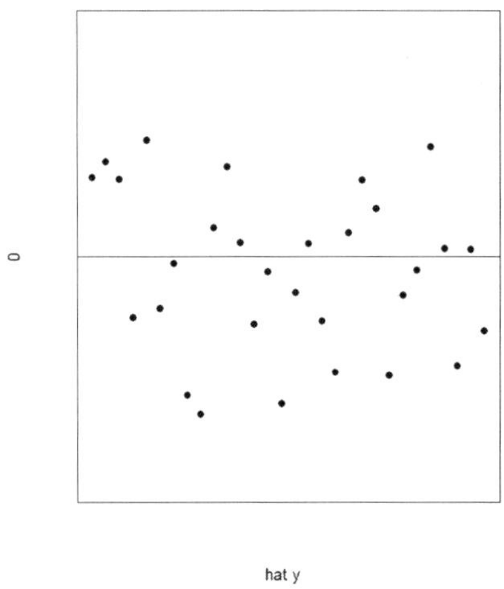

(a) 랜덤한 형태(이상적)

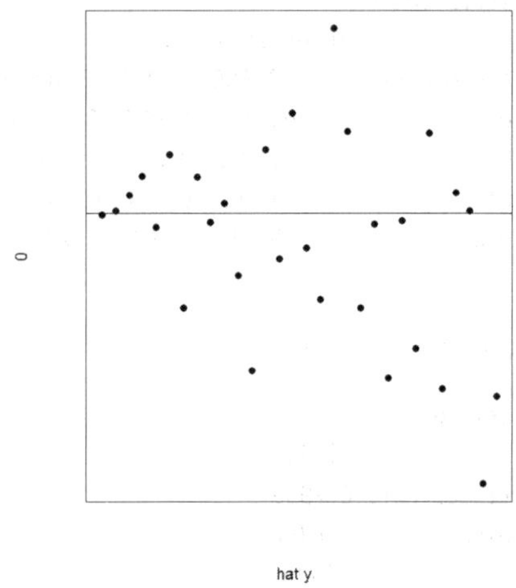

(b)오른쪽으로 분산 증가하는 메가폰 형태

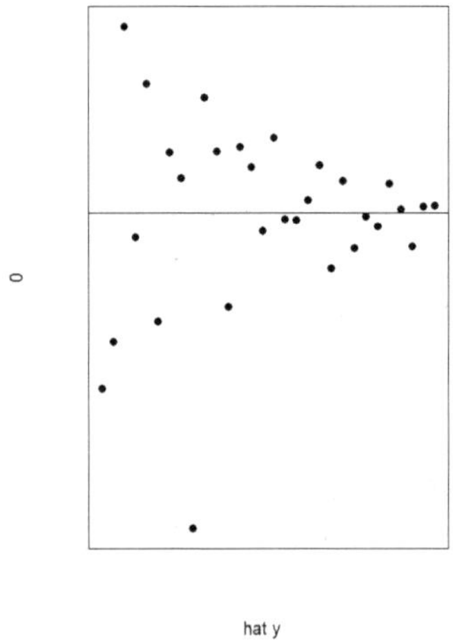

(c) 오른쪽으로 분산 감소하는 형태

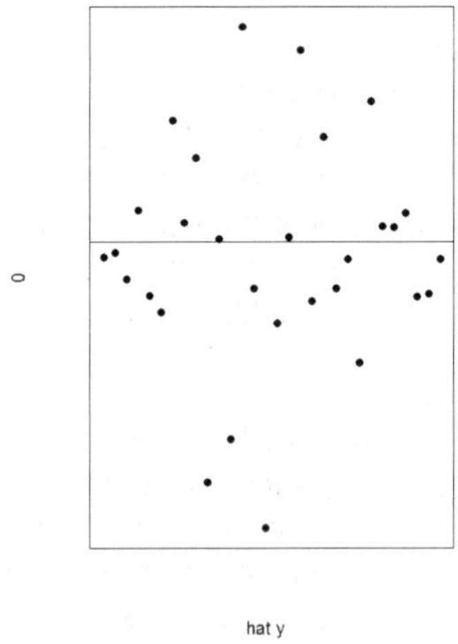

(d) 분산이 증가했다 감소하는 형태

〈그림 5.10〉 등분산과 이분산 잔차그림

(1) (반응변수 추정값 $\widehat{Y}_i$, 스튜던트화 잔차 r_i) 그림

$\widehat{Y}_i$ 들이 서로 독립이므로 잔차들도 독립이어야 한다.

(2) (관측값 순서, 스튜던트화 잔차) 그림: 순서에 따른 경향을 볼 수 있다.

(3) (설명변수, 스튜던트화 잔차) 그림: 설명변수에 따른 경향을 볼 수 있다.

$|r_i| \le 2$ 이면 잔차가 근사적으로 정규분포를 따를 경우 95% 이내의 값이 된다.

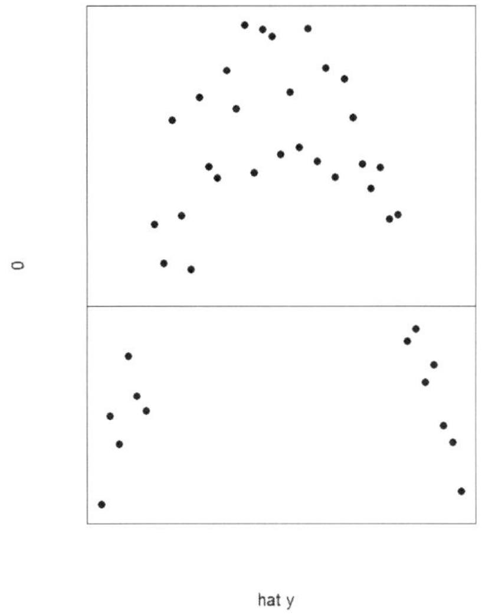

(a) 비선형성: 곡선 경향

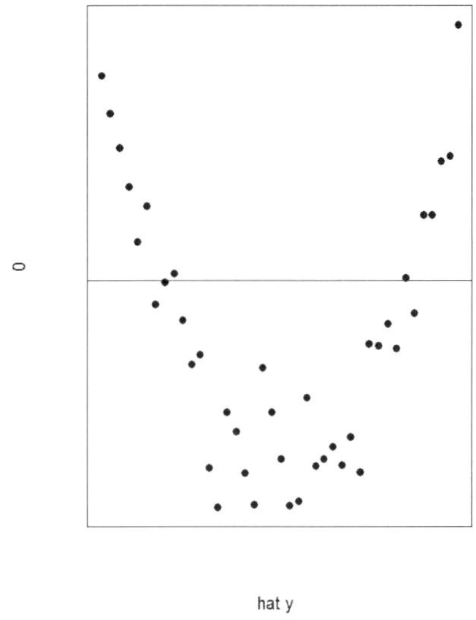

(b) 비선형성

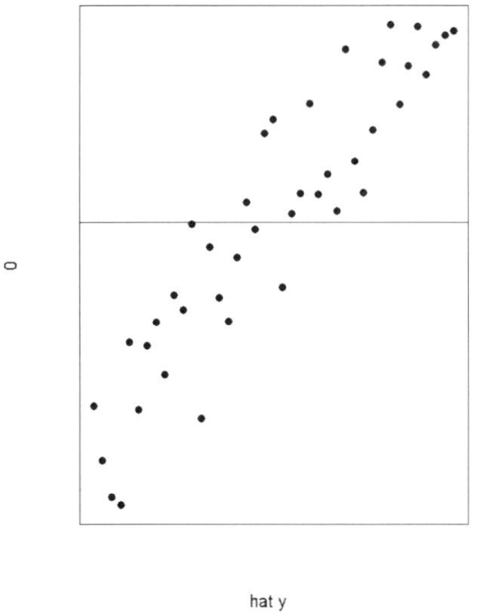

(c) 비독립성: 양의 상관

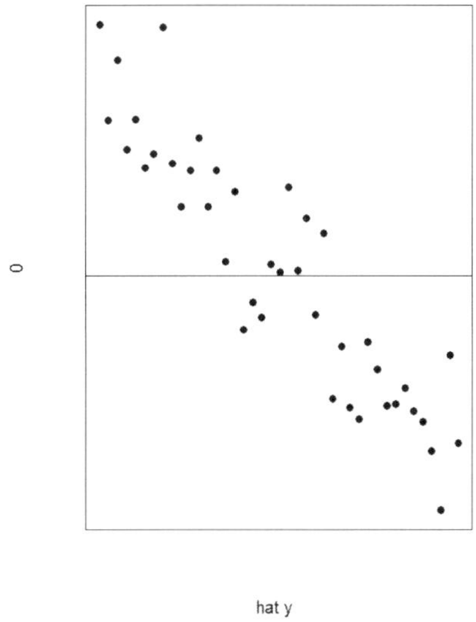

(c) 비독립성: 음의 상관

〈그림 5.11〉 비선형성 또는 비독립성 잔차그림

5.5.2 정규성을 만족하지 않는 경우

잔차가 정규성을 벗어나면 정규성 가정을 만족시키지 못하므로 다른 모형을 찾아야 한다. 그런데 변수변환을 통해 잔차가 정규분포를 따르게 할 수 있는 방법에 대해 알아보자. Box와 Cox(1964)는 변환함수 선택 문제에 대해 Box-Cox 변환을 제안하였다. Box-Cox 변환의 목적은 변환 후 오차항이 거의 정규분포를 따르도록 만드는 것이다.

Box-Cox 변환을 통해 다음의 모형

$$\boldsymbol{Y}^{\lambda} = \boldsymbol{X}\beta + \epsilon, \quad Var(\epsilon) = \sigma^2 \boldsymbol{I} \tag{5.25}$$

을 만족하는 λ를 구하고자 한다. 여기서 $\boldsymbol{Y}^{\lambda} = (Y_1^{\lambda}, Y_2^{\lambda}, \cdots, Y_n^{\lambda})'$이다. Box와 Cox(1964)는 모수추정 문제를 고려하여 거듭제곱변환(power transformation) 선택 방법을 다음과 같이 제안하였다.

$Y > 0$인 경우 다음과 같은 변환식

$$Y^{(\lambda)} = \begin{cases} \dfrac{Y^{\lambda} - 1}{\lambda}, & \lambda \neq 0 \\ \ln Y, & \lambda = 0 \end{cases} \tag{5.26}$$

을 이용해 정규성을 만족하도록 하는 방법을 제안하였다. 여기서 적절한 λ는

$$l(\lambda) = -\frac{n}{2} \ln\left[\frac{1}{n}\sum_{i=1}^{n}(Y_i^{(\lambda)} - \overline{Y^{(\lambda)}})^2\right] + (\lambda - 1)\sum_{i=1}^{n} \ln Y_i \tag{5.27}$$

을 최대화하는 상수이다. $Y^{(\lambda)}$는 식 (5.26)에서 정의된 것이고

$$\overline{Y^{(\lambda)}} = \frac{1}{n}\sum_{i=1}^{n} Y_i^{(\lambda)} = \frac{1}{n}\sum_{i=1}^{n}\frac{Y_i^{\lambda} - 1}{\lambda} \tag{5.28}$$

로 변화된 $Y^{(\lambda)}$들의 산술평균(arithmetic mean)이다. λ를 구하기 위해서는 가능한 λ에 대해 $l(\lambda)$를 계산하여 값을 비교하면서 최적값을 찾아야 한다.

반응변수에 대한 변환은 모형에 대한 해석을 어렵게 만들 수 있으므로 꼭 필요한 경우에만 변수변환하기를 권한다. 이러한 검토를 위해 λ에 대한 신뢰구간을 구해보거나

$$H_0 : \lambda = \lambda_0 \tag{5.29}$$

에 대한 카이제곱 검정을 할 수 있다.

λ에 대한 $100(1-\alpha)\%$ 신뢰구간은

$$\left\{\lambda:\ L(\lambda) > L(\hat{\lambda}) - \frac{1}{2}\chi_1^2(\alpha)\right\} \tag{5.30}$$

이며 여기서 $P(\chi^2 \geq \chi_1^2(\alpha)) = \alpha$이다.

검정통계량

$$T = 2(L(\hat{\lambda}) - L(\lambda_0)) \tag{5.31}$$

는 $H_0 : \lambda = \lambda_0$ 하에서 근사적으로 자유도 1인 카이제곱분포를 따른다. 그러므로 유의수준 α에서 카이제곱검정법은

$$\text{만일 } T \geq \chi_1^2(\alpha)\text{이면 } H_0\text{를 기각한다.} \tag{5.32}$$

예제 5.2

Galapagos 섬 데이터에 대해 다중선형회귀모형을 적합하고자 한다. 반응변수에 대한 Box-Cox 변수 변환을 고려하고자 하며 적절한 λ 값을 구하고자 한다.

[프로그램 5.3]을 수행하여 다중선형모형을 얻을 수 있으며 `boxcox()` 함수를 이용하여 λ를 구할 수 있다. 〈그림 5.12〉(a)에서 λ에 대한 로그우도함수를 볼 수 있으며 〈그림 5.12〉(b)에서는 λ에 대한 95% 신뢰구간을 확대한 그림이다. $\lambda = 0.1 \sim 0.5$일 때 95% 신뢰구간에 포함되므로 $\hat{\lambda} = 0.5$로 선택하여 제곱근 변환을 고려할 수 있다.

[프로그램 5.3] Box-Cox 변환

```
library(faraway)
data(gala)
ga<-lm(Species~ Area+Elevation+Nearest+Scruz+Adjacent, data=gala)
summary(ga)

library(MASS)
op=par(mfrow=c(1,2))
boxcox(ga, plotit=T)                                   # 그림 5.12(a)
boxcox(ga, lambda=seq(0.0, 1.0, by=0.05), plotit=T)  # 그림 5.12(b)
par(op)
ga2<-lm(sqrt(Species)~ Area+Elevation+Nearest+Scruz+Adjacent, data=gala)
summary(ga2)
```

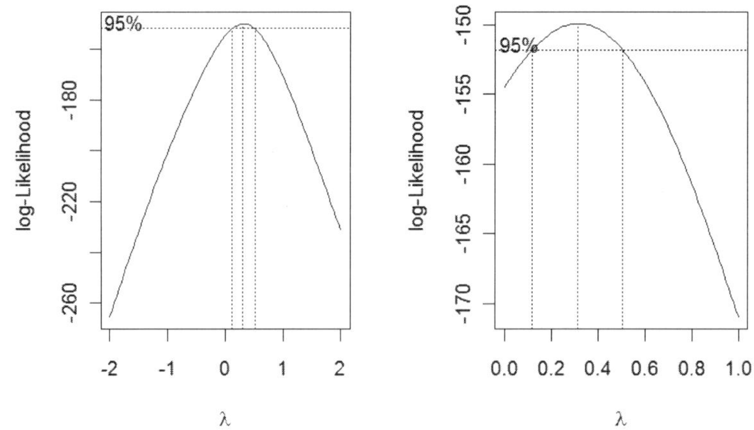

(a) λ에 대한 로그우도함수 (b) λ에 대한 95% 신뢰구간

〈그림 5.12〉 Galapagos 섬 데이터의 Box-Cox 변환에 대한 로그우도함수와 신뢰구간

5.5.3 등분산이 아닌 경우

등분산 가정은 오차항의 분산이 반응변수에 의존하지 않음을 의미한다. 그러나 이와 같은 등분산 가정을 만족하지 않는다면 다음의 방법을 고려할 수 있다.

(1) 가중최소제곱회귀모형을 적합한다.

(2) 반응변수에 대한 분산안정화 변환(variance stabilizing transformation)을 통해 등분산을 만족하도록 만든다. 활용도가 높은 분산안정화 변환의 종류는 〈표 5.1〉에 정리되어 있다.

〈표 5.1〉 분산안정화 변환

변환식	분산에 대한 상황	설명
$\sqrt{Y}$	$Var(\epsilon_i) \propto E(Y_i)$	분산이 기댓값과 비례하는 경우
$\sqrt{Y}+\sqrt{Y+1}$	$Var(\epsilon_i) \propto E(Y_i)$	Y_i 값이 0 또는 0에 가까운 경우
$\log Y$	$Var(\epsilon_i) \propto [E(Y_i)]^2$	가장 많이 활용되는 변환. $Y(>0)$의 범위가 큰 경우
$\log(Y+1)$	$Var(\epsilon_i) \propto [E(Y_i)]^2$	$Y=0$이 존재하는 경우
$\frac{1}{Y}$	$Var(\epsilon_i) \propto [E(Y_i)]^4$	$Y(>0)$ 작은 값을 많이 갖는 경우
$\frac{1}{Y+1}$	$Var(\epsilon_i) \propto [E(Y_i)]^4$	$Y=0$이 존재하는 경우
$\sin^{-1}(\sqrt{Y})$	$Var(\epsilon_i) \propto E(Y_i)(1-E(Y_i))$	이항 분포를 따르는 변수인 경우

5.5.4 선형이 아닌 경우

적합된 추정값과 잔차에 대한 산점도에서 잔차들이 모형에서 가정한 선형성 대신 곡선 경향 등 비선형성을 나타낼 경우, 변환 등을 통한 보정을 할 수 있다. 다중회귀의 경우, 추가변수그림(added variable plot) 또는 부분잔차그림(partial residual plot) 등을 통해 비선형성을 진단할 수 있다.

설명변수와 반응변수의 관계가 선형이 아닐 경우에는 비선형회귀모형 등 이들의 관계를 적절하게 나타낼 수 있는 회귀모형을 찾아야 한다.

예를 들어, 다음의 비선형회귀모형

$$Y=\alpha X^{\beta} \tag{5.33}$$

을 적합하고자 하는 경우 로그 변환을 통해 선형회귀모형

$$\log Y=\log\alpha+\beta\log X+\epsilon \tag{5.34}$$

을 고려할 수 있다.

〈표 5.2〉 선형화 변환

변환식		단순회귀식	다중회귀식
$\log Y$	$\log X$	$Y=\alpha X^{\beta}$	$Y=\alpha X_1^{\beta_1}X_2^{\beta_2}\cdots X_k^{\beta_k}$
$\log Y$	X	$Y=\alpha e^{\beta X}$	$Y=\alpha e^{\sum\beta_j X_j}$
Y	$\log X$	$Y=\alpha+\beta\log X$	$Y=\alpha+\sum\beta_j\log X_j$
$\frac{1}{Y}$	$\frac{1}{X}$	$Y=\frac{X}{\alpha X+\beta}$	$Y=\frac{1}{\alpha+\sum\beta_j X_j}$
$\frac{1}{Y}$	X	$Y=\frac{1}{\alpha+\beta X}$	$Y=\frac{1}{\alpha+\sum\beta_j X_j}$
Y	$\frac{1}{X}$	$Y=\alpha+\beta\left(\frac{1}{X}\right)$	$Y=\alpha+\sum\beta_j\left(\frac{1}{X_j}\right)$

5.6 R 활용 회귀진단

R에서는 `ls.diag()` 함수로 여러 가지 회귀진단을 할 수 있으며 〈표 5.3〉에서는 회귀진단 관련 통계량을 열거하였다.

〈표 5.3〉 R 내장 회귀진단 함수 `ls.diag(lm object)` 에 포함된 함수 및 통계량

통계량 함수	회귀진단 내용
std.dev	오차항의 표준편차
hat	모자행렬(hat matrix) $\boldsymbol{H}$의 대각선에 놓인 값 h_{ii}
std.res	표준화(standardized) 잔차
stud.res	스튜던트화(studentized) 잔차
cooks	Cook's distance 통계량
dts	DFFITS 통계량
correlation	상관행렬
std.err	회귀계수에 대한 표준오차(standard error)
cov.scaled	회귀계수에 대한 수정(scaled) 공분산행렬
cov.unscaled	회귀계수에 대한 무수정(unscaled) 공분산행렬

예제 5.3

R 시스템에 내장된 `longley` 데이터셋에 대해 다중선형회귀모형을 적합하고 진단하고자 한다.

[프로그램 5.4]를 수행하여 회귀모형과 회귀진단 통계량으로 [결과 5.4]를 얻는다. 〈그림 5.13〉은 회귀모형에 대한 잔차분석을 위한 그림이다.

[결과 5.4](1)에서는 $Y=\beta_0+\beta_1X_1+\beta_2X_2+\beta_3X_3+\epsilon$ 모형 적합 결과 회귀직선식 $Y=-1352-0.1142X_1+14.98X_2+0.0648X_3$을 얻었으며 $R^2=0.9943$으로 매우 높다. 회귀계수에 대한 유의성 검정 결과를 보면 유의수준 0.05에서 β_1과 β_2가 유의하다. [결과 5.4](2)에서는 `coefficients()` 함수를 이용하고 각 회귀계수에 대한 추정값과 `confint()` 함수를 이용하여 얻은 각 회귀계수에 대한 95% 신뢰구간을 보여 준다. [결과 5.4〉(3)에서는 `fitted()` 함수를 이용하여 반응추정값을 얻고 `residual()` 함수로 잔차를 얻는다. [결과 5.4](4)에서는 `anova()` 함수를 이용한 회귀모형에 대한 분산분석 결과를 볼 수 있으며 `vcov()` 함수로부터 회귀계수추정량에 대한 공분산행렬을 보여 준다. [결과 5.4](5)에서는 `influence()` 함수로부터 이상점 분석을 위한 모자행렬값을 보여 주는데 8번째 관측에 대한 값이 가장 큼을 알 수 있다. [결과 5.4](6)에서는 `ls.diag()` 함수를 이용한 여러 가지 회귀진단 통계량을 보여 준다.

[프로그램 5.4] `longley` 데이터에 대한 회귀분석 및 회귀진단

```
data(longley)
y=longley$GNP                    # 반응변수
x1=longley$Unemployed; x2=longley$Population ; x3=longley$Armed.Forces
mydata<-data.frame(y, x1,x2,x3)
fit <- lm(y ~ x1 + x2 + x3, data=mydata)
summary(fit)                     # show results
```

```
coefficients(fit)                # model coefficients
confint(fit, level=0.95)         # CIs for model parameters
fitted(fit)                      # predicted values
residuals(fit)                   # residuals
anova(fit)                       # anova table
vcov(fit)                        # covariance matrix for model parameters
influence(fit)                   # regression diagnostics
ls.diag(fit)

# Residual Diagnostic plots
layout(matrix(c(1,2,3,4), 2,2)) # optional 4 graphs/page
plot(fit)                        # 그림 5.13
```

[결과 5.4] (1) 추정된 회귀모형

```
> summary(fit)              # show results
Call:
lm(formula = y ~ x1 + x2 + x3, data = mydata)
Residuals:
    Min      1Q  Median      3Q     Max
-14.525  -6.989   1.574   5.657  13.434
Coefficients:
             Estimate Std. Error t value Pr(>|t|)
(Intercept) -1.352e+03  5.160e+01 -26.195 5.86e-12 ***
x1          -1.142e-01  4.109e-02  -2.780   0.0167 *
x2           1.498e+01  5.834e-01  25.677 7.42e-12 ***
x3           6.480e-02  4.308e-02   1.504   0.1584
Signif. codes:  0 '***' 0.001 '**' 0.01 '*' 0.05 '.' 0.1 ' ' 1
Residual standard error: 8.384 on 12 degrees of freedom
Multiple R-squared: 0.9943,     Adjusted R-squared: 0.9929
F-statistic: 698.8 on 3 and 12 DF,  p-value: 9.943e-14
```

[결과 5.4] (2) 회귀계수 추정값과 95% 신뢰구간

```
> coefficients(fit)          # model coefficients
  (Intercept)           x1           x2           x3
-1351.5923017   -0.1142283   14.9788449    0.0648007
> confint(fit, level=0.95)   # CIs for model parameters
                    2.5 %        97.5 %
(Intercept) -1.464012e+03 -1.239173e+03
x1          -2.037581e-01 -2.469844e-02
x2           1.370780e+01  1.624989e+01
x3          -2.906231e-02  1.586637e-01
```

[결과 5.4] (3) 반응추정값과 잔차

```
> fitted(fit)
        1         2         3         4         5         6         7         8
```

```
243.6424 258.4665 261.0934 282.4102 323.2670 346.2819 374.0070 370.0714
       9       10       11       12       13       14       15       16
393.3237 413.1842 437.1285 438.6955 469.2698 497.6633 525.2516 569.4187
> residuals(fit)          # residuals
          1           2           3           4           5           6           7
 -9.3533668   0.9595177  -3.0393781   2.1887989   5.7080412   0.7170748  -8.6219904
          8           9          10          11          12          13          14
 -6.9594272   4.1452983   5.9957945   5.6405174   5.8504816  13.4342287   4.9377175
         15          16
 -7.0786028 -14.5247053
```

[결과 5.4] (4) 회귀모형에 대한 분산분석과 공분산행렬 추정

```
> anova(fit)              # anova table
Analysis of Variance Table
Response: y
          Df Sum Sq Mean Sq   F value    Pr(>F)
x1         1  54109   54109  769.8566 2.968e-12 ***
x2         1  93079   93079 1324.3185 1.187e-13 ***
x3         1    159     159    2.2626    0.1584
Residuals 12    843      70
Signif. codes:  0 '***' 0.001 '**' 0.01 '*' 0.05 '.' 0.1 ' ' 1
> vcov(fit)           # covariance matrix for model parameters
             (Intercept)          x1           x2          x3
(Intercept) 2662.217820 1.476617169 -29.23508496 1.164487747
x1             1.476617 0.001688479  -0.01964863 0.001117966
x2           -29.235085 -0.019648626  0.34031344 -0.017077075
x3             1.164488 0.001117966  -0.01707707 0.001855877
```

[결과 5.4] (5) 이상점 분석: 모자행렬

```
> influence(fit)
$hat
         1          2          3          4          5          6          7
0.29671962 0.36693156 0.34916880 0.22172826 0.18202225 0.29582242 0.28116697
         8          9         10         11         12         13         14
0.41138348 0.09361255 0.10216985 0.13197690 0.32483044 0.12563193 0.18743697
        15         16
0.27364854 0.35574945
$coefficients
   (Intercept)            x1           x2            x3
1  -9.33514570  1.176414e-02 -0.007737856  2.169755e-02
2  -0.01692875 -2.210490e-03  0.014644944 -3.460836e-03
3 -12.28331432 -8.112176e-03  0.124392754 -9.507745e-05
4   4.24768041  1.892221e-03 -0.035469812 -1.960897e-03
5   5.61086884 -2.445706e-03 -0.050723917  5.994069e-03
6   0.79047888 -3.038439e-04 -0.009003108  1.639528e-03
7   2.28573248  1.237825e-02 -0.034373157 -1.132438e-02
8 -30.78162835 -2.888873e-02  0.409669664 -3.390244e-02
```

```
9    0.91847775  7.774517e-05 -0.012846481  3.264758e-03
10  -5.66150971 -5.743765e-03  0.071064616 -1.655883e-03
11  -9.21250402 -7.527387e-03  0.111589483 -4.146708e-03
12  11.74674437  2.042287e-02 -0.176869504  1.166958e-02
13 -18.40351210 -3.985832e-03  0.196292104 -9.256229e-03
14 -11.21510447 -3.622098e-03  0.122104174 -6.085931e-03
15   9.20374524 -8.808203e-03 -0.060914120  5.857234e-04
16  70.51485909  2.780209e-02 -0.748142304  2.703760e-02
$sigma
       1        2        3        4        5        6        7        8
8.084872 8.748811 8.682370 8.724350 8.547094 8.752572 8.201979 8.318266
       9       10       11       12       13       14       15       16
8.657392 8.545985 8.563985 8.489123 7.609819 8.599196 8.390628 6.848701
$wt.res
          1           2           3           4           5           6
 -9.3533668   0.9595177  -3.0393781   2.1887989   5.7080412   0.7170748
          7           8           9          10          11          12
 -8.6219904  -6.9594272   4.1452983   5.9957945   5.6405174   5.8504816
         13          14          15          16
 13.4342287   4.9377175  -7.0786028 -14.5247053
```

[결과 5.4] (6) 회귀진단 통계량

```
> ls.diag(fit)
$std.dev
[1] 8.38358
$hat
 [1] 0.29671962 0.36693156 0.34916880 0.22172826 0.18202225 0.29582242
 [7] 0.28116697 0.41138348 0.09361255 0.10216985 0.13197690 0.32483044
[13] 0.12563193 0.18743697 0.27364854 0.35574945
$std.res
 [1] -1.3303754  0.1438461 -0.4493875  0.2959448  0.7528125  0.1019281
 [7] -1.2130090 -1.0820013  0.5193610  0.7547796  0.7221440  0.8492894
[13]  1.7137051  0.6533836 -0.9907056 -2.1584919
$stud.res
 [1] -1.37952821  0.13784107 -0.43392258  0.28438529  0.73841056  0.09763098
 [7] -1.23986630 -1.09049694  0.50293491  0.74043599  0.70693163  0.83873036
[13]  1.88795349  0.63700066 -0.98987349 -2.64223682
$cooks
 [1] 0.186683609 0.002998270 0.027086266 0.006238084 0.031528020 0.001091130
 [7] 0.143881291 0.204554922 0.006964644 0.016207232 0.019822310 0.086755149
[13] 0.105491614 0.024619238 0.092443334 0.643176709
$dfits
 [1] -0.89606490  0.10494116 -0.31783065  0.15179309  0.34832881  0.06327936
 [7] -0.77543071 -0.91165737  0.16162997  0.24977663  0.27565174  0.58176059
[13]  0.71563928  0.30594191 -0.60757914 -1.96343471
$correlation
            (Intercept)         x1         x2         x3
(Intercept)   1.0000000  0.6964633 -0.9712768  0.5238881
```

```
x1           0.6964633  1.0000000 -0.8196808  0.6315479
x2          -0.9712768 -0.8196808  1.0000000 -0.6795155
x3           0.5238881  0.6315479 -0.6795155  1.0000000
$std.err
                  [,1]
(Intercept) 51.59668420
x1           0.04109111
x2           0.58336390
x3           0.04307989
$cov.scaled
            (Intercept)           x1           x2          x3
(Intercept) 2662.217820  1.476617169 -29.23508496  1.164487747
x1             1.476617  0.001688479  -0.01964863  0.001117966
x2           -29.235085 -0.019648626   0.34031344 -0.017077075
x3             1.164488  0.001117966  -0.01707707  0.001855877
$cov.unscaled
            (Intercept)            x1            x2            x3
(Intercept) 37.87778501  2.100917e-02 -0.4159540420  1.656822e-02
x1           0.02100917  2.402353e-05 -0.0002795588  1.590632e-05
x2          -0.41595404 -2.795588e-04  0.0048419476 -2.429710e-04
x3           0.01656822  1.590632e-05 -0.0002429710  2.640524e-05
```

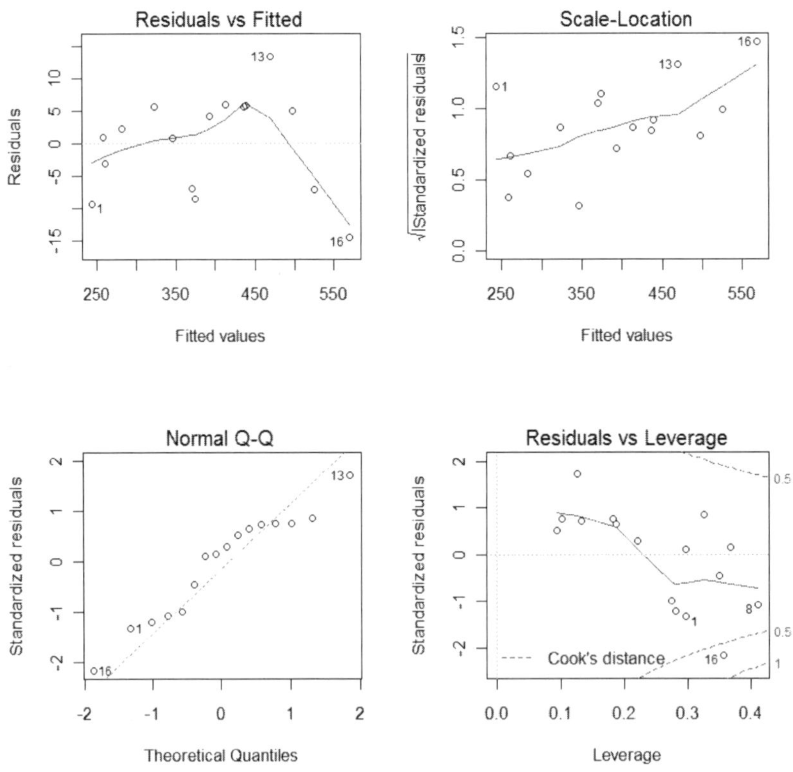

〈그림 5.13〉 `longley` 데이터에 대한 회귀분석모형에 대한 잔차분석을 위한 그림

연습문제

5.1 R 시스템 내장 데이터셋 `pressure`를 이용하여 `temperature`를 설명변수로, `pressure`를 반응변수로 하여 회귀분석을 하고자 한다.

```
> data(pressure)
```

(a) 산점도를 그리시오.
(b) 선형회귀모형을 적합하시오.
(c) 산점도와 (b)에서 적합한 회귀직선을 같이 그리시오.
(d) 반응변수에 대한 적절한 변환을 선택하여 다시 적합해 보시오.
(e) 산점도와 (d)에서 적합한 회귀직선을 같이 그리시오.

5.2 R 시스템 내장 데이터셋 `aatemp`를 이용하여 `year`를 설명변수로, `temp`를 반응변수로 하여 회귀분석을 하고자 한다.

```
>library(faraway)
>data(aatemp)
```

(a) 산점도를 그림시오.
(b) 선형회귀모형을 적합하시오.
(c) 반응변수에 대한 적절한 변환을 선택하여 다시 적합해 보시오.
(d) 연도에 따른 상관성을 추정하시오.
(e) 고차항을 포함한 다항회귀모형을 적합해 보고 적절한 모형을 제안하시오.

5.3 R 시스템 내장 데이터셋으로 1888년 스위스 농업과 사회경제학적 데이터셋 `swiss`를 사용하시오. `Fertility`를 반응변수로 하고 나머지 변수들을 설명변수로 하여 다중선형회귀모형을 적합하고 다음에 답하시오.

```
>data(swiss)
```

(a) 가정에 대한 검토로 잔차를 이용하여 등분산성을 점검하시오.
(b) 가정에 대한 검토로 잔차를 이용하여 정규성을 점검하시오.
(c) 지렛대점(leverage point)이 있는지 점검하시오.
(d) 이상점(outlier)이 있는지 점검하시오.
(e) 영향점(influential point)이 있는지 점검하시오.
(f) 설명변수들과 반응변수 간의 회귀식이 적합한지 진단하시오.

5.4 〈표 4.4〉 데이터에 대해 선형회귀모형을 적합하고 다음에 답하시오.

(a) 가정에 대한 검토로 잔차를 이용하여 등분산성을 점검하시오.
(b) 가정에 대한 검토로 잔차를 이용하여 정규성을 점검하시오.
(c) 지렛대점이 있는지 점검하시오.
(d) 이상점이 있는지 점검하시오.
(e) 영향점이 있는지 점검하시오.
(f) 설명변수들과 반응변수 간의 회귀식이 적합한지 점검하시오.

5.5 미국 대학수학능력시험인 SAT 관련 데이터셋 `sat`를 사용하시오. total SAT score를 반응변수로 하고 나머지 변수들을 설명변수로 하여 다중선형회귀모형을 적합하고 다음에 답하시오.

```
>library(faraway)
>data(sat)
>sat
```

(a) 가정에 대한 검토로 잔차를 이용하여 등분산성을 점검하시오.
(b) 가정에 대한 검토로 잔차를 이용하여 정규성을 점검하시오.
(c) 지렛대점이 있는지 점검하시오.
(d) 이상점이 있는지 점검하시오.
(e) 영향점이 있는지 점검하시오.
(f) 설명변수들과 반응변수 간의 회귀식이 적합한지 점검하시오.

5.6 〈표 4.5〉 데이터에 대해 선형회귀모형을 적합하고 회귀진단을 하시오.

5.7 〈표 4.6〉 데이터에 대해 선형회귀모형을 적합하고 회귀진단을 하시오.

5.8 〈표 4.8〉 데이터에 대해 선형회귀모형을 적합하고 회귀진단을 하시오.

+ + +

CHAPTER 06 모형 비교와 변수선택법

이 장에서는 설명변수들의 부분집합 중 반응변수와의 관계를 가장 잘 설명하는 부분집합을 선택하는 변수선택(variable selection)에 대해 설명하고자 한다. 불필요한 설명변수가 제거되면 간단하면서도 설명력이 높은 모형을 선택할 수 있게 된다. 설명변수들을 선별하는 단계에서 설명변수들 간의 관계에 대해 점검해 볼 필요가 있으므로 먼저 다중공선성 문제부터 다루어 본다.

6.1 다중공선성

설명변수 간에 연관성이 많으면 반응변수의 변화가 주요 설명변수보다 이 설명변수와 관련이 많은 다른 설명변수에 의존하게 되어 회귀모형 추정에 있어 문제가 발생한다. 그러므로 설명변수들의 다중공선성(multicollinearity) 등 설명변수늘 간의 관계를 명확히 이해하는 것은 다중회귀분석에 있어 꼭 필요한 과정이다.

6.1.1 다중공선성 문제

두 설명변수에 대해 상수항 c_0, c_1, c_2 이 존재해 다음의 선형식

$$c_1 X_1 + c_2 X_2 = c_0$$

이 성립하면 두 변수 간 완전한 공선성이 존재한다(collinear). 〈그림 6.1〉에서는 두 설명변수 X_1과 X_2의 완벽한 공선성을 보여 주며 이러한 경우 회귀모형에서 두 변수를 모두 포함한다면 추정에 문제가 발생하게 되어 공선성 문제를 야기한다. 〈그림 6.2〉(a)에서는 이상점이 공선성을 유도하는 경우로 이상점 때문에 두 변수 간의 관련성이 높아진다. 〈그림 6.2〉(b)는 이상점이 공선성을 숨기는 경우로 이상점을 제거하면 두 변수 간의 관련성이 높아진다.

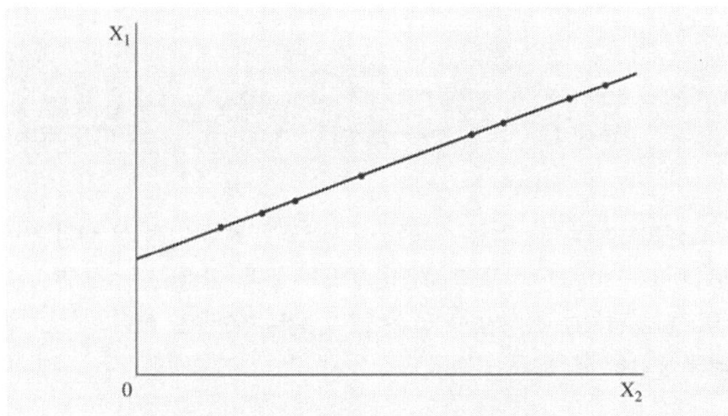

〈그림 6.1〉 두 변수 간 완벽한 공선성

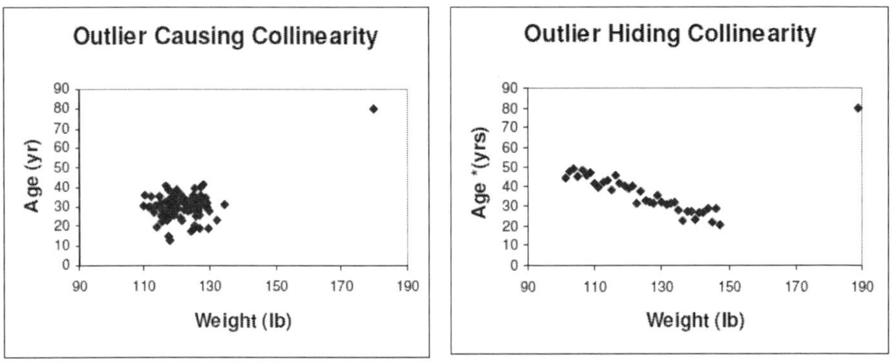

(a) 이상점이 공선성을 유도하는 경우　　　　(b) 이상점이 공선성을 숨기는 경우

〈그림 6.2〉 두 변수 간 공선성 존재 예

설명변수가 서로 독립이고 모형 설계시 고려되지 않은 다른 설명변수와 독립이라면 상관없지만 현실에서 설명변수가 완벽하게 독립인 경우는 거의 없다. 설명변수 중 한 개가 다른 설명변수들의 선형조합으로 표현된다면 $\boldsymbol{X}'\boldsymbol{X}$가 특이한(singular) 상황이 되며 다중공선성을 갖게 된다. 이러한 경우 $(\boldsymbol{X}'\boldsymbol{X})^{-1}$를 구할 수 없어 회귀계수벡터 β에 대한 최소제곱추정량을 구하는 데 문제가 발생한다.

예를 들어, 설명변수가 2개인 다중회귀모형

$$Y = \beta_0 + \beta_1 X_1 + \beta_2 X_2 + \epsilon \tag{6.1}$$

을 고려하자. r_{12}를 X_1과 X_2의 상관계수라 할 때,

$$Var(\hat{\beta}_j) = \sigma^2 \left(\frac{1}{1 - r_{12}^2} \right) \left(\frac{1}{S_{X_j X_j}} \right), \qquad j = 1, 2 \tag{6.2}$$

여기서 $S_{X_jX_j} = \sum_{l=1}^{n}(X_{jl} - \overline{X_j})^2$이다.

$Var(\widehat{\beta_1})$과 $Var(\widehat{\beta_2})$은 $r_{12}^2 = 0$일 때 최솟값을 가지며 $r_{12}^2 \approx 1$이면 $\widehat{\beta_1}$과 $\widehat{\beta_2}$의 분산은 크게 팽창되어(inflated) 회귀계수 추정값은 매우 불안정한 값이 된다. 다중공선성이 존재하는 경우 반응변수의 민감도는 설명변수의 위치에 따라 크게 좌우될 수 있으며 관측된 데이터에서 멀어지는 경우 예측값을 불안정하게 만드는 원인이 될 수 있다.

다중공선성이 판단되는 경우를 알아보자.

(i) 설명변수들 간의 상관행렬에서 절댓값이 큰 상관계수를 갖는 경우

(ii) j번째 설명변수를 반응변수 위치에 놓고 나머지 설명변수들로 회귀모형을 적합했을 때 결정계수 R_j^2이 1에 가까운 경우

(iii) $\boldsymbol{X}'\boldsymbol{X}$의 고유값을 구한 후 크기 순서대로 늘어놓아 가장 큰 고유값을 λ_1이라 놓는다. $\lambda_1 > \lambda_2 > \cdots > \lambda_{k+1}$을 만족하며 가장 작은 고유값 λ_{k+1}에 대해 조건수(condition number)는

$$\kappa = \sqrt{\frac{\lambda_1}{\lambda_{k+1}}} \tag{6.3}$$

이다. 만일 $\kappa \geq 30$이면 다중공선성이 있다고 판단한다.

6.1.2 분산팽창인수

설명변수를 k개 포함한 일반적인 다중회귀모형

$$Y = \beta_0 + \beta_1 X_1 + \cdots + \beta_k X_k + \epsilon \tag{6.4}$$

에서 회귀계수추정량의 분산은

$$Var(\widehat{\beta_j}) = \sigma^2\left(\frac{1}{1-R_j^2}\right)\left(\frac{1}{S_{X_jX_j}}\right), \quad j = 1, \cdots, k \tag{6.5}$$

로 표현된다. 여기서 R_j^2은 j번째 설명변수를 반응변수 위치에 놓고 나머지 설명변수들로 회귀모형 적합했을 때의 결정계수이다. 만약 j번째 설명변수가 나머지 변수들의 어떤 부분집합에 거의 선형종속이면 R_j^2은 1에 가깝게 되고 $\frac{1}{1-R_j^2}$은 커진다.

다음과 같이 정의되는 분산팽창인수(variance inflation factor)

$$VIF_j = \frac{1}{1-R_j^2}, \qquad j = 1,2,\cdots,k \tag{6.6}$$

는 다중공선성의 존재를 조사하는 방법으로 널리 쓰인다. 한 개 또는 그 이상의 VIF 값이 크면 다중공선성이 있음을 나타낸다. 일반적으로 $R_j^2 \geq 0.60$ 이상일 경우 다중공선성을 의심해보아야 한다. 즉 분산팽창인수 $VIF_j \geq 2.50$ 이상이면 다중공선성을 확인해야 한다.

R에서는 `library(car)` 와 `vif()` 함수를 이용하여 분산팽창인수를 구한다.

6.1.3 다중공선성이 존재하는 경우

다중공선성은 추정식과 예측값을 불안정하게 한다. 설명변수들 간의 상관관계로 인해 회귀계수에 대한 검정이 유의하지 않을 수 있으며 이러한 경우 추정식이 유의하지 않게 되며 따라서 예측값에 대해 신뢰할 수 없게 된다. 또한 설명변수의 위치에 따라 예측값이 크게 좌우될 수 있으며 관측된 데이터에서 멀어지는 경우 예측값을 불안정하게 만드는 원인이 될 수 있다.

다중공선성을 감안하는 방법은 다음과 같다.

(i) 상관성이 큰 설명변수를 제거한 후 분석한다.
(ii) 모든 설명변수를 포함시키고자 한다면 능형회귀(ridge regression) 등의 대안 모형을 모색한다.

6.2 모형 비교와 F-검정

설명변수 간 다중공선성이 존재하는 경우 설명변수를 제거하여 모형을 개선하고 다중공선성을 줄일 수 있다.

설명변수를 2개를 모두 포함한 완전모형

$$Y = \beta_0 + \beta_1 X_1 + \beta_2 X_2 + \epsilon \tag{6.7}$$

과 부분집합 모형으로 모형 (6.7)에서 X_2를 제거하여 설명변수가 1개인 경우의 축소모형

$$Y = \beta_0 + \beta_1 X_1 + \epsilon \tag{6.8}$$

을 고려해 보자. 편의상 $S_{X_1X_1} = S_{X_2X_2} = 1$로 가정한다. β_1에 대한 추정에서 모형 (6.7)이 사실일 경우

$$E[\widehat{\beta_1} \mid \text{full model}(6.7)] = \beta_1 \tag{6.9}$$
$$Var[\widehat{\beta_1} \mid \text{full model}(6.7)] = \frac{\sigma^2}{1 - r_{12}^2}$$

모형 (6.8)이 사실일 경우

$$E[\widehat{\beta_1} \mid \text{reduced model}(6.8)] = \beta_1 + r_{12}\beta_2 \tag{6.10}$$
$$Var[\widehat{\beta_1} \mid \text{reduced model}(6.8)] = \sigma^2$$

완전모형 (6.7)에서의 β_1 추정과 축소모형 (6.8)에서의 β_1 추정 사이에는

$$MSE(\widehat{\beta_1} \mid \text{reduced model}) = Var[\widehat{\beta_1} \mid \text{reduced model}] + bias^2 \tag{6.11}$$

여기서 $bias = \beta_1 - (\beta_1 + r_{12}\beta_2) = -r_{12}\beta_2$.

식 (6.9)와 식 (6.10)을 비교해 보면

$$Var[\widehat{\beta_1} \mid \text{full model}(6.7)] = \frac{\sigma^2}{1 - r_{12}^2} \geq \sigma^2 \tag{6.12}$$
$$= Var[\widehat{\beta_1} \mid \text{reduced model}(6.8)]$$

으로 축소모형에서의 회귀계수 추정량의 분산이 작음을 알 수 있다. 그러므로 공선성이 존재할 경우에는 축소모형을 선택하는 것이 좋다.

k 개의 설명변수가 있는 다중회귀모형에서 모형비교 문제를 고려해 보자. 완전모형은

$$\boldsymbol{Y} = \boldsymbol{X}\boldsymbol{\beta} + \boldsymbol{\epsilon} \tag{6.13}$$

여기서 $\boldsymbol{Y}_{(n\times 1)}$, $\boldsymbol{X}_{(n\times(k+1))}$, $\boldsymbol{\beta}_{((k+1)\times 1)}$, $\boldsymbol{\epsilon}_{(n\times 1)}$이다.

$\boldsymbol{X}$를 $\boldsymbol{X}_1$과 $\boldsymbol{X}_2$로 분할하고 마찬가지로 해당되는 회귀계수벡터 $\boldsymbol{\beta}$를 $\boldsymbol{\beta}_1$과 $\boldsymbol{\beta}_2$로 분할하여

$$\boldsymbol{Y} = \boldsymbol{X}_1\boldsymbol{\beta}_1 + \boldsymbol{X}_2\boldsymbol{\beta}_2 + \boldsymbol{\epsilon} \tag{6.14}$$

로 표현할 수 있다. 여기서 β_1은 $p\times 1$ 벡터이고 β_2는 $(k+1-p)\times 1 = q\times 1$ 벡터이며 일부의 설명변수 $\boldsymbol{X}_2$를 제거한 모형은 축소모형

$$\boldsymbol{Y} = \boldsymbol{X}_1 \beta_1 + \epsilon \tag{6.15}$$

으로 표현한다. 모형 (6.13)과 (6.14)는 $\beta_2 = \mathbf{0}$일 경우 동일한 모형이 된다.

축소모형에서의 β_1에 대한 추정은

$$\widehat{\beta_1} = (\boldsymbol{X}_1{}'\boldsymbol{X}_1)^{-1}\boldsymbol{X}_1{}'\boldsymbol{Y} \tag{6.16}$$

이 된다.

두 모형에 대한 비교를 위해 다음의 통계적 가설

$$H_0:\ \boldsymbol{Y} = \boldsymbol{X}_1\beta_1 + \epsilon \ \text{ 대해 } \ H_1:\ \boldsymbol{Y} = \boldsymbol{X}_1\beta_1 + \boldsymbol{X}_2\beta_2 + \epsilon \tag{6.17}$$

에 대해 F-검정을 할 수 있다. RSS_{H_0}는 H_0 하에서의 잔차제곱합이며 자유도 df_{H_0}를 갖는다. RSS_{H_1}는 H_1 하에서의 잔차제곱합이며 자유도 df_{H_1}를 갖는다. 대립가설하에서 모수의 개수가 더 많으므로 $df_{H_0} > df_{H_1}$이다. (6.17)에 대한 F-검정 통계량은

$$F = \frac{(RSS_{H_0} - RSS_{H_1})/(df_{H_0} - df_{H_1})}{RSS_{H_1}/df_{H_1}} \tag{6.18}$$

이며 F-통계량이 클수록 귀무가설을 기각한다. 그러므로 유의수준 α에서 검정법은

$$\text{만일 } F \ge F_{df_{H_0}-df_{H_1},\, df_{H_1}}(\alpha)\text{이면 } H_0\text{를 기각한다.} \tag{6.19}$$

6.3 변수선택

회귀모형에서 설명변수를 제거하여 다중공선성을 줄여 모형을 개선할 수 있다. 특히 다중공선성을 발생시키는 설명변수를 제거하면 모수추정에 대한 정확도를 높일 수 있다. 모수절약의 원칙을 적용하여 최소의 설명변수들로 반응변수와 관련성을 최대한 설명할 수 있는 모형을 만들기 위해 설명변수들을 선택하는 문제를 다루고자 한다.

6.3.1 단계별 변수선택법

유의한 설명변수를 삽입하거나 유의하지 않은 설명변수들을 제거함으로써 유의한 설명변수만으로 회귀모형을 설정하는 방법으로 단계별 변수선택 접근이 많이 쓰이고 있다. 단계별 변수선택은 전진적 선택(forward selection), 후진적 선택(backward selection)과 단계별 선택(stepwise selection) 과정을 반복하며 최적의 설명변수들의 부분집합을 찾는 방법이다.

설명변수들 중 반응변수와 상관관계가 가장 크고 설명력이 유의한 설명변수를 먼저 택한다. 이미 선택된 설명변수를 제외한 나머지 설명변수를 하나씩 삽입하여 유의한 설명변수를 선택한다. 새로 선택된 설명변수가 먼저 선택되었다고 가정하고, 이미 삽입되어 있던 설명변수의 유의성에 대한 F-검정을 한다. 이때 유의하지 않은 설명변수는 제외된다. 이와 같은 과정을 반복하면서 추가된 모형이 전 단계의 모형보다 유의하지 않으면 선택과정을 멈추고 최종모형으로 결정한다.

단계별 변수선택방법으로 결정된 모형은 모형선택을 위한 다른 기준으로 점검해볼 때 최적모형이 아닐 수 있다. 단계별 변수선택방법에서 설명변수들의 순서가 정해지는 방법은 데이터 기반 통계량에 의한 방법이며 실질적인 관계를 가지는 변수가 제외될 수도 있다.

R에서는 `library(MASS)`와 `stepAIC()` 함수를 이용해 단계별 변수선택을 할 수 있다.

6.3.2 가능한 경우들 중 선택

최적모형을 선택하기 위한 모형의 선택기준으로 다음의 측도들을 이용하여 적절한 모형을 선택할 수 있다.

완전모형에 대한 결정계수 R^2은 0과 1 사이의 값을 가지며, 1에 가까운 값을 가질수록 모형의 설명력이 높다. 결정계수는 모형에 중요하지 않은 독립변수가 추가되는 경우에도 증가한다. 이러한 문제를 해결하기 위한 통계량으로 수정된 결정계수 R^2_{adj}가 있다. p개 모수가 있을 경우(완전모형에 k개 설명변수인 경우: $p=k+1$)

$$R^2_{adj} = 1-(1-R^2_p)\left(\frac{n-1}{n-p}\right) \tag{6.20}$$

이다. 여기서 R^2_p은 절편을 포함하여 p개의 설명변수가 회귀식을 구한 후의 결정계수이다.

C_p 통계량은 p개의 설명변수가 있을 경우, 즉 $(p+1)$개 회귀계수가 있을 경우, 각 회귀모형 부분집합에서 n개 적합값 $\widehat{Y}_i$의 총평균제곱오차에 기반한 측도로

$$C_p = \frac{SSE_p}{MSE_{full}} + 2p - n = \frac{SSE_p - SSE_{k+1}}{MSE_{full}} + p - (k+1-p) \qquad (6.21)$$
$$= (k+1-p)(F_p - 1) + p, \qquad p = 1, 2, \cdots, k+1$$

으로 정의된다. $E(SSE_p) = (n-p)\sigma^2$ 임을 이용한다. 여기서 MSE_{full}은 완전모형의 평균오차제곱, SSE_p는 절편을 포함하여 p개의 설명변수를 포함하는 부분집합모형의 오차제곱합이며 F_p는 부분집합에 포함되지 않은 설명변수들의 회귀계수가 0이라는 귀무가설에 대한 F-검정통계량이다. 기댓값을 구하면

$$E(C_p) = p. \qquad (6.22)$$

k개 설명변수들 중 a개를 선택하고 $(p = a+1)$ 나머지 q개의 설명변수에 대해 $\beta_q = 0$가 성립한다면 C_p는 p에 가까운 값을 갖게 된다. 이러한 경우 F_p 값이 1에 가까워지는 경우이기도 하다. 그러므로 변수선택법으로는 C_p 값이 p에 가까운 p를 찾는 것이며 일반적으로 모든 가능한 회귀모형에서 C_p를 계산하여 찾을 수 있다.

R에서는 `leaps()` 함수에서 `method="Cp"` 옵션을 이용해 C_p 값을 구할 수 있다.

6.4 R 활용 모형 비교 및 변수선택

예제 6.1

[예제 5.1]에서 다룬 데이터에 대해 모형비교와 변수선택 문제를 고려해 보자.

[프로그램 6.1]은 두 모형 비교를 위한 프로그램이며, [결과 6.1]에서는 F-검정 결과를 보여 준다. [프로그램 6.2]는 단계별 회귀모형을 위한 프로그램이며, 단계별 회귀모형 적합 후 최종 모형을 제공한다. [프로그램 6.3]은 모든 가능한 회귀모형적합을 위한 프로그램으로 가능한 회귀모형에 대해 C_p 정보를 주어 각 변수에 대해 최종 모형에 포함 여부를 출력한다.

〈그림 6.3〉은 각 모형에 대한 R^2 값을 보여 주며 〈그림 6.4〉는 각 모형에 대한 C_p 값을 한 그래프에서 보여 주어 모형 비교가 편리하다. 〈그림 6.5〉는 변수 부분집합별 R^2 값을 보여 준다.

[프로그램 6.1] 모형 비교

```
data(longley) ;  attach(longley)
y<- longley$GNP
```

```
x1<-longley$Unemployed ; x2=longley$Population ; x3=longley$Armed.Forces
mydata<-data.frame(y, x1,x2,x3)
fit <- lm(y ~ x1 + x2 + x3, data=mydata)
summary(fit)    # show results

# For a more comprehensive evaluation of model fit see regression diagnostics.
fit1 <- lm(y ~ x1 + x2 + x3 , data=mydata)
fit2 <- lm(y ~ x1 + x2)
anova(fit1, fit2)
```

[결과 6.1] 모형 비교 결과

```
> anova(fit1, fit2)
Analysis of Variance Table
Model 1: y ~ x1 + x2 + x3
Model 2: y ~ x1 + x2
  Res.Df  RSS Df Sum of Sq    F Pr(>F)
1     12  843
2     13 1002 -1      -159 2.26   0.16
```

[프로그램 6.2] 단계별 회귀

```
# Stepwise Regression
 library(MASS)
fit <- lm(y~x1+x2+x3,data=mydata)
step <- stepAIC(fit, direction="both")
step$anova # display results
```

[결과 6.2] 단계별 회귀 결과

```
> step <- stepAIC(fit, direction="both")
Start:  AIC=71.4
y ~ x1 + x2 + x3
       Df Sum of Sq   RSS   AIC
<none>               843  71.4
- x3    1       159  1002  72.2
- x1    1       543  1387  77.4
- x2    1     46338 47181 133.8
> step$anova # display results
Stepwise Model Path
Analysis of Deviance Table
Initial Model:
y ~ x1 + x2 + x3
Final Model:
y ~ x1 + x2 + x3
  Step Df Deviance Resid. Df Resid. Dev  AIC
1                         12        843 71.4
```

[프로그램 6.3] 모든 가능한 회귀

```
# All Subsets Regression
 library(leaps)
ls<-regsubsets(y~x1+x2+x3, data=mydata, nbest=7)
summary(ls)  # view results
    # plot a table of models showing variables in each model.
    # models are ordered by the selection statistic.
x<-cbind(x1,x2,x3)
lp<-leaps(x,y, method="Cp")          #leaps() 사용
lp                                   # 모형별 Cp values

 library(car)
subsets(ls, statistic="rsq")         # 그림 6.3
subsets(ls, statistic="cp")          # click to view  그림 6.4
plot(ls, scale="r2")                 # plot statistic by subset size  그림 6.5
```

[결과 6.3] (1) 모든 가능한 회귀 결과

```
> summary(ls)  # view results
Subset selection object
Call: regsubsets.formula(y ~ x1 + x2 + x3, data = mydata, nbest = 7)
3 Variables  (and intercept)
   Forced in Forced out
x1     FALSE      FALSE
x2     FALSE      FALSE
x3     FALSE      FALSE
7 subsets of each size up to 3
Selection Algorithm: exhaustive
         x1  x2  x3
1  ( 1 ) " " "*" " "
1  ( 2 ) "*" " " " "
1  ( 3 ) " " " " "*"
2  ( 1 ) "*" "*" " "
2  ( 2 ) " " "*" "*"
2  ( 3 ) "*" " " "*"
3  ( 1 ) "*" "*" "*"
```

[결과 6.3] (2) 모형별 C_p 값

```
> lp
$which
      1     2     3
1 FALSE  TRUE FALSE
1  TRUE FALSE FALSE
1 FALSE FALSE  TRUE
2  TRUE  TRUE FALSE
2 FALSE  TRUE  TRUE
2  TRUE FALSE  TRUE
3  TRUE  TRUE  TRUE
$label
```

```
[1] "(Intercept)" "1"            "2"            "3"
$size
[1] 2 2 2 3 3 3 4
$Cp
[1]   25.404685 1326.581158 1676.213846    4.262613    9.727722  661.291610    4.0000
```

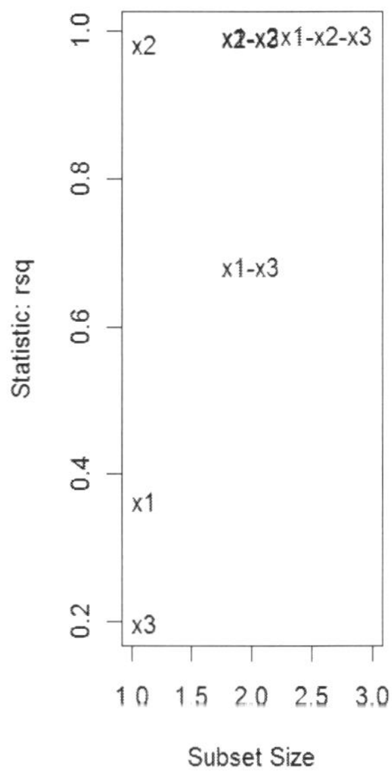

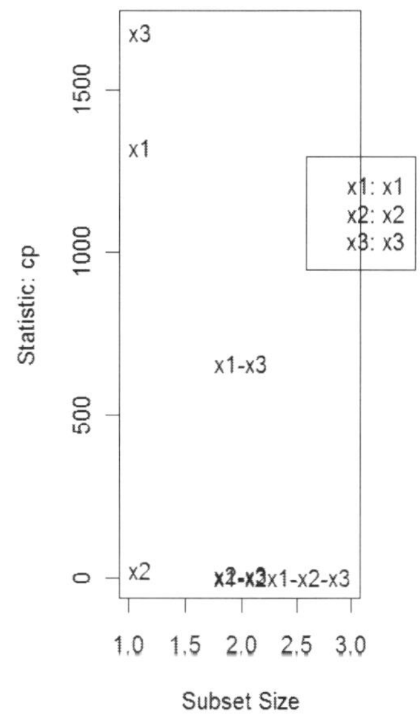

〈그림 6.3〉 부분집합별 R^2 통계량 그림 〈그림 6.4〉 부분집합별 C_p 통계량 그림

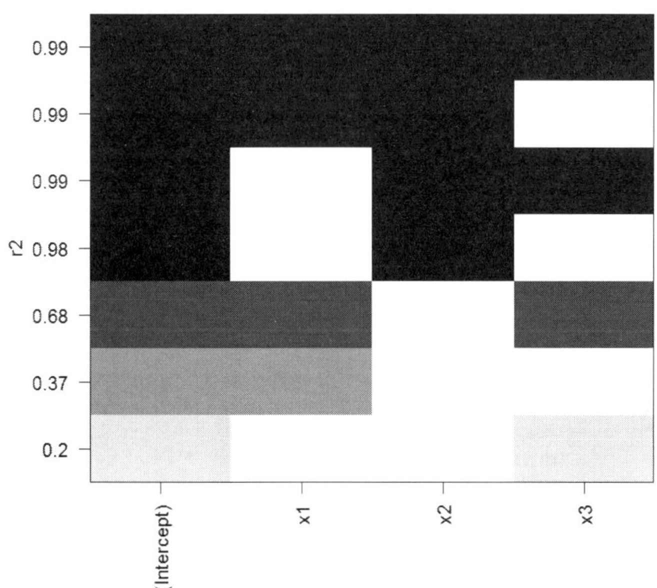

〈그림 6.5〉 변수별 R^2 통계량 그림

6.5 설명변수들에 대한 유의성 검정

6.5.1 모든 설명변수들에 대한 검정

Y는 일변량 반응변수인 다음의 선형회귀모형

$$Y = \beta_0 + \beta_1 X_1 + \cdots + \beta_k X_k + \epsilon \tag{6.23}$$

을 고려한다. 즉 $\boldsymbol{Y} = \boldsymbol{X}\boldsymbol{\beta} + \boldsymbol{\epsilon}$ 모형에서 $\boldsymbol{X}$는 $n \times (k+1)$ 완전계수(full rank)를 가정한다. 이 모형은 설명변수를 모두 포함한 완전모형이다.

설명변수가 모두 유의하지 않는 모형으로 축소모형(reduced model)은

$$Y = \beta_0 + \epsilon \tag{6.24}$$

이다. 이러한 모형을 표현하는 귀무가설과 대립가설은

$$H_0 : \beta_1 = \cdots = \beta_k = 0 \quad \text{대해} \quad H_1 : not\, H_0 \tag{6.25}$$

으로 쓸 수 있다. RSS_{model}는 해당 모형적합 후 잔차제곱합을 나타낸다.

F-검정통계량은

$$F = \frac{(RSS_{H_0} - RSS_{H_1})/(df_{H_0} - df_{H_1})}{RSS_{H_1}/df_{H_1}} \tag{6.26}$$

이며 F-통계량이 클수록 귀무가설을 기각한다. 그러므로 유의수준 α에서 검정법은

$$\text{만일 } F \geq F_{df_{H_0} - df_{H_1},\, df_{H_1}}(\alpha) \text{ 이면 } H_0\text{를 기각한다.} \tag{6.27}$$

대립가설에서의 모형이 설명변수를 모두 포함한 모형이라면 분산분석표는 표 6.1에서 보여 준다.

〈표 6.1〉 다중회귀모형 분산분석표(설명변수가 k개인 경우)

요인 (source)	자유도 (df)	제곱합 (SS)	평균제곱합 (MS)	F-통계량	기각값
모형(model)	k	SSR	$MSR = \frac{SSR}{k}$	$F = \frac{MSR}{MSE}$	$F_{k,n-k-1}(\alpha)$
오차(error)	$df_{H_1} = n-k-1$	RSS_{H_1}	$MSE = \frac{RSS_{H_0}}{n-k-1}$		
총합(Total)	$df_{H_0} = n-1$	RSS_{H_0}			

6.5.2 한 개 설명변수에 대한 검정

설명변수 X_l에 대한 유의성 검정을 하고자 한다. 즉 설명변수 한 개가 유의하지 않는 모형으로 축소모형은

$$Y = \beta_0 + \beta_1 X_1 + \cdots + \beta_{l-1} X_{kl-1} + \beta_{l+1} X_{l+1} + \cdots + \beta_k X_k + \epsilon$$

이다. 이러한 모형을 표현하는 귀무가설과 대립가설은

$$H_0 : \beta_l = 0 \quad \text{대해} \quad H_1 : \beta_l \neq 0 \tag{6.28}$$

으로 쓸 수 있다.

t-검정통계량

$$t = \frac{\hat{\beta}_l}{se(\hat{\beta}_l)} \tag{6.29}$$

은 귀무가설하에서 $t_{MSe\text{자유도}}$분포를 따른다. 여기서 MSe자유도는 β_l 을 포함하여 적합한 모형에서의 오차자유도이다. 완전모형을 고려한 경우 MSe자유도 $=$ $n-k-1$이다. 그러므로 유의수준 α에서 검정법은

$$\text{만일 } |t| \geq t_{n-k-1}(\alpha) \text{ 이면 } H_0\text{를 기각한다.} \tag{6.30}$$

마찬가지로 F-검정을 할 수 있다. F-검정통계량

$$F = t^2 = \left(\frac{\hat{\beta}_l}{se(\hat{\beta}_l)} \right)^2$$

은 귀무가설하에서 $F_{1,n-k-1}$ 분포를 따른다. 그러므로 유의수준 α에서 검정법은

$$\text{만일 } F \geq F_{1,n-k-1}(\alpha) \text{ 이면 } H_0\text{를 기각한다.} \tag{6.31}$$

또한 모형비교 측면에서 계산하면 $df_{H_0} - df_{H_1} = 1$ 이므로 F-검정통계량은

$$F = \frac{(RSS_{H_0} - RSS_{H_1})/(df_{H_0} - df_{H_1})}{RSS_{H_1}/df_{H_1}} \equiv \frac{(RSS_{H_0} - RSS_{H_1})}{RSS_{H_1}/df_{H_1}} \tag{6.32}$$

이다. 그러므로 유의수준 α에서 검정법은

$$만일\ F \geq F_{1, df_{H_1} = n-k-1}(\alpha) 이면\ H_0를\ 기각한다. \tag{6.33}$$

이번에는 회귀계수가 특정한 값을 갖는지에 대한 유의성 검정을 하고자 한다. 관심 가설은

$$H_0 : \beta_l = c \quad 대해 \quad H_1 : \beta_l \neq c \tag{6.34}$$

이다. 여기서 c는 특정한 상수값이다.

t-검정통계량

$$t = \frac{\hat{\beta}_l - c}{se(\hat{\beta}_l)} \tag{6.35}$$

은 귀무가설하에서 t_{n-k-1} 분포를 따른다. 그러므로 유의수준 α에서 검정법은

$$만일\ |t| \geq t_{n-k-1}(\alpha)\ 이면\ H_0를\ 기각한다. \tag{6.36}$$

마찬가지로 F-검정통계량

$$F = t^2 = \frac{(\hat{\beta}_l - c)^2}{se^2(\hat{\beta}_l)} \tag{6.37}$$

은 귀무가설하에서 $F_{1, n-k-1}$ 분포를 따른다. 그러므로 유의수준 α에서 검정법은

$$만일\ F \geq F_{1, n-k-1}(\alpha) 이면\ H_0를\ 기각한다. \tag{6.38}$$

6.5.3 두 개 설명변수에 대한 검정

Y는 일변량 반응변수인 다음의 선형회귀모형

$$Y = \beta_0 + \beta_1 X_1 + \cdots + \beta_k X_k + \epsilon$$

을 고려한다. 즉 $\boldsymbol{Y} = \boldsymbol{X}\boldsymbol{\beta} + \boldsymbol{\epsilon}$ 모형에서 $\boldsymbol{X}$는 $n \times (k+1)$ 완전 계수(full rank)를 가정한다. 설명변수 X_j와 X_l에 대한 유의성 검정을 하고자 한다. 즉 축소모형은 설명변수 두 개가 유의하지 않는 모형이다. 이러한 모형을 표현하는 귀무가설과 대립가설은

$$H_0 : \beta_j = \beta_l = 0 \quad 대해 \quad H_1 : not\, H_0 \tag{6.39}$$

으로 쓸 수 있다.

모형비교 측면에서 계산하면 $df_{H_0} - df_{H_1} = 2$이므로 F-검정통계량은

$$F = \frac{(RSS_{H_0} - RSS_{H_1})/(df_{H_0} - df_{H_1})}{RSS_{H_1}/df_{H_1}} \equiv \frac{(RSS_{H_0} - RSS_{H_1})/2}{RSS_{H_1}/df_{H_1}} \tag{6.40}$$

이다. 그러므로 유의수준 α에서 검정법은

$$\text{만일 } F \geq F_{2, df_{H_1} = n-k-1}(\alpha) \text{ 이면 } H_0\text{를 기각한다.} \tag{6.41}$$

〈표 6.2〉 $H_0 : \beta_j = \beta_l = 0$ **모형비교위한 잔차제곱합표**(설명변수가 k개인 경우)

모형	자유도 (df)	제곱합 (SS)	F-통계량	기각값
H_1 모형 오차	$df_{H_1} = n-k-1$	RSS_{H_1}	$F = \frac{(RSS_{H_0} - RSS_{H_1})/2}{RSS_{H_1}/df_{H_1}}$	$F_{2, df_{H_1}}(\alpha)$
H_0 모형(축소모형) 오차	$df_{H_0} = n-k-3$	RSS_{H_0}		

6.5.4 설명변수 부분공간에 대한 검정

Y는 일변량 반응변수인 다음의 선형회귀모형

$$Y = \beta_0 + \beta_1 X_1 + \cdots + \beta_k X_k + \epsilon$$

을 고려한다. 즉 $\boldsymbol{Y} = \boldsymbol{X\beta} + \epsilon$ 모형에서 $\boldsymbol{X}$는 $n \times (k+1)$ 완전 계수(full rank)를 가정한다. 두 개 설명변수 X_j와 X_l가 동일한 회귀계수를 가질 수 있는 경우 귀무가설하에서 설명변수 공간이 한 차원 축소된다. 관심 모형을 표현하는 귀무가설과 대립가설은

$$H_0 : \beta_j = \beta_l \quad \text{대해} \quad H_1 : not\, H_0 \tag{6.42}$$

으로 쓸 수 있다. 즉 귀무가설하에서는 다음과 같은 축소모형

$$Y = \beta_0 + \beta_1 X_1 + \cdots + \beta_l (X_j + X_l) + \cdots + \beta_k X_k + \epsilon \tag{6.43}$$

을 고려할 수 있다.

모형비교 측면에서 계산하면 $df_{H_0} - df_{H_1} = 1$이므로 F-검정통계량은

$$F = \frac{(RSS_{H_0} - RSS_{H_1})/(df_{H_0} - df_{H_1})}{RSS_{H_1}/df_{H_1}} \equiv \frac{(RSS_{H_0} - RSS_{H_1})}{RSS_{H_1}/df_{H_1}} \tag{6.44}$$

이다. 그러므로 유의수준 α에서 검정법은

$$\text{만일 } F \geq F_{1, df_{H_1} = n-k-1}(\alpha) \text{ 이면 } H_0\text{를 기각한다.} \tag{6.45}$$

6.5.5 설명변수 부분집합에 대한 검정

Y는 일변량 반응변수인 다음의 선형회귀모형

$$Y = \beta_0 + \beta_1 X_1 + \cdots + \beta_k X_k + \epsilon$$

을 고려한다. 즉 $\boldsymbol{Y} = \boldsymbol{X}\beta + \epsilon$ 모형에서 $\boldsymbol{X}$는 $n \times (k+1)$ 완전 계수(full rank)를 가정한다. 설명변수들의 부분집합에 대해 유의성 검정을 하고자 한다. 예를 들어 관심 있는 귀무가설과 대립가설은

$$H_0 : \beta_j = \beta_l = 0 \quad \text{대해} \quad H_1 : not\, H_0 \tag{6.46}$$

으로 쓸 수 있다.

모형비교 측면에서 계산하면 $df_{H_0} - df_{H_1} = 2$이므로 F-검정통계량은

$$F = \frac{(RSS_{H_0} - RSS_{H_1})/(df_{H_0} - df_{H_1})}{RSS_{H_1}/df_{H_1}} = \frac{(RSS_{H_0} - RSS_{H_1})/2}{RSS_{H_1}/df_{H_1}} \tag{6.47}$$

이다. 그러므로 유의수준 α에서 검정법은

$$\text{만일 } F \geq F_{2, df_{H_1} = n-k-1}(\alpha) \text{ 이면 } H_0\text{를 기각한다.} \tag{6.48}$$

예제 6.2

각 국가에 대한 다음의 변수에 대한 조사 데이터를 〈표 6.3〉에서 보여준다.

```
sr = aggregated personal savings divided by disposable income
pop15 = percentage of population under 15
pop75 = percentage of population over 75
dpi = per capita disposable income
ddpi = percentage rate of change per capita disposable income
```

유의수준 $\alpha = 0.05$에서 회귀계수에 대한 다음의 검정을 하고자 한다. anova() 함수를

이용하면 두 모형비교를 위한 F-검정을 할 수 있다. offset() 함수를 사용하면 회귀식에서 고정항으로 포함할 수 있다.

(1) $H_0 : \beta_{pop15} = \beta_{pop75} = \beta_{dpi} = \beta_{ddpi} = 0$ 대해 $H_1 : not\, H_0$

(2) $H_0 : \beta_{dpi} = 0$ 대해 $H_1 : \beta_{dpi} \neq 0$

(3) $H_0 : \beta_{ddpi} = 0.3$ 대해 $H_1 : \beta_{ddpi} \neq 0.3$

(4) $H_0 : \beta_{pop15} = \beta_{pop75}$ 대해 $H_1 : \beta_{pop15} \neq \beta_{pop75}$

(5) $H_0 : \beta_{pop75} = \beta_{dpi} = 0$ 대해 $H_1 : not\ H_0$

〈표 6.3〉 savings 데이터

country	sr	pop15	pop75	dpi	ddpi
Australia	11.43	29.35	2.87	2329.68	2.87
Austria	12.07	23.32	4.41	1507.99	3.93
Belgium	13.17	23.8	4.43	2108.47	3.82
Bolivia	5.75	41.89	1.67	189.13	0.22
Brazil	12.88	42.19	0.83	728.47	4.56
Canada	8.79	31.72	2.85	2982.88	2.43
Chile	0.6	39.74	1.34	662.86	2.67
China	11.9	44.75	0.67	289.52	6.51
Colombia	4.98	46.64	1.06	276.65	3.08
CostaRica	10.78	47.64	1.14	471.24	2.8
Denmark	16.85	24.42	3.93	2496.53	3.99
Ecuador	3.59	46.31	1.19	287.77	2.19
Finland	11.24	27.84	2.37	1681.25	4.32
France	12.64	25.06	4.7	2213.82	4.52
Germany	12.55	23.31	3.35	2457.12	3.44
Greece	10.67	25.62	3.1	870.85	6.28
Guatamala	3.01	46.05	0.87	289.71	1.48
Honduras	7.7	47.32	0.58	232.44	3.19
Iceland	1.27	34.03	3.08	1900.1	1.12
India	9	41.31	0.96	88.94	1.54
Ireland	11.34	31.16	4.19	1139.95	2.99
Italy	14.28	24.52	3.48	1390	3.54
Japan	21.1	27.01	1.91	1257.28	8.21
Korea	3.98	41.74	0.91	207.68	5.81
Luxembourg	10.35	21.8	3.73	2449.39	1.57
Malta	15.48	32.54	2.47	601.05	8.12
Norway	10.25	25.95	3.67	2231.03	3.62
Netherlands	14.65	24.71	3.25	1740.7	7.66

〈표 6.3〉 savings 데이터(계속)

country	sr	pop15	pop75	dpi	ddpi
NewZealand	10.67	32.61	3.17	1487.52	1.76
Nicaragua	7.3	45.04	1.21	325.54	2.48
Panama	4.44	43.56	1.2	568.56	3.61
Paraguay	2.02	41.18	1.05	220.56	1.03
Peru	12.7	44.19	1.28	400.06	0.67
Philippines	12.78	46.26	1.12	152.01	2
Portugal	12.49	28.96	2.85	579.51	7.48
SouthAfrica	11.14	31.94	2.28	651.11	2.19
SouthRhodeisa	13.3	31.92	1.52	250.96	2
Spain	11.77	27.74	2.87	768.79	4.35
Sweden	6.86	21.44	4.54	3299.49	3.01
Switzerland	14.13	23.49	3.73	2630.96	2.7
Turkey	5.13	43.42	1.08	389.66	2.96
Tunisia	2.81	46.12	1.21	249.87	1.13
UnitedKingdom	7.81	23.27	4.46	1813.93	2.01
United States	7.56	29.81	3.43	4001.89	2.45
Venezuela	9.22	46.4	0.9	813.39	0.53
Zambia	18.56	45.25	0.56	138.33	5.14
Jamaica	7.72	41.12	1.73	380.47	10.23
Uruguay	9.24	28.13	2.72	766.54	1.88
Libya	8.89	43.69	2.07	123.58	16.71
Malaysia	4.71	47.2	0.66	242.69	5.08

[프로그램 6.4] savings 데이터에 대한 선형회귀모형 비교

```
library(faraway)
data(savings)
attach(savings)
head(savings)

fit<-lm(sr~pop15+pop75+dpi+ddpi)
summary(fit)
coef(fit)

tstat<- (0.4097 - 0.3)/0.197 ; tstat ;   fit$df.residual
p.val<- 2*pt(tstat, df=fit$df.residual, lower.tail=F)   # p-value
p.val

fit0<-lm(sr~pop15+pop75+ddpi ) # beta_dpi =0
 summary(fit0)
anova(fit0, fit)
```

```
fit1<-lm(sr~pop15+pop75+dpi+offset(0.3*ddpi) ) # beta_ddpi =0.3
 summary(fit1)
anova(fit1, fit)

fit2<-lm(sr~I(pop15+pop75)+dpi+ddpi)  # beta_pop15 = beta_pop75
summary(fit2)
anova(fit2, fit)
```

[결과 6.4] (1) savings 데이터에 대한 선형회귀모형 비교

```
> fit<-lm(sr~pop15+pop75+dpi+ddpi)
> summary(fit)
Residuals:
    Min      1Q  Median      3Q     Max
-8.2422 -2.6857 -0.2488  2.4280  9.7509
Coefficients:
              Estimate  Std. Error   t value   Pr(>|t|)
(Intercept) 28.5660865   7.3545161     3.884   0.000334 ***
pop15       -0.4611931   0.1446422    -3.189   0.002603 **
pop75       -1.6914977   1.0835989    -1.561   0.125530
dpi         -0.0003369   0.0009311    -0.362   0.719173
ddpi         0.4096949   0.1961971     2.088   0.042471 *
Residual standard error: 3.803 on 45 degrees of freedom
Multiple R-squared:  0.3385,    Adjusted R-squared:  0.2797
F-statistic: 5.756 on 4 and 45 DF,  p-value: 0.0007904
```

(1) $H_0 : \beta_{pop15} = \beta_{pop75} = \beta_{dpi} = \beta_{ddpi} = 0$ 대해 $H_1 : not\, H_0$

검정통계량 $F = 5.764$, $p-$값 $= 0.0007904 < \alpha = 0.05$이므로 귀무가설을 기각한다.

[결과 6.4] (2) saving 데이터에 대한 회귀계수에 대한 검정

```
> anova(fit0, fit)
Analysis of Variance Table
Model 1: sr ~ pop15 + pop75 + ddpi
Model 2: sr ~ pop15 + pop75 + dpi + ddpi
  Res.Df    RSS Df Sum of Sq      F Pr(>F)
1     46 652.61
2     45 650.71  1    1.8932 0.1309 0.719
```

(2) $H_0 : \beta_{dpi} = 0$ 대해 $H_1 : \beta_{dpi} \neq 0$

검정통계량 $t = -0.362$, $p-$값 $= 0.719173 > \alpha = 0.05$이므로 귀무가설을 기각하지 못한다.

또한 [프로그램 6.4]에서 fit0 객체를 이용하여 [결과 6.4](2)를 보면 비교하고자 하는 두 개 모형에 대한 anova로 검정통계량 $F = 0.1309$, $p-$값 $= 0.719 > \alpha = 0.05$이므로

귀무가설을 기각하지 못한다. 즉 유의수준 $\alpha = 0.05$ 에서 dpi 변수는 유의하지 않다.

[결과 6.4] (3) saving 데이터에 대한 선형회귀모형 비교

```
> tstat<- (0.4097 - 0.3)/0.197 ; tstat
[1] 0.5568528
> fit$df.residual
[1] 45
> p.val<- 2*pt(tstat, df=fit$df.residual, lower.tail=F)   # p-value
> p.val
[1] 0.5803871

> anova(fit1, fit)
Analysis of Variance Table
Model 1: sr ~ pop15 + pop75 + dpi + offset(0.3 * ddpi)
Model 2: sr ~ pop15 + pop75 + dpi + ddpi
  Res.Df    RSS Df Sum of Sq      F Pr(>F)
1     46 655.23
2     45 650.71  1    4.5203 0.3126 0.5789
```

(3) $H_0 : \beta_{ddpi} = 0.3$ 　대해　$H_1 : \beta_{ddpi} \neq 0.3$

검정통계량

$$t = \frac{0.4097 - 0.3}{0.196} = 0.557$$

$p-$값 $= 0.580 > \alpha = 0.05$ 이므로 귀무가설을 기각하지 못한다. 즉 $\beta_{ddpi} = 0.3$ 이라 할 수 있다. [프로그램 6.4]에서 fit1 객체를 이용하여 [결과 6.4](3)을 보면 비교하고자 하는 두 개 모형에 대한 분산분석(anova)으로 검정통계량 $F = 0.3126$, $p-$값 $= 0.5789 > \alpha = 0.05$ 이므로 귀무가설을 기각하지 못한다.

[결과 6.4] (4) savings 데이터에 대한 선형회귀모형 비교

```
> fit2<-lm(sr~I(pop15+pop75)+dpi+ddpi)  # beta_pop15 = beta_pop75
> summary(fit2)
Residuals:
   Min     1Q Median     3Q    Max
-7.787 -2.767 -0.125  1.744 10.342
Coefficients:
                  Estimate  Std. Error   t value   Pr(>|t|)
(Intercept)     21.6093051   4.8833633     4.425   5.87e-05 ***
I(pop15 + pop75) -0.3336331  0.1038679    -3.212    0.00241 **
dpi             -0.0008451   0.0008444    -1.001    0.32212
ddpi             0.3909649   0.1968714     1.986    0.05302 .
Residual standard error: 3.827 on 46 degrees of freedom
```

```
Multiple R-squared:  0.3152,    Adjusted R-squared:  0.2705
F-statistic: 7.056 on 3 and 46 DF,  p-value: 0.0005328

> anova(fit2, fit)
Analysis of Variance Table
Model 1: sr ~ I(pop15 + pop75) + dpi + ddpi
Model 2: sr ~ pop15 + pop75 + dpi + ddpi
  Res.Df    RSS Df Sum of Sq      F Pr(>F)
1     46 673.63
2     45 650.71  1    22.915 1.5847 0.2146
```

(4) $H_0 : \beta_{pop15} = \beta_{pop75}$ 대해 $H_1 : \beta_{pop15} \neq \beta_{pop75}$

[프로그램 6.4]에서 fit2 객체를 이용하여 [결과 6.4](4)를 보면 된다. 비교하고자 하는 두 개 모형에 대한 분산분석(anova)으로 검정통계량 $F = 1.5847$, $p-$값 $= 0.2146 > \alpha = 0.05$ 이므로 귀무가설을 기각하지 못한다. 즉, pop15와 pop75 변수에 대한 회귀계수는 같다고 할 수 있다.

[프로그램 6.5] savings 데이터에 대한 선형회귀모형 비교(설명변수 개수 다른 모형)

```
fit<-lm(sr~pop15+pop75+dpi+ddpi) # full model
fit3<-lm(sr~pop15+ddpi)          # reduced model # beta_pop75 = beta_dpi =0
summary(fit3)
anova(fit3, fit)
```

[결과 6.5] savings 데이터에 대한 선형회귀모형 비교(설명변수 개수 다른 모형)

```
> fit3<-lm(sr~pop15+ddpi)
> summary(fit3)
Residuals:
    Min      1Q  Median      3Q     Max
-7.5831 -2.8632  0.0453  2.2273 10.4753
Coefficients:
              Estimate  Std. Error  t value  Pr(>|t|)
(Intercept)   15.59958     2.33439    6.682  2.48e-08 ***
pop15         -0.21638     0.06033   -3.586  0.000796 ***
ddpi           0.44283     0.19240    2.302  0.025837 *
---
Residual standard error: 3.861 on 47 degrees of freedom
Multiple R-squared:  0.2878,    Adjusted R-squared:  0.2575
F-statistic: 9.496 on 2 and 47 DF,  p-value: 0.0003438

> anova(fit3, fit)
Analysis of Variance Table
Model 1: sr ~ pop15 + ddpi
Model 2: sr ~ pop15 + pop75 + dpi + ddpi
```

```
  Res.Df    RSS Df Sum of Sq      F Pr(>F)
1     47 700.55
2     45 650.71  2    49.839 1.7233   0.19
```

(5) $H_0 : \beta_{pop75} = \beta_{dpi} = 0$ 대해 $H_1 : not\ H_0$

[프로그램 6.5]에서 fit3 객체를 이용하여 [결과 6.5]를 보면된다. 비교하고자하는 두 개 모형 비교에 대한 F-검정을 하면 검정통계량 $F = 1.7233$, $p-$값 $= 0.19 > \alpha = 0.05$이므로 귀무가설을 기각하지 못한다. 즉, 유의수준 5%에서 귀무가설하의 축소모형을 선택한다.

연습문제

6.1 다음의 데이터에 대해 모든 가능한 모형에 대해 C_p를 구하고 최종 모형을 제안하시오.
(Y: 반응변수, X_1, X_2, X_3: 설명변수)

Y	X_1	X_2	X_3
5	1	1004	6.0
6	200	805	7.3
8	−30	1058	11.3
9	900	200	13.0
12	506	505	13.1

6.2 Galapagos Islands는 Ecuador 해안에서 떨어진 섬으로 여러 종류의 생명체가 생존하고 있어 이러한 생명체들의 발달과 생존에 영향을 미치는 요인에 대한 연구에 중요한 장소이다. Johnson and Raven (1973)은 Galapagos Islands의 각 섬에 대해 〈표 6.4〉의 자료를 얻었다. 각 변수는 섬의 이름(island), 종의 수(number of species), 고유종(Endemics), 섬의 면적(Area, km^2), 고도(Elevation), 가장 가까운 섬으로부터의 거리(distance from nearest Island), 산타 크루스로부터의 거리(distance from Santa Cruz), 주변 섬의 면적(Area of Adjacent Island, km^2)이다.

(a) 고유종(Endemics)에 대한 종의 수(Species)에 대한 비율을 반응변수로 하여 다중회귀분석을 하시오.

(b) 결측값이 존재하는 Elevation 변수를 제외하고 다중회귀분석을 하시오.

(c) 다중공선성을 고려하여 변수선택을 하시오.

(d) 단계별 변수선택법으로 변수선택을 하시오.

(e) Elevation의 결측값을 추정하는 방법을 생각해 보시오.

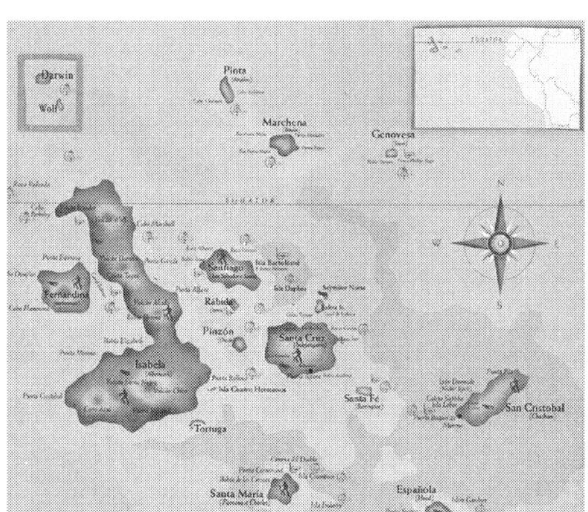

〈그림 6.6〉 Galapagos Islands 주변 지도

〈표 6.4〉 Galapagos Island species data

island	Species	Endemics	Area	Elevation	Nearest	Scruz	Adjacent
Baltra	58	23	25.09	346	0.6	0.6	1.84
Bartolome	31	21	1.24	109	0.6	26.3	572.33
Caldwell	3	3	0.21	114	2.8	58.7	0.78
Champion	25	9	0.1	46	1.9	47.4	0.18
Coamano	2	1	0.05	77	1.9	1.9	903.82
Daphne.Major	18	11	0.34	119	8	8	1.84
Daphne.Minor	24	0	0.08	93	6	12	0.34
Darwin	10	7	2.33	168	34.1	290.2	2.85
Eden	8	4	0.03	71	0.4	0.4	17.95
Enderby	2	2	0.18	112	2.6	50.2	0.1
Espanola	97	26	58.27	198	1.1	88.3	0.57
Fernandina	93	35	634.49	1494	4.3	95.3	4669.32
Gardner1	58	17	0.57	49	1.1	93.1	58.27
Gardner2	5	4	0.78	227	4.6	62.2	0.21
Genovesa	40	19	17.35	76	47.4	92.2	129.49
Isabela	347	89	4669.32	1707	0.7	28.1	634.49
Marchena	51	23	129.49	343	29.1	85.9	59.56
Onslow	2	2	0.01	25	3.3	45.9	0.1
Pinta	104	37	59.56	777	29.1	119.6	129.49
Pinzon	108	33	17.95	458	10.7	10.7	0.03
Las.Plazas	12	9	0.23	94	0.5	0.6	25.09
Rabida	70	30	4.89	367	4.4	24.4	572.33
SanCristobal	280	65	551.62	716	45.2	66.6	0.57
SanSalvador	237	81	572.33	906	0.2	19.8	4.89
SantaCruz	444	95	903.82	864	0.6	0	0.52
SantaFe	62	28	24.08	259	16.5	16.5	0.52
SantaMaria	285	73	170.92	640	2.6	49.2	0.1
Seymour	44	16	1.84	147	0.6	9.6	25.09
Tortuga	16	8	1.24	186	6.8	50.9	17.95
Wolf	21	12	2.85	253	34.1	254.7	2.33

6.3 `longley` 데이터를 사용하여 다음을 구하시오.

```
> data(longley)
> longley
     GNP.deflator   GNP Unemployed Armed.Forces Population Year Employed
1947         83.0 234.289    235.6        159.0    107.608 1947   60.323
1948         88.5 259.426    232.5        145.6    108.632 1948   61.122
  :             :                                                  :
1962        116.9 554.894    400.7        282.7    130.081 1962   70.551
```

(a) `Employed`를 반응변수로 하고, 나머지는 설명변수로 하여 다중회귀모형을 구하시오.

(b) 설명변수 간의 상관계수를 구하시오.

(c) 각 설명변수에 대해 VIF를 구하고 해석하시오.

(d) 변수선택법을 적용하여 최종 모형을 제안하시오.

(e) GNP에 대한 회귀계수가 유의한지 유의수준 5%에서 검정하시오.

(f) `Unemployed`와 `Armed Forces`에 대한 회귀계수가 모두 0인 귀무가설에 대해 유의수준 5%에서 검정하시오.

+ + +

CHAPTER 07

아이스크림 데이터에 대한 다중회귀분석

다중회귀분석의 예로, 다음의 아이스크림 데이터에 대한 분석 절차를 살펴보자. 분석 일부는 문지영의 논문(2009)을 참조하기 바라며, 이러한 분석사례를 통해 일반적인 회귀분석 절차를 파악하고 응용하기 바란다.

7.1 아이스크림 데이터

아이스크림의 섭취량과 아이스크림의 가격, 가족의 월수입, 평균기온의 관계를 연구하기 위한 회귀모형을 개발하기 위하여 다음의 자료를 수집하였다. 자료수집 기간은 1951년 3월 18일부터 1953년 7월 11일로 4주를 주기로 하였으며, 30개의 관측을 가진다. 이 데이터는 http://statmaster.sdu.dk/courses/st111/data/index.html 에서 다운로드 받았다. 그리고 데이터는 〈표 7.10〉에 정리되어 있다.

〈표 7.1〉 변수설명 및 기초통계량

변수이름		설명	평균	표준편차
IC	Y	아이스크림 섭취량 (단위: pint)	0.3594	0.06579
price	X_1	아이스크림 가격 (단위: dollar)	0.2753	0.00834
income	X_2	가족의 월수입 (단위: dollar)	84.60	6.24555
temp	X_3	평균기온 (단위: fahrenheit)	49.10	16.4219

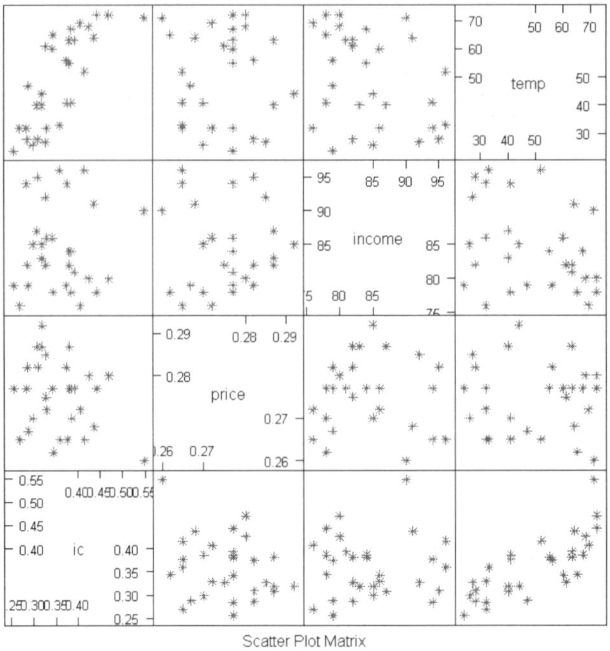

〈그림 7.1〉 아이스크림 소비량에 대한 산점도행렬

〈그림 7.1〉에서는 아이스크림의 가격, 가족의 월수입, 평균기온의 각 변수에 대한 아이스크림 소비량의 산점도를 보여주며 아이스크림 소비량은 평균기온과 선형적 관계를 가짐을 알 수 있다.

7.2 다중선형회귀분석

세 개의 설명변수 아이스크림 가격(X_1), 가족의 월수입(X_2), 평균기온(X_3)과 아이스크림 소비량 Y와의 다중선형회귀모형은 다음과 같다:

$$Y_i = \beta_0 + \beta_1 X_{i1} + \beta_2 X_{i2} + \beta_3 X_{i3} + \epsilon_i, \quad i = 1, 2, \cdots, 30 \tag{7.1}$$

여기서 오차항 ϵ_i는 독립이며 평균 0이고 분산 σ^2인 정규분포를 가정한다.

모형 (7.1)을 행렬로 다시 표현하면,

$$\boldsymbol{Y} = \boldsymbol{X\beta} + \boldsymbol{\epsilon} \tag{7.2}$$

여기서

$$
\boldsymbol{Y}=\begin{pmatrix} Y_1 \\ Y_2 \\ Y_3 \\ \vdots \\ Y_{30} \end{pmatrix}, \quad \boldsymbol{X}=\begin{pmatrix} 1 & X_{11} & X_{12} & X_{13} \\ 1 & X_{21} & X_{22} & X_{23} \\ 1 & X_{31} & X_{32} & X_{33} \\ \vdots & \vdots & \vdots & \vdots \\ 1 & X_{30,1} & X_{30,2} & X_{30,3} \end{pmatrix}, \quad \beta=\begin{pmatrix} \beta_0 \\ \beta_1 \\ \beta_2 \\ \beta_3 \end{pmatrix}, \quad \epsilon=\begin{pmatrix} \epsilon_1 \\ \epsilon_2 \\ \epsilon_3 \\ \vdots \\ \epsilon_{30} \end{pmatrix} \tag{7.3}
$$

$\boldsymbol{Y}$는 반응변수벡터, $\boldsymbol{X}$ 는 30×4인 설계행렬(design matrix), β는 회귀계수벡터이고 ϵ은 오차벡터이다.

〈표 7.2〉 완전모형에 대한 회귀계수 최소제곱 추정

회귀계수	추정값	표준오차	t – 통계량	p–값
절편(β_0)	0.19732	0.27022	0.73	0.4718
아이스크림 가격(β_1)	–1.04441	0.83436	–1.25	0.2218
가족의 월수입(β_2)	0.00331	0.00117	2.82	0.0090
평균기온(β_3)	0.00346	0.00044555	7.76	<.0001

추정된 회귀식은

$$
\hat{Y}=0.197-1.044X_1+0.003X_2+0.003X_3 \tag{7.4}
$$

이며 $MSE=0.0013$, $R^2=0.719$로 높은 편이며, 수정 $R^2=0.6866$이다. 여기서 R^2는 전체 변동 중 적합된 회귀식에 의해 설명되는 비율을 나타내므로 설명량이 높은 편이다.

7.3 단계별 회귀에 의한 변수 선택

회귀모형에서 종속변수를 설명하기 위한 독립변수들 중에서 어떤 독립변수를 포함시키는 것이 최적의 모형이 되는지를 판단하는 것은 매우 중요한 문제이다.

단계별 변수선택법에서는 유의한 설명변수를 삽입하거나 유의하지 않은 설명 변수들을 제거함으로써 유의한 설명변수만으로 회귀 모형을 설정할 수 있다. 이러한 과정에 관한 통계량은 〈표 7.3〉에서 보여 준다. 〈표 7.4〉는 단계별 변수선택법을 이용하여 최종적으로 적합된 모형에 대한 요약 결과를 보여 주는데, 종속변수인 아이스크림 소비량에 가장 큰 영향을 미치는 변수로 평균기온이 선택되었고, 그 다음으로 가족의 월수입이 선택되었다. 〈표 7.2〉는 최종 회귀식에 대한 추정 결과를 보

여준다. 추정된 회귀식은

$$\hat{Y} = -0.1132 + 0.00353X_2 + 0.00354X_3$$

이며 $MSE = 0.00139$ 이고 $R^2 = 0.7021$ 이다.

〈표 7.3〉 단계별 회귀변수 선택법의 최종 요약

단계	변수삽입	부분 결정계수	모형 결정계수	C_P	F-통계량	p-값
1	temp	0.6016	0.6016	10.8624	42.28	<.0001
2	income	0.1005	0.7021	3.5669	9.10	0.0055

〈표 7.4〉 축소모형에 대한 회귀계수 최소제곱 추정

변수	회귀계수추정값	표준오차	부분제곱합	F-통계량	p-값
절편	-0.11320	0.10828	0.00151	1.09	0.3051
월평균수입	0.00353	0.00117	0.01261	9.10	0.0055
평균기온	0.00354	0.00044496	0.08784	63.41	<.0001

7.4 다중공선성

다중공선성에 대한 확인방법으로 분산팽창인수를 고려하고자 한다. 분산팽창인수=1/tolerance에서 tolerance가 0.40 이하이거나 VIF가 2.50 이상이면 다중공선성을 확인해야 한다. 분산팽창인수를 계산하여 〈표 7.5〉에 정리한 결과 VIF<2.0이고 tolerance>0.4이므로 다중공선성 문제는 고려하지 않아도 된다.

〈표 7.5〉 아이스크림 소비량의 분산팽창인수

변수	자유도	tolerance	분산팽창인수(VIF)
아이스크림 가격	1	0.96556	1.03567
월평균 가족수입	1	0.87398	1.14419
평균기온	1	0.87385	1.14437

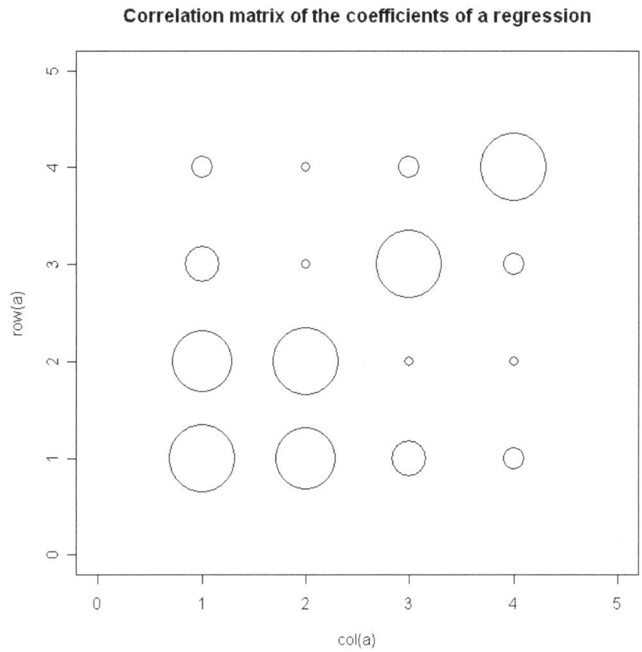

〈그림 7.2〉 회귀계수 간의 상관관계

〈그림 7.2〉는 회귀계수 간의 상관관계 크기를 보여 주는 그림이다. 절편 β_0와 아이스크림의 가격 β_1의 상관관계가 높음을 알 수 있는데 변수들과의 관계가 아니므로 다중공선성 결과에 영향을 미치지 않음을 알 수 있다.

7.5 지렛대점과 이상점

회귀분석 문제의 데이터에서 종종 특이하거나 극단적인 관측을 보게 된다. 영향점을 진단하는 방법인 지렛대점, 모자행렬, 잔차들을 이용하여 이상점을 찾아보고자 한다.

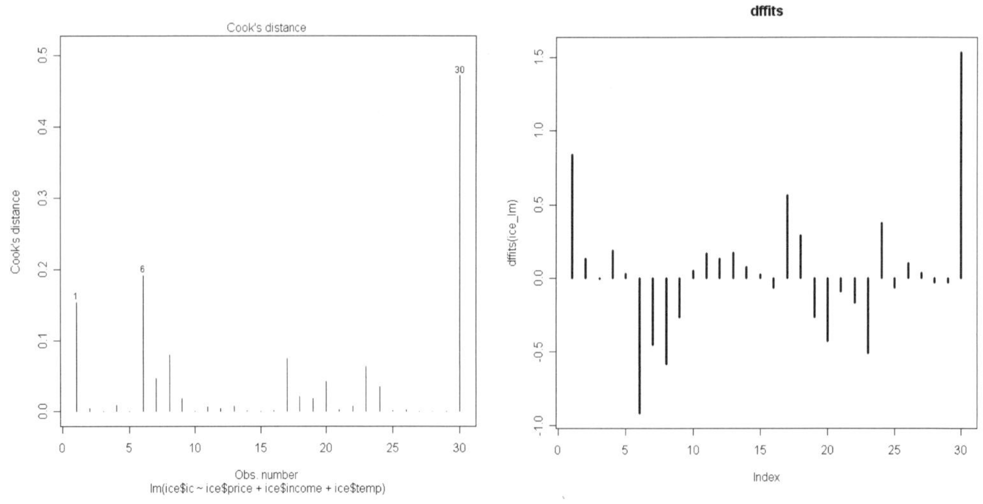

(a) 쿡의 거리 (b) DFFITS

〈그림 7.3〉 아이스크림 데이터에 대한 쿡의 거리와 DFFITS

〈그림 7.3〉(a)는 각 개체 i에 대한 쿡의 거리값을 나타낸다. 완전모형으로 구한 예측값 $\widehat{Y}_i$과 i번째 관측값를 제외하고 구한 예측값 $\widehat{Y_{(i)}}$과의 차이에 근거한 통계량으로, 이 값이 클수록 i번째 관측치는 이상점 혹은 영향점일 가능성이 높다. 기준값 1 이상이면 이상점으로 판단될 수 있으며 30번째 관측값은 다른 관측값보다 쿡의 거리가 크다.

〈그림 7.3〉(b)에서 각 개체 i에 대한 DFFITS을 보면 $\widehat{Y}_i$는 i번째 관측을 제외한 회귀모형에 의해 예측한 i번째 예측값으로 완전모형의 $\widehat{Y}_i$와 차이가 크다면 영향점 혹은 이상점일 가능성이 높다. 여기서 기준값은

$$2\sqrt{\frac{k+1}{n-k-1}} = 2\sqrt{\frac{4+1}{30-4-1}} = 0.89$$

30번째 관측에 대한 $DFFITS_{30} = 1.5 > 0.89$이므로 30번째 관측이 영향점 혹은 이상점일 가능성이 높다. 그러므로 30번째 관측값을 관심 있게 볼 필요가 있다.

모자행렬의 대각원소 h_{ii}는 어떠한 관측의 값이 특이한지 아닌지를 알아내는 데 유용한 측도이다. 지렛대점에 대한 h_{ii}는 일반적으로 평균 지렛대값 $\overline{h}$보다 두 배 이상이면 크다고 간주한다.

〈그림 7.4〉는 모자행렬의 대각원소 h_{ii}의 지렛대 기울기와 영향점을 나타낸다. h_{ii}의 값이 크면 클수록 그 관측값은 최소제곱선상에서 더 많은 영향을 미친다. 관

측값 Y_i가 일반적으로 지렛대점에 상응되어 나타나면 좋은 지렛대점이라 한다. 그러나 Y_i가 다른 관측값들에 비해 떨어져 있으며 이상점과 대응되어 나타나면 나쁜 지렛대점이라 한다. 〈그림 7.4〉에서 보면 관측값 Y_{30}은 최소제곱선에서 멀리 떨어져 있고, 다른 관측값에 비해 데이터의 추세에서 벗어나 있고, 이 점은 나쁜 지렛대점이라고 할 수 있으므로 원 데이터에서 제거할 수도 있다.

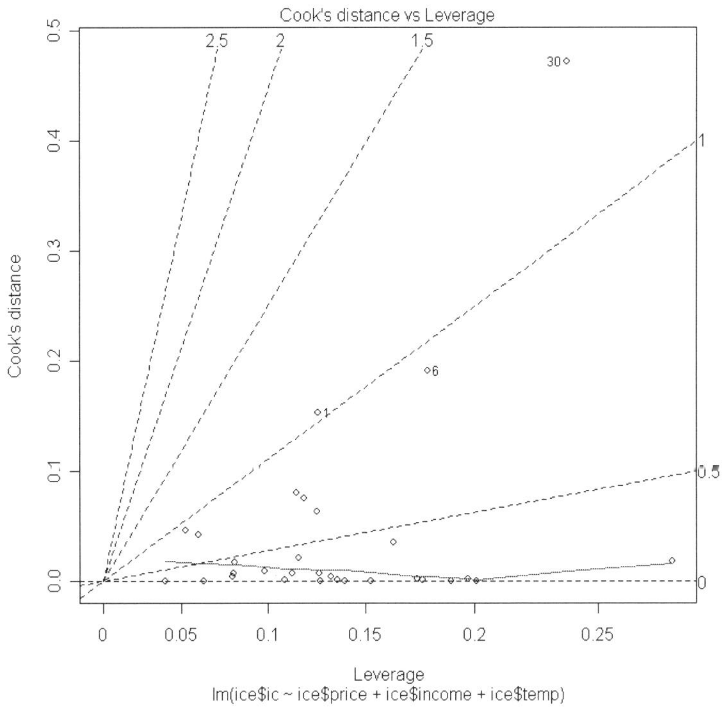

〈그림 7.4〉 아이스크림 데이터의 지렛대점

〈그림 7.5〉는 모자행렬에 대한 스튜던트화 잔차의 영향점 그림으로 지렛대값에 대한 스튜던트화 잔차와 더불어 쿡의 거리를 원의 크기로 표현한 잔차그림이다. 원의 크기를 보면 30번째 관측에 대한 쿡의 거리값이 가장 크다. 수직 참조선은 $\hat{h}$의 평균값이며 수평 참조선은 −2, 0, 2 의 값을 나타낸다. 〈그림 7.5〉에서 30번째 관측에 대한 스튜던트화 잔차가 범위 -2와 2 사이에서 벗어나 있는 것을 볼 수 있다. 쿡의 거리가 극도로 높은 이상점은 아니지만 〈그림 7.4〉에서 지렛대값 또한 높게 측정되었으므로 30번째 관측을 이상점으로 간주하고 데이터셋에서 제거하기로 한다. 그러므로 30번째 관측을 제외한 데이터셋에 대해 다시 분석하여 〈표 7.6〉의 추정 결과를 얻는다.

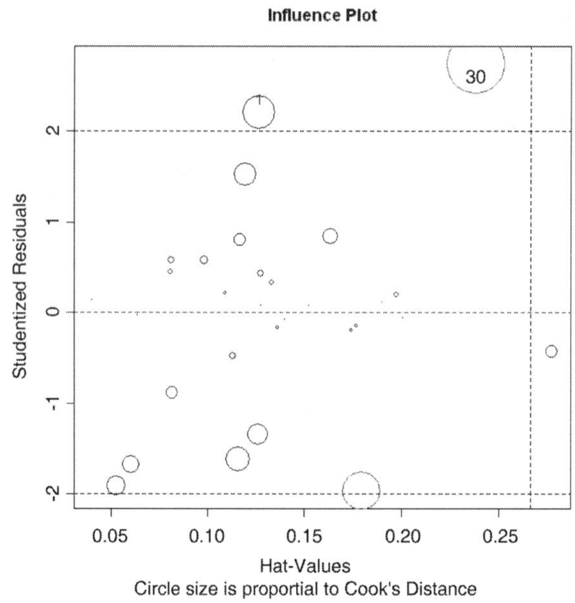

〈그림 7.5〉 아이스크림 데이터에 대한 스튜던트화 잔차와 모자행렬

7.6 모형 제안 및 예측

아이스크림 가격(X_1), 가족의 월평균소득(X_2), 평균기온(X_3)에 따른 아이스크림 소비량(Y)의 관계를 알아보기 위해서 회귀분석을 하였다. 적합도 검정 및 회귀진단 결과 이상점으로 판단된 30번째 관측을 제거한 후 최종모형을 구하여 〈표 7.6〉에 정리되었다.

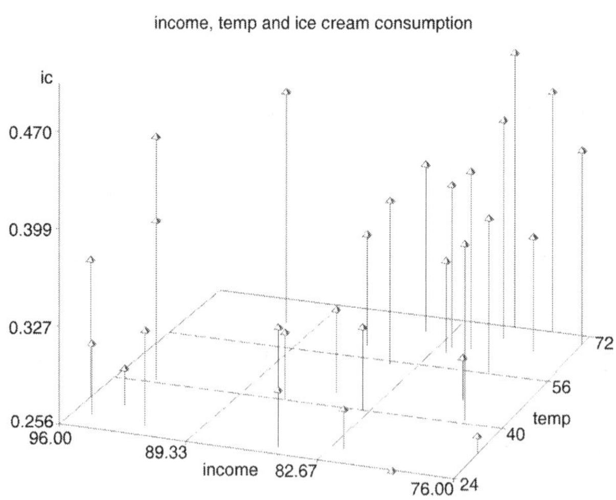

〈그림 7.6〉 월평균 가족소득과 평균기온에 따른 아이스크림 소비량의 3차원 그래프

〈표 7.6〉 아이스크림 값 변수(X_1)와 이상점(Y_{30}) 제거 후 축소된 회귀모형 추정

회귀계수	추정값	표준오차	95% 신뢰구간		t-통계량	p-값
절편(β_0)	-0.02240	0.09882	-0.22554	0.18074	-0.23	0.8225
월평균 가족수입(β_2)	0.00265	0.00106	0.00047924	0.00483	2.51	0.0187
평균기온(β_3)	0.00313	0.00041027	0.00229	0.00397	7.63	〈.0001

월평균 가족 소득과 평균기온은 유의수준 0.05에서 높은 유의성을 나타났으며 축소모형에서 추정된 회귀식은

$$\hat{Y} = -0.0224 + 0.00265X_2 + 0.00313X_3.$$

〈표 7.7〉은 완전모형과 축소모형에 대한 비교를 보여 준다. 완전모형에 비해 축소모형의 수정된 R^2가 더 크지 않으며 C_p를 보면 모형 B보다 모형 C가 더 적합해 보인다. 전반적인 회귀분석 절차로 변수선택과 이상점 제거 등을 통해 모형 C를 제안하기로 한다. 그러나 '아이스크림 가격' 변수가 아이스크림 소비량에 중요한 변수라면 완전모형을 선택할 수 있다. 일반적으로 회귀모형선택 시 회귀분석 절차뿐만 아니라 변수들의 의미와 관계 등 여러 측면을 종합적으로 고려하여 최종모형을 선택해야 한다.

〈표 7.7〉 완전모형(설명변수 3개)과 축소모형(설명변수 2개) 비교

	추정량	완전모형 A	축소모형 B	축소모형 (30번 제거) C
회귀모수	절편(β_0)	0.19732	-0.11320	-0.0224
	아이스크림 가격(β_1)	-1.04441		
	월평균 가족수입(β_2)	0.00331	0.00353	0.00265
	평균기온(β_3)	0.00346	0.00354	0.00313
적합도	MSE	0.001357	0.001385	0.001052
	잔차 자유도	26	27	26
	RSE(잔차 표준편차)	0.0368	0.0372	0.0324
	R^2	0.7190	0.7021	0.6918
	Adjusted R^2	0.6866	0.6800	0.6681
	C_p	4.0000	3.5600	3.0000

〈표 7.8〉 변수의 평균 추정값과 95% 신뢰구간

변수	평균	95% 신뢰하한	95% 신뢰상한
월평균소득	84.4137931	82.0285166	86.7990696
평균기온	48.3448276	42.1926510	54.4970042
아이스크림 섭취량	0.3529310	0.3315170	0.3743450

4주간의 평균 가족 소득 $X_{*2} = 84.41$ 과 평균기온 $X_{*3} = 48.34$ 에서 모형 C를 이용하여 아이스크림 소비량의 95% 신뢰구간을 구해 보고자 한다.

아이스크림 섭취량의 예측값은

$$\hat{y_*} = -0.0224 + 0.00265 \times 84.41 + 0.00312 \times 48.34 = 0.3511\,(pints)$$

이며 아이스크림 소비량의 95% 신뢰구간은

$$\hat{y_*} \pm t_{26}(0.025)\, s\sqrt{\boldsymbol{x_*}'(\boldsymbol{X}'\boldsymbol{X})^{-1}\boldsymbol{x_*}} = (0.2788,\ 0.4253)$$

이다. 여기서 $\boldsymbol{x_*} = (1, X_{*2}, X_{*3})' = (1, 48.43, 84.41)'$, $s = 0.0324$, $t_{26}(0.025) = 2.055$ 이다.

$\boldsymbol{X_*} = (X_{*2}, X_{*3})'$ 에서 아이스크림 소비량의 95% 예측 신뢰구간은

$$\hat{y_*} \pm t_{26}(0.025)\, s\sqrt{1 + \boldsymbol{x_*}'(\boldsymbol{X}'\boldsymbol{X})^{-1}\boldsymbol{x_*}} = (0.2531, 0.4510)$$

이다. 〈그림 7.7〉은 개체 순서에 따른 95% 신뢰구간과 예측 신뢰구간을 보여 준다. 실선은 아이스크림 소비량의 예측값을 나타내며, 점선(------)은 신뢰구간, 가는 점선(·········)은 추정구간을 나타낸다. 추정구간이 신뢰구간보다 넓게 나타난다.

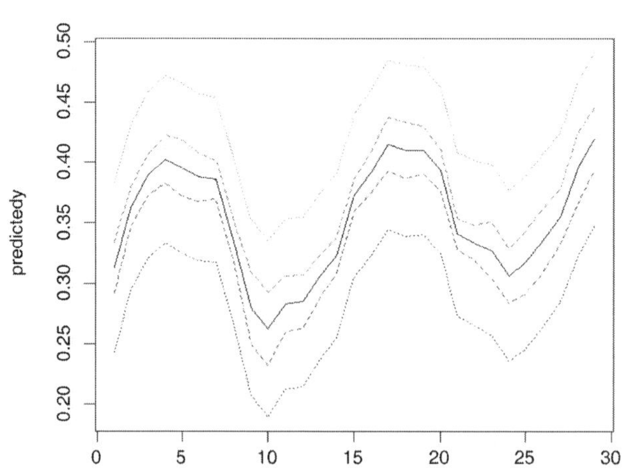

〈그림 7.7〉 아이스크림 소비량에 대한 95% 신뢰구간과 예측구간

7.7 잔차분석

적합한 최종모형 C에 대해 잔차분석을 하고자 한다. 다중선형회귀모형에서 오차항에 대한 등분산성, 독립성, 정규성 가정에 대해 검토하고자 한다. 모형 〈그림 7.8〉(a)는 스튜던트화 잔차에 대한 t-분포 Q-Q 그림이다. 점들이 직선에 가깝게 위치하여 있으며, 관측값 Y_{30}, Y_1, Y_6이 직선상에서 약간 떨어져 있는 것을 볼 수 있지만 잔차가 정규성을 크게 벗어나지 않는 것으로 보인다. 〈그림 7.8〉(b)에서는 잔차에 대한 등분산성을 살펴볼 수 있다. 〈그림 7.8〉(b)에서 보면 점들은 0을 중심으로 랜덤하게 분포되어 보이기는 하지만, 잔차가 0 보다 큰 관측값 Y_1, Y_{30}에 의해 수평대의 형태를 약간 벗어난 것을 볼 수 있다. 그러나 전반적으로 잔차가 수평대 이내에 놓여 있고 양이나 음의 값이 계통적(systematic)인 경향을 보이지 않고 랜덤하게 나타나고 있으므로 선형성을 대체로 만족한다고 할 수 있다.

편잔차그림을 이용해 다중회귀의 선형성에 대한 검토를 할 수 있다. 〈그림 7.9〉에서 직선을 살펴보면 선형성을 만족하는 경우의 점선에 가까운 편이므로 수입(income)과 기온(temp)은 선형성을 크게 벗어나지 않는다고 여겨져 선형모형의 타당성을 뒷받침한다.

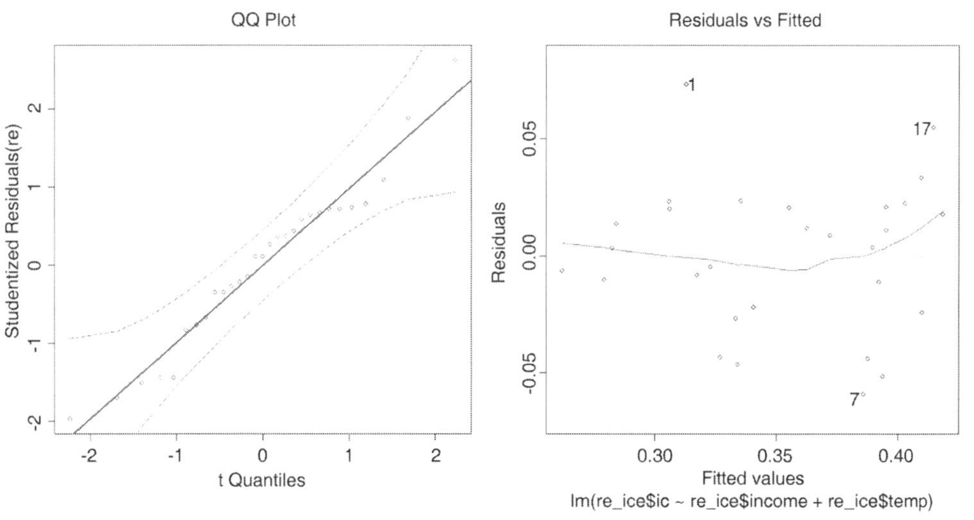

(a) Q-Q 그림 (b) 잔차그림

〈그림 7.8〉 아이스크림 데이터에 대한 표준화 잔차에 대한 그림

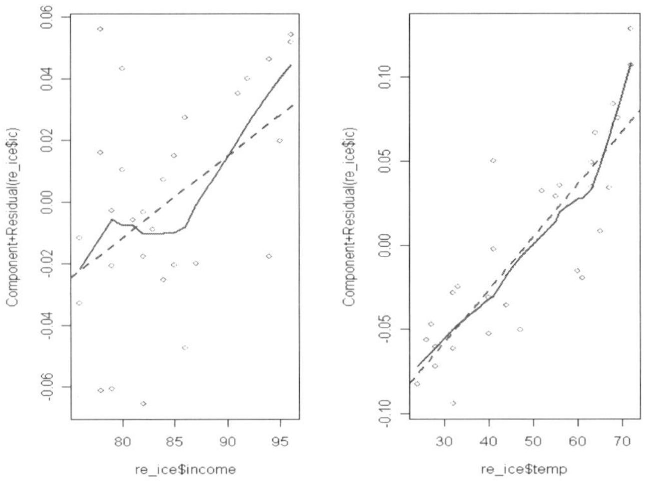

〈그림 7.9〉 아이스크림 데이터에 대한 편잔차그림

7.8 R 프로그램

아이스크림 데이터 분석에 활용한 R 프로그램 코드는 다음과 같다.

```
#######################################################
#              ice cream data analysis                #
#  r.full : full model with 3 explantory variables    #
#  r : reduced model with 2 explantory variables      #
#######################################################
ice=read.csv("d:\\ice.csv",header=TRUE)
attach(ice)
summary(ice)

library(lattice)
splom(~ice, pch=8)
r.full=lm(ice$ic~ice$price+ice$income+ice$temp)
summary(r.full)
anova(r.full)

op=par(mfrow=c(2,2))
  plot(r.full)
par(op)

attributes(r.full)
summary(resid(r.full))
```

```
plot(resid(r.full),ylab="standardised residuals",xlab="fitted values")
abline(h=0,col="red")

##### scatter plot #####
par(mfrow=c(2,2))
plot(ice$price, ice$ic, pch= “ * ” )
plot(ice$income, ice$ic, pch= “ * ” )
plot(ice$temp, ice$ic, pch= “ * ” )

##### model selection-stepwiswe ######
library(car)
step(r.full)                          # with AIC
r=lm(ice$ic~ice$income+ice$temp)    # reduced model


###### residual analysis ######
require(graphics)
pairs(ice)
boxplot(r$res,horisontal=T,main="box-and-whisker plot")
hist(r$res)
plot(r$res,main="Residuals")
plot(rstandard(r),main="Standardized residuals")
plot(rstudent(r),main="Studentized residuals")
plot(r$res~r$fitted.values, main="Residuals and predicted values")
abline(h=0,lty=3)
plot(rstudent(r) ~ hatvalues(r),xlim=c(0,0.2)) ##Studentized residuals and
hat-diagonals
    abline(h=0)
quantile(rstudent(r))  #studentized quantile
rank(rstudent(r))
rank(hatvalues(r))

##### partial regression(added variable) plot #####
library(car)
av.plots(r,ask=F,main="Partial regression")

##### partial residual plot-function #####
cr.plots(r, one.page=TRUE, ask=FALSE)

###### hat matrix dffits, dfbetas #####
plot(hat(ice),type="h",lwd=3)
plot(dffits(r),type="h",lwd=3)
par(mfrow=c(1,3))
   plot(dfbetas(r)[,1],type="h",lwd=3, main="intercept")
   plot(dfbetas(r)[,2],type="h",lwd=3,main="income")
   plot(dfbetas(r)[,3],type="h",lwd=3,main="temperature")
pairs(dfbetas(r))

library(leaps)   #all possible regression
```

```
lp=leaps(ice[,2:4], ice$ic , method="Cp")
leaps<-regsubsets(ic~price+income+temp, data=ice, nbest=7)
summary(leaps)   # view results

###### multicolinearity ######
a=summary(r,correlation=T)$correlation
plot(col(a),row(a),cex=10*abs(a),xlim=c(0,dim(a)[2]+1),ylim=c(0,dim(a)[1]+1),
main="Correlation matrix and the coefficients of a regression")

##### Influential Observations #####
av.plots(r, one.page=TRUE, ask=FALSE)    # added variable plots
# Cook's D plot
# identify D values > 4/(n-k-1)
cutoff <- 4/((nrow(ice)-length(r$coefficients)-2))
plot(r, which=1, cook.levels=cutoff)
plot(r, which=2, cook.levels=cutoff)
plot(r, which=3, cook.levels=cutoff)
plot(r, which=4, cook.levels=cutoff)
plot(r, which=5, cook.levels=cutoff)
plot(r, which=6, cook.levels=cutoff)

# Influence Plot
influencePlot(r, main="Influence Plot", sub="Circle size is proportial to Cook's
Distance")

# Normality of Residuals
qq.plot(r, main="QQ Plot")    # qq plot for studentized resid

# distribution of studentized residuals
library(MASS)
sresid <- studres(r)
hist(sresid, freq=FALSE, main="Distribution of Studentized Residuals")
xice<-seq(min(sresid),max(sresid),length=40)
yice<-dnorm(xice)
lines(xice, yice)

# Evaluate homoscedasticity
ncv.test(r)           # non-constant error variance test
spread.level.plot(r)    # plot studentized residuals vs. fitted values

# Evaluate Collinearity
vif(r)                # variance inflation factors
sqrt(vif(r)) > 2        # check with vif

# Evaluate Nonlinearity
cr.plots(r, one.page=TRUE, ask=FALSE)    # component + residual plot

# Ceres plots
ceres.plots(r, one.page=TRUE, ask=FALSE)
```

```
# Test for Autocorrelated Errors
durbin.watson(r)

##### outliers #####
outlier.test(r)                    # Bonferonni p-value for most extreme obs

##### predicted interval #####
require(graphics)
predict(r,se.fit=TRUE)
pred.pre=predict(r,interval="prediction")
pred.con= predict(r,interval="confidence")
matplot(cbind(pred.con, pred.pre[,-1]), lty=c(1,2,2,3,3), type="l",
       ylab="predicted y")

##### outlier removed #####
m30= ice[-30, ]  # 30 번 개체 제거

r.m30=lm(m30$ic~m30$income+m30$temp)
summary(r.m30)
aov(r.m30)
require(graphics)
predict(r.m30,se.fit=TRUE)
pred.pre=predict(r.m30,interval="prediction")
pred.con= predict(r.m30,interval="confidence")
matplot(cbind(pred.con, pred.pre[,-1]), lty=c(1,2,2,3,3), type="l",
       ylab="predicted y")

r.full.m30=lm(m30$ic~m30$price+m30$income+m30$temp)
summary(r.full.m30)
```

연습문제

7.1 36명의 영재들을 대상으로 조사한 데이터인 〈표 7.9〉(Graybill, F.A. & Iyer, H.K., (1994) Regression Analysis: Concepts and Applications, Duxbury)에 대해 분석능력 시험 점수를 반응변수로 하여 다중회귀분석을 하고 적절한 모형을 제안하시오.

〈표 7.9〉 영재 데이터

score	fatheriq	motheriq	speak	count	read	edutv	cartoons
159	115	117	18	26	1.9	3	2
164	117	113	20	37	2.5	1.75	3.25
154	115	118	20	32	2.2	2.75	2.5
157	113	131	12	24	1.7	2.75	2.25
156	110	109	17	34	2.2	2.25	2.5
150	113	109	13	28	1.9	1.25	3.75
155	118	119	19	24	1.8	2	3
161	117	120	18	32	2.3	2.25	2.5
163	111	128	22	28	2.1	1	4
162	122	120	18	27	2.1	2.25	2.75
154	111	117	19	32	2.2	1.75	3.75
159	112	120	20	33	2.3	2	2.75
167	119	126	20	35	2.2	0.75	4
155	120	114	22	21	1.7	2.5	2.5
159	114	129	17	27	1.8	1.5	3.75
159	111	118	18	29	2	1.75	3.25
160	111	115	21	32	2.3	1.75	3.25
154	115	111	18	32	2.2	2	3
160	126	111	12	35	2.2	2.75	1.75
151	115	109	21	29	2	2	2.75
166	114	124	15	39	2.4	2	2.75
161	115	122	20	30	2.1	2	3.5
162	115	118	15	33	2.3	2.25	2.75
169	112	121	23	36	2.3	2	2.75
160	115	124	18	35	2.3	2	3.5
161	117	118	20	31	2.3	2	3
166	116	128	17	36	2.4	1.25	3.75
163	114	119	22	36	2.4	2.25	2.75

score	fatheriq	motheriq	speak	count	read	edutv	cartoons
159	116	123	15	24	1.8	1.5	3.5
155	111	117	13	29	2.1	1.75	3.5
155	112	117	17	25	2	2.75	2.25
157	115	111	10	31	2.2	1.75	3.5
151	111	101	17	29	2.1	3	2.25
162	119	113	23	28	2.1	1.25	3.5
164	111	121	18	36	2.3	1	4.5
159	114	123	20	30	2.2	1.75	3.25

조사된 변수는 다음과 같다.

- score: 분석능력시험 점수(Score in test of analytical skills)
- fatheriq: 아버지 IQ (Father's IQ)
- motheriq: 어머니 IQ (Mother's IQ)
- speak: '엄마' 또는 '아빠' 단어를 처음 말한 나이(Age in months when the child first said mummy' or daddy')
- count: 10까지 정확히 세기 시작한 나이(Age in months when the child first counted to 10 successfully)
- read: 부모가 주당 책 읽어주는 시간 (Average number of hours per week the child's mother or father reads to the child)
- edutv: 지난 3개월 동안 주당 TV 어린이 교육 프로그램 시청 시간(Average number of hours per week the child watched an educational program on TV during the past three months)
- cartoons: 지난 3개월 동안 주당 TV 어린이 만화 프로그램 시청 시간(Average number of hours per week the child watched cartoons on TV during the past three months)

〈표 7.10〉 아이스크림 데이터

period	IC	price	income	temp	year
1	0.386	0.27	78	41	0
2	0.374	0.282	79	56	0
3	0.393	0.277	81	63	0
4	0.425	0.28	80	68	0
5	0.406	0.272	76	69	0
6	0.344	0.262	78	65	0
7	0.327	0.275	82	61	0
8	0.288	0.267	79	47	0
9	0.269	0.265	76	32	0
10	0.256	0.277	79	24	0
11	0.286	0.282	82	28	1
12	0.298	0.27	85	26	1
13	0.329	0.272	86	32	1
14	0.318	0.287	83	40	1
15	0.381	0.277	84	55	1
16	0.381	0.287	82	63	1
17	0.47	0.28	80	72	1
18	0.443	0.277	78	72	1
19	0.386	0.277	84	67	1
20	0.342	0.277	86	60	1
21	0.319	0.292	85	44	1
22	0.307	0.287	87	40	1
23	0.284	0.277	94	32	1
24	0.326	0.285	92	27	2
25	0.309	0.282	95	28	2
26	0.359	0.265	96	33	2
27	0.376	0.265	94	41	2
28	0.416	0.265	96	52	2
29	0.437	0.268	91	64	2
30	0.548	0.26	90	71	2

+ + +

CHAPTER 08

일반화 가중회귀모형

오차항이 등분산성을 갖지 않는 경우에는 3장에서 다룬 다중회귀모형에서의 최소제곱법을 적용할 수 없다. 오차항의 분산에 관한 정보가 있을 경우 이러한 정보를 활용할 수 있도록 일반화 가중회귀모형에 대해 알아보자.

8.1 일반화 회귀모형

k개 설명변수 $X_1, X_2, \cdots, X_k$ 와 반응변수 Y에 대한 다중선형회귀모형

$$\boldsymbol{Y} = \boldsymbol{X\beta} + \boldsymbol{\epsilon}$$

$$\text{오차벡터 } \boldsymbol{\epsilon}\text{은 } E(\boldsymbol{\epsilon}) = \boldsymbol{0},\ Var(\boldsymbol{\epsilon}) = \sigma^2 \boldsymbol{I} \tag{8.1}$$

오차항이 서로 독립인 경우, 즉 $Cov(\epsilon_i, \epsilon_j) = 0, i \neq j$를 4장부터 다루었다. 그러나 오차항이 서로 독립이 아니고 공분산을 갖는 경우가 생기며 이런 경우 4장에서 구한 회귀계수에 대한 최소제곱추정량은 불편추정량(biased estimator)이 되더라도 최소분산성을 만족하지 않게 되므로 향상된 추정량을 찾을 수 있다.

일반화 회귀모형으로 오차항이 공분산을 갖는 다중선형회귀모형을 고려하자.

$$\boldsymbol{Y} = \boldsymbol{X\beta} + \boldsymbol{\epsilon}$$

$$\text{오차벡터 } \boldsymbol{\epsilon} \text{ 은 } E(\boldsymbol{\epsilon}) = \boldsymbol{0},\ Var(\boldsymbol{\epsilon}) = \sigma^2 \boldsymbol{\Sigma} \tag{8.2}$$

여기서 $\boldsymbol{\Sigma}$는 공분산행렬로 대칭인 양정치행렬이다. $\boldsymbol{Y}$와 $\boldsymbol{\epsilon}$은 $n \times 1$ 벡터, $\boldsymbol{X}$는 $n \times (k+1)$ 행렬이고 $\boldsymbol{\beta}$는 $(k+1) \times 1$ 벡터이다.

8.2 최소제곱법을 이용한 모수추정

표본데이터로부터 회귀계수를 추정하는 방법 중 가장 널리 이용되는 방법인 오차제곱합을 최소화하는 최소제곱법을 이용해 보자. 회귀계수 β의 추정량 $\hat{\beta}$을 구하기 위해 다음의 일반화 오차제곱합

$$RSS(\beta) = (Y - X\beta)'\Sigma^{-1}(Y - X\beta) \tag{8.3}$$

을 구하고 $RSS(\beta)$을 최소화하도록 일반화 최소제곱추정량(generalized least squares estimator)을 구하면

$$\hat{\beta} = (\boldsymbol{X}'\boldsymbol{\Sigma}^{-1}\boldsymbol{X})^{-1}\boldsymbol{X}'\boldsymbol{\Sigma}^{-1}\boldsymbol{Y} \tag{8.4}$$

을 얻는다.

다중회귀모형 (8.1)과 모형 (8.2)와의 다른 점은 오차항의 공분산에 대한 것이다. $Var(\epsilon) = \sigma^2\Sigma$에 대해 $\boldsymbol{C}'\boldsymbol{C} = \boldsymbol{C}\boldsymbol{C}' = \Sigma^{-1}$ $(\boldsymbol{C}^{-1}[\boldsymbol{C}^{-1}]' = \Sigma)$를 만족하는 대칭행렬 $\boldsymbol{C}$를 구하면 $\boldsymbol{\Sigma}^{-1}$의 제곱근행렬 $\boldsymbol{C} = \boldsymbol{\Sigma}^{-1/2}$을 얻는다. $\boldsymbol{C}$를 이용하여 모형 (8.2)를 다시 표현하면

$$\boldsymbol{CY} = \boldsymbol{CX}\beta + \boldsymbol{C}\epsilon \tag{8.5}$$

이며 $\boldsymbol{Z} = \boldsymbol{CY}$, $\boldsymbol{M} = \boldsymbol{CX}$, $d = \boldsymbol{C}\epsilon$로 놓자. 모형 (8.5)는

$$\boldsymbol{Z} = \boldsymbol{M}\beta + d \tag{8.6}$$

로 쓸 수 있으며 행렬 $\boldsymbol{C}$에 의해 변환된 오차벡터에 대한 공분산행렬을 구해 보면

$$Var(d) = Var(\boldsymbol{C}\epsilon) = \boldsymbol{C}\{\sigma^2\Sigma\}\boldsymbol{C}' = \sigma^2\boldsymbol{C}\{\boldsymbol{C}^{-1}[\boldsymbol{C}^{-1}]'\}\boldsymbol{C}' = \sigma^2\boldsymbol{I} \tag{8.7}$$

이다. 그러므로 모형 (8.1)과 같은 형태가 되므로 최소제곱추정량

$$\hat{\beta} = (\boldsymbol{M}'\boldsymbol{M})^{-1}\boldsymbol{M}'\boldsymbol{Z} \tag{8.8}$$

을 구할 수 있으며 원래의 $\boldsymbol{X}$와 $\boldsymbol{Y}$로 표현하면

$$\hat{\beta} = (\boldsymbol{X}'\boldsymbol{\Sigma}^{-1}\boldsymbol{X})^{-1}\boldsymbol{X}'\boldsymbol{\Sigma}^{-1}\boldsymbol{Y} \tag{8.9}$$

이 된다. 실제 데이터 분석을 할 때 행렬 $\boldsymbol{C}$를 구해 최소제곱법을 이용하는 것이 편리하며 여기서 제곱근행렬 $\boldsymbol{C}$를 구하는 계산이 중요하다.

오차항이 서로 독립이며 분산이 서로 다른 경우에 대해 회귀계수벡터를 구해 보자. 오차항의 공분산행렬을 $\boldsymbol{\Sigma} = \boldsymbol{W}^{-1}$으로 놓자. 여기서

$$\boldsymbol{W}^{-1} = \begin{pmatrix} \frac{1}{w_1} & & & 0 \\ & \frac{1}{w_2} & & \\ \vdots & & \ddots & \vdots \\ 0 & & & \frac{1}{w_n} \end{pmatrix}. \tag{8.10}$$

$\boldsymbol{\Sigma}^{-1}$의 제곱근행렬 $\boldsymbol{C}$를 구하면

$$\boldsymbol{C} = \begin{pmatrix} \sqrt{w_1} & & & 0 \\ & \sqrt{w_2} & & \\ & & \ddots & \\ 0 & & & \sqrt{w_n} \end{pmatrix} \tag{8.11}$$

이다. 그러므로

$$\boldsymbol{M} = \begin{pmatrix} \sqrt{w_1} & \sqrt{w_1}\,X_{11} & \cdots & \sqrt{w_1}\,X_{1k} \\ \sqrt{w_2} & \sqrt{w_2}\,X_{21} & \cdots & \sqrt{w_1}\,X_{2k} \\ & & \vdots & \\ \sqrt{w_n} & \sqrt{w_n}\,X_{n1} & \cdots & \sqrt{w_n}\,X_{nk} \end{pmatrix}, \quad \boldsymbol{Z} = \begin{pmatrix} \sqrt{w_1}\,Y_1 \\ \sqrt{w_2}\,Y_2 \\ \vdots \\ \sqrt{w_n}\,Y_n \end{pmatrix} \tag{8.12}$$

회귀계수는 $\hat{\beta} = (\boldsymbol{M}'\boldsymbol{M})^{-1}\boldsymbol{M}'\boldsymbol{Z}$ 으로 추정된다. 이와 같이 변수변환을 이용하여 가중회귀모형을 적합할 수 있다.

예제 8.1

양자(proton) 충돌 실험에서 다음의 데이터를 얻었다. 입자 a가 빛의 속도로 움직이며 총에너지는 $s = 2m_p p_a^{lab}$으로 근사된다. 물리학 이론적으로 다음의 관계식

$$Y = \beta_0 + \beta_1 s^{-1/2} + \text{small terms}$$

을 만족할 때 회귀모형을 적합하고자 한다. 여기서 s의 단위는 $(GeV)^2$, $1\,GeV = 1 \times 10^9$ 전자볼트로 입자가 가속되어 도달하는 데 필요한 에너지, 양자에 대한 질량은 $m_p = 0.938\,GeV$, p_a^{lab}는 a 빛줄기에 대한 모멘트이다.

〈표 8.1〉 양자충돌 물리실험 데이터

p_a^{lab} (GeV/c) momentum	$s^{-1/2}$ (GeV/c^{-1}) x	(μb) Y	σ estimated standard deviation
4	0.345	367	17
6	0.287	311	9
8	0.251	295	9
10	0.225	268	7
12	0.207	253	7
15	0.186	239	6
20	0.161	220	6
30	0.132	213	6
75	0.084	193	5
150	0.060	192	5

[프로그램 8.1] 물리 데이터에 대한 가중회귀분석

```
#physics data
x<-c(0.345,0.287,0.251,0.225,0.207,0.186,0.161,0.132,0.084,0.060)
y<-c(367,311,295,268,253,239,220,213,193,192)
w<-c(17, 9, 9, 7, 7, 6, 6, 6, 5, 5)

a<-lm(y~x, weights=w^(-1))          # 가중회귀식
plot(x,y)
abline(a)

a2<-lm(y~x+I(x^2), weights=w^(-1) )
plot(x,y)
lines(x,a2$fitted.values)

matplot(x, cbind(y,a$fitted.values, a2$fitted.values),
      type="pll", pch="*", lty=c(1,2), ylab="y", las=1) #그림 8.1
```

[프로그램 8.1]을 수행하여 $Y = \beta_0 + \beta_1 x + \epsilon$와 $Y = \beta_0 + \beta_1 x + \beta_2 x^2 + \epsilon$ 각 모형에 대해 가중회귀모형을 적합하였다. [결과 8.1]에서 각 모형에 대해 추정식 $\hat{Y} = 142.559 + 572.043x$와 $\hat{Y} = 181.228 + 41.404x + 1475.242x^2$을 얻었다. 〈그림 8.1〉은 두 회귀모형 적합결과의 추정회귀선 비교를 보여 준다.

[결과 8.1] 물리 데이터에 대한 가중회귀분석

```
> a<-lm(y~x, weights=w^(-1))
> summary(a)
```

```
Residuals:
    Min       1Q   Median       3Q      Max 
-5.98395 -2.77703 -0.08331  2.57003  6.76131 
Coefficients:
            Estimate Std. Error t value Pr(>|t|)    
(Intercept)  142.559      9.126   15.62 2.81e-07 ***
x            572.043     48.642   11.76 2.50e-06 ***
Signif. codes:  0 '***' 0.001 '**' 0.01 '*' 0.05 '.' 0.1 ' ' 1 
Residual standard error: 4.582 on 8 degrees of freedom
Multiple R-squared: 0.9453,     Adjusted R-squared: 0.9385 
F-statistic: 138.3 on 1 and 8 DF,  p-value: 2.5e-06 

> a2<-lm(y~x+I(x^2), weights=w^(-1))
> summary(a2)
Residuals:
   Min      1Q  Median      3Q     Max 
-2.5039 -0.9827 -0.1992  0.8474  3.4795 
Coefficients:
            Estimate Std. Error t value Pr(>|t|)    
(Intercept)  181.228      7.146  25.360 3.79e-08 ***
x             41.404     85.845   0.482 0.644303    
I(x^2)      1475.242    232.103   6.356 0.000383 ***
Residual standard error: 1.883 on 7 degrees of freedom
Multiple R-squared: 0.9919,     Adjusted R-squared: 0.9896 
F-statistic: 429.9 on 2 and 7 DF,  p-value: 4.732e-08 
```

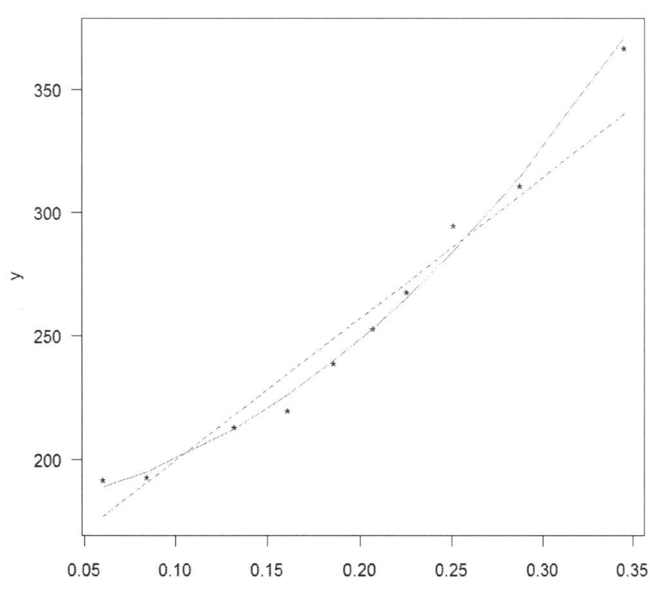

〈그림 8.1〉 1차 선형모형 적합선과 2차 선형모형 적합선

예제 8.2

McIntosh 사과나무의 어린가지에 관한 데이터가 〈표 8.2〉와 같다. 평균 줄기 길이 ybar와 저장일수 day와의 관계를 다음의 회귀모형

$$Y = \beta_0 + \beta_1 day + \epsilon$$

으로 구하고자 한다. 여기서 ybar 값은 n가지 수에 대한 평균값이므로 오차항의 분산은 가지 수 n에 의존하게 된다. $\epsilon \sim N\left(0, \frac{\sigma^2}{n}\right)$을 가정한다. 가중값 n을 고려한 가중회귀식을 구하고자 한다.

〈표 8.2〉 사과나무 데이터

day	n	long ybar	shoot sd	day	n	short ybar	shoot sd
0	5	10.2	0.83	0	5	10	0
3	5	10.4	0.54	6	5	11	0.72
7	5	10.6	0.54	9	5	10	0.72
13	6	12.5	0.83	19	11	13.36	1.03
18	5	12	1.41	27	7	14.29	0.95
24	4	15	0.82	30	8	14.5	1.19
25	6	15.17	0.76	32	8	15.38	0.51
32	5	17	0.72	34	5	16.6	0.89
38	7	18.71	0.74	36	6	15.5	0.54
42	9	19.22	0.84	38	7	16.86	1.35
44	10	20	1.26	40	4	17.5	0.58
49	19	20.32	1	42	3	17.33	1.52
52	14	22.07	1.2	44	8	18	0.76
55	11	22.64	1.76	48	22	18.46	0.75
58	9	22.78	0.84	50	7	17.71	0.95
61	14	23.93	1.16	55	24	19.42	0.78
69	10	25.5	0.98	58	15	20.6	0.62
73	12	25.08	1.94	61	12	21	0.73
76	9	26.67	1.23	64	15	22.33	0.89
88	7	28	1.01	67	10	22.2	0.79
100	10	31.67	1.42	75	14	23.86	1.09
106	7	32.14	2.28	79	12	24.42	1
0	5	10	0	82	19	24.79	0.52
6	5	11	0.72	85	5	25	1.01
9	5	10	0.72	88	27	26.04	0.99
19	11	13.36	1.03	91	5	26.6	0.54

day	n	long ybar	shoot sd	day	n	short ybar	shoot sd
27	7	14.29	0.95	94	16	27.12	1.16
30	8	14.5	1.19	97	12	26.83	0.59
32	8	15.38	0.51	100	10	28.7	0.47
34	5	16.6	0.89	106	15	29.33	1.74

n을 가중값으로 한 가중회귀분석 프로그램 [프로그램 8.2]를 수행하면 [결과 8.2]를 얻으며 $R^2 = 0.948$로 매우 높은 설명력을 나타낸다. 〈그림 8.2〉에서는 산점도와 추정된 가중회귀직선을 보여 준다.

[프로그램 8.2] 사과나무 데이터에 대한 가중회귀분석

```
apple<-read.csv(file='d:/R선형회귀/프로그램/mcapple.csv', header=T)
attach(apple)

a<-lm(ybar~day, weights=n)   # 가중회귀
summary(a)
plot(day,ybar)
abline(a)

detach(apple)
```

[결과 8.2] 사과나무 데이터에 대한 가중회귀분석

```
> a<-lm(ybar~day, weights=n)
> summary(a)
Residuals:
   Min     1Q Median     3Q    Max
-6.053 -2.570 -1.056  3.145  8.382
Coefficients:
            Estimate  Std. Error  t value  Pr(>|t|)
(Intercept) 10.019139   0.412451   24.29   <2e-16 ***
day          0.191322   0.006338   30.19   <2e-16 ***
---
Signif. codes:  0 '***' 0.001 '**' 0.01 '*' 0.05 '.' 0.1 ' ' 1
Residual standard error: 3.876 on 50 degrees of freedom
Multiple R-squared: 0.948,     Adjusted R-squared: 0.9469
F-statistic: 911.2 on 1 and 50 DF,  p-value: < 2.2e-16
```

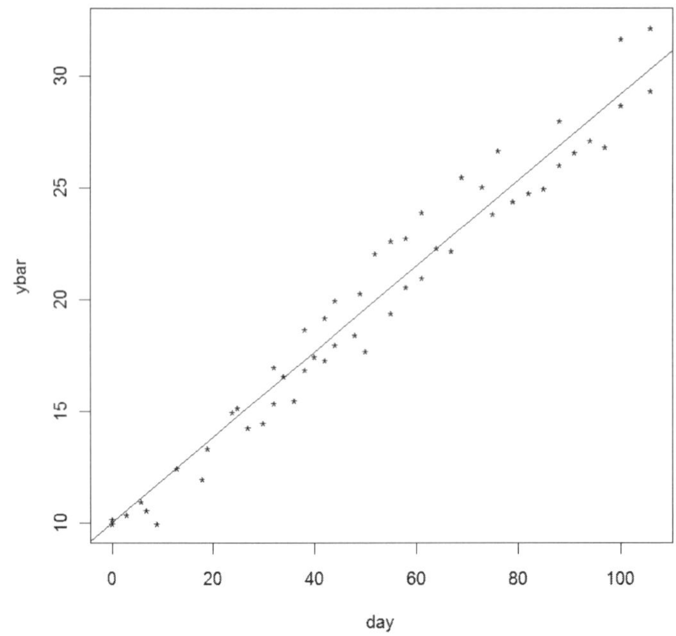

〈그림 8.2〉 사과나무 데이터 산점도와 추정된 가중회귀직선

8.3 R 활용 가중회귀분석

R에서는 `lm()` 함수에서 `weights` 옵션을 이용하여 가중 선형회귀분석을 할 수 있으며 [예제 8.1]과 [예제 8.2]를 참조하면 된다. [예제 8.3]에서는 오차항의 자기상관을 고려한 가중회귀 예를 보여 주고자 한다.

예제 8.3

R 시스템 내장 데이터 `data(longley)` 에서의 1947년부터 1962년까지 데이터에 대해 GNP와 인구수를 설명변수로 하고 취업자 수를 반응변수로 하여 가중회귀분석을 하고자 한다.

longley 데이터에 대한 선형회귀분석 [프로그램 8.3] 수행 후 [결과 8.3]을 보면 추정된 회귀식은

$$\hat{Y} = 88.93880 + 0.06317 \times GNP - 0.40974 \times Population$$

이다. GNP와 인구수(Population)와의 상관계수는 0.99로 양의 상관성이 매우 높으며,

잔차에 대해 1차 자기상관계수를 구해 보면 0.31로 오차에 대해 상관성이 존재하므로 이를 반영한 일반화회귀모형을 적합해야 한다. 오차에 대해 1차 자기상관(AutoRegressive 1) 가정을 하고 `gls()` 함수를 이용하여 가중회귀모형을 적합한 결과 AR(1) 계수는 0.64로 추정되었고 추정 회귀식은

$$\hat{Y} = 101.85813 + 0.07207 \times GNP - 0.54851 \times Population$$

이다.

R에서는 비선형모형 패키지 `nlme`와 `gls()` 함수로도 가중회귀분석을 할 수 있다.

[프로그램 8.3] longley 데이터에 대한 가중회귀분석

```
data(longley)
attach(longley)

g<-lm(Employed ~ GNP + Population, data=longley)
summary(g)
cor(GNP, Population)
cor(residuals(g)[-1],residuals(g)[-16])

library(nlme)                          # nonlinear model
gl<-gls(Employed~GNP+Population,correlation=corAR1(form=~Year), data=longley)
                                       #generalized least squares method
summary(gl)
intervals(gl)
```

[결과 8.3] (1) `longley` 데이터에 대한 선형회귀분석

```
> g<-lm(Employed ~ GNP + Population, data=longley)
> summary(g)
Call:
lm(formula = Employed ~ GNP + Population, data = longley)
Residuals:
     Min       1Q   Median       3Q      Max
-0.80899 -0.33282 -0.02329  0.25895  1.08800
Coefficients:
             Estimate Std. Error t value Pr(>|t|)
(Intercept) 88.93880   13.78503   6.452 2.16e-05 ***
GNP          0.06317    0.01065   5.933 4.96e-05 ***
Population  -0.40974    0.15214  -2.693   0.0184 *
---
Residual standard error: 0.5459 on 13 degrees of freedom
Multiple R-squared: 0.9791,     Adjusted R-squared: 0.9758
F-statistic: 303.9 on 2 and 13 DF,  p-value: 1.221e-11

> cor(GNP, Population)
```

```
[1] 0.99109
> cor(residuals(g)[-1], residuals(g)[-16])
[1] 0.3104092
```

[결과 8.3] (2) longley 데이터에 대한 가중회귀분석

```
>gl<-gls(Employed~GNP+Population,correlation=corAR1(form=~Year), data=longley)
>                    #generalized least squares method
> summary(gl)
Generalized least squares fit by REML
  Model: Employed ~ GNP + Population
  Data: longley
       AIC      BIC    logLik
  44.66377 47.48852 -17.33188
Correlation Structure: AR(1)
 Formula: ~Year
 Parameter estimate(s):
      Phi
0.6441692
Coefficients:
                Value Std.Error   t-value p-value
(Intercept) 101.85813 14.198932  7.173647  0.0000
GNP           0.07207  0.010606  6.795485  0.0000
Population   -0.54851  0.154130 -3.558778  0.0035
 Correlation:
           (Intr) GNP
GNP         0.943
Population -0.997 -0.966
Standardized residuals:
       Min         Q1         Med          Q3         Max
-1.5924564 -0.5447822 -0.1055401  0.3639202  1.3281898
Residual standard error: 0.689207
Degrees of freedom: 16 total; 13 residual
```

8.1 갈톤(Sir Francis Galton)은 한 세대에서 그 다음 세대로의 특성이 유전되는 것을 밝히기 위해 콩(sweet pea) 자료를 이용하였으며 후에 피어슨(Karl Pearson, 1930)이 데이터를 정리하여 〈표 8.3〉을 얻었다.

(a) X와 Y의 산점도를 그리시오.

(b) 주어진 표준편차를 가중하여 가중회귀식을 구하시오.

(c) 산점도와 (b)에서 추정한 회귀직선을 같이 그리시오.

(d) (b) 모형에 대한 잔차그림을 그리고 설명하시오.

〈표 8.3〉 콩 유전 데이터

diameter of parent peas X	mean diameter of offspring peas Y	standard deviation $\sqrt{w_i}$
21	17.26	1.988
20	17.07	1.938
19	16.37	1.896
18	16.40	2.037
17	16.13	1.654
16	16.17	1.594
15	15.98	1.764

8.2 (Jevons' gold coins) 영국 멘체스터에서 만들어진 금화 동전에 대해 만들어진 시기별로 동전 274개에 대해 조사한 자료이다. 시기별로 각 동전에 대해 무게를 재고 평균과 표준편차를 구해 〈표 8.4〉 데이터를 얻었다. (W. Stanley Jevons, 1868)

〈표 8.4〉 금화 동전 데이터

age (decades)	sample size (n)	average weight	sd
1	123	7.9725	0.01409
2	78	7.9503	0.02272
3	32	7.9276	0.03426
4	17	7.8962	0.04057
5	24	7.8730	0.05353

(a) X=age와 Y=average weight (반응변수)의 산점도를 그리시오.

(b) age에 대해 주어진 표준편차에 대한 산점도를 그리고 설명하시오.

(c) 시기별로 동전 개수의 차이가 크다. $Var(\overline{Y}) = sd^2/n$를 고려하여 이 값을 가중하여 가중회귀식을 구하시오.

(c) 산점도와 (b)에서 추정한 회귀직선을 같이 그리시오.

(d) (b) 모형에 대한 잔차그림을 그리고 설명하시오.

+ + +

CHAPTER 09

가변수회귀모형

지금까지 양적 변수(quantitative variable)들을 다루는 회귀모형에 대해 다루었다. 양적 변수는 그 숫자가 고유의 속성을 나타내며 어떤 구간에 속하는 모든 값을 취하는 형태이며 양적으로 비교 가능한 연속형 변수이다. 질적 변수(qualitative variable)도 회귀분석에 포함할 수 있으며 가변수를 활용한다. 가변수(dummy variable) 또는 지시변수(indicator variable)는 범주를 나타낼 때 쓰이는 설명변수이다. 예를 들어, 남과 여, 처리(treatment)와 대조(control) 또는 질병발생 여부는 두 개 범주를 가지는 경우이며 0과 1로 표기할 수 있다. 자동차의 종류, 보험의 종류, 신용 등급, 학년 등은 여러 개의 범주를 가지는 질적 변수이다. 이와 같이 질적 변수는 범주에 대한 값은 임의적이며 이와 같은 변수가 포함된 경우의 회귀모형에 대해 알아보고자 한다.

9.1 이분 가변수 경우

설명변수 X와 이분(dichotomous) 가변수 A를 포함한 다음의 회귀모형을 고려해보자.

$$Y = \beta_0 + \beta_1 A + \beta_2 X + \epsilon \tag{9.1}$$

여기서 $A = \begin{cases} 0 \\ 1 \end{cases}$인 이분 범주형 변수이고 X는 연속형 설명변수이다. 모형 (9.1)을 이분변수 A를 고려하여 다시 쓰면

$$Y = \begin{cases} \beta_0 + \beta_2 X + \epsilon, & A = 0 \\ \beta_0 + \beta_1 + \beta_2 X + \epsilon, & A = 1. \end{cases} \tag{9.2}$$

또한 반응함수는

$$E(Y) = \begin{cases} \beta_0 + \beta_2 X, & A = 0 \\ \beta_0 + \beta_1 + \beta_2 X, & A = 1 \end{cases}$$

이 된다. 예를 들어 $A=0$이 남자, $A=1$이 여자인 경우라면 두 개 회귀직선의 절편의 차는 남녀 간의 차이를 의미한다.

회귀모형 (9.1)은 범주가 다르더라도 설명변수 X에 대한 회귀계수를 같이 추정

하고자 할 때 의미있는 모형이다. 그러나 범주에 따라 설명변수 X에 대한 회귀계수도 변한다면 모형 (9.3)과 같이 상호작용 항을 포함한 회귀모형

$$Y = \beta_0 + \beta_1 A + \beta_2 X + \beta_{12} AX + \epsilon \tag{9.3}$$

을 활용한다. 모형 (9.3)을 이분변수 A에 따라 다시 쓰면

$$Y = \begin{cases} \beta_0 + \beta_2 X + \epsilon, & A = 0 \\ \beta_0 + \beta_1 + (\beta_2 + \beta_{12})X + \epsilon, & A = 1 \end{cases} \tag{9.4}$$

이므로 β_{12}는 범주에 따른 X에 대한 회귀계수의 변화량을 나타낸다. 또한 반응함수는

$$E(Y) = \begin{cases} \beta_0 + \beta_2 X, & A = 0 \\ \beta_0 + \beta_1 + (\beta_2 + \beta_{12})X, & A = 1 \end{cases} \tag{9.5}$$

이다.

〈그림 9.1〉(a)는 두 범주 간의 차이가 평행인 경우를 보여 주며 〈그림 9.1〉(b)는 설명변수 값에 따라 두 범주 간의 차이가 나는 경우를 보여 준다.

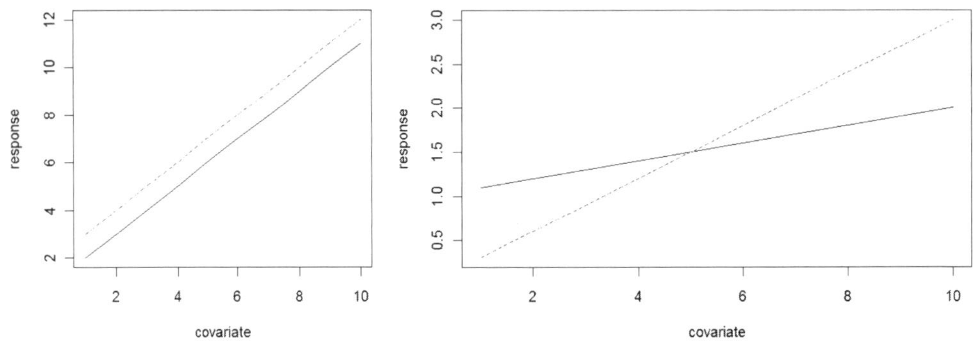

(a) 두 범주 간의 차이가 평행 (b) 두 범주 간의 차이가 교차

〈그림 9.1〉 두 범주에 대한 회귀직선

9.2 두 개 회귀직선의 비교

그룹별로 회귀직선을 추정하고 이들이 같다고 할 수 있는지 검정하고자 한다. 예를 들어, 남녀별로 각각 다음과 같은 회귀모형을 적합할 경우

$$
\begin{cases} Y_m = \beta_{0m} + \beta_{1m}X + \epsilon, & \text{남자} \\ Y_f = \beta_{0f} + \beta_{1f}X + \epsilon, & \text{여자} \end{cases} \tag{9.6}
$$

남녀별 회귀직선의 동일성 여부에 대한 검정을 하여 그룹별 특성과 차이에 대한 정보를 얻을 수 있다. 만약 동일성을 만족한다면 그룹의 구별이 유의하지 않으므로 그룹별 데이터를 통합할 수도 있다. 만약 동일성을 만족하지 않는다면 그룹별 관계식이 다르므로 그룹별 회귀식을 구하고 각 그룹에 대한 특성을 파악해야 한다.

9.2.1 회귀직선의 평행성 검정-각 모형의 경우

두 회귀직선의 평행성 검정, 즉 두 직선의 기울기에 대한 검정이며 귀무가설

$$
\mathrm{H}_0 : \beta_{1m} = \beta_{1f} \tag{9.7}
$$

에 대해 다음의 세 가지 통계적 가설을 고려한다.

(i) $H_0 : \beta_{1m} = \beta_{1f}$ 대해 $H_1 : \beta_{1m} > \beta_{1f}$

(ii) $H_0 : \beta_{1m} = \beta_{1f}$ 대해 $H_1 : \beta_{1m} < \beta_{1f}$

(iii) $H_0 : \beta_{1m} = \beta_{1f}$ 대해 $H_1 : \beta_{1m} \neq \beta_{1f}$

검정통계량으로

$$
T = \frac{\widehat{\beta_{1m}} - \widehat{\beta_{1f}}}{S_{\widehat{\beta_{1m}} - \widehat{\beta_{1f}}}} \tag{9.8}
$$

을 사용하여 t-검정을 할 수 있다. 여기서

$\widehat{\beta_{1m}}$는 남자의 경우 표본크기 n_m을 사용한 β_{1m}에 대한 최소제곱추정량

$\widehat{\beta_{1f}}$는 여자의 경우 표본크기 n_f을 사용한 β_{1f}에 대한 최소제곱추정량

$S_{\widehat{\beta_{1m}} - \widehat{\beta_{1f}}}$는 기울기 추정량 차 $\widehat{\beta_{1m}} - \widehat{\beta_{1f}}$의 표준편차 추정량

$$
S_{\widehat{\beta_{1m}} - \widehat{\beta_{1f}}} = S^2_{P,\,Y|X}\left[\frac{1}{(n_m-1)S^2_{X_m}} + \frac{1}{(n_f-1)S^2_{X_f}}\right] \tag{9.9}
$$

$$
S^2_{P,\,Y|X} = \frac{(n_m-2)S^2_{Y|X_m} + (n_f-2)S^2_{Y|X_f}}{m_m + n_f - 4} \tag{9.10}
$$

$S^2_{Y|X_m}$은 남자 데이터에 대한 잔차 평균제곱오차

$S^2_{Y|X_f}$은 여자 데이터에 대한 잔차 평균제곱오차

$S_{X_m}^2$ 은 남자 데이터에서 X의 표본분산

$S_{X_f}^2$ 은 여자 데이터에서 X의 표본분산.

각 가설에 대한 유의수준 α 검정법은 다음과 같다:

(i) $T \geq t_{n_m + n_f - 4}(\alpha)$이면 H_0를 기각한다.

(ii) $T \leq -t_{n_m + n_f - 4}(\alpha)$이면 H_0를 기각한다.

(iii) $|T| \geqq t_{n_m + n_f - 4}(\alpha/2)$이면 H_0를 기각한다.

9.2.2 회귀직선의 평행성 검정-가변수의 경우

가변수 Z를 이용하여 두 개의 회귀모형을 포함하도록 다음의 회귀모형

$$Y = \beta_0 + \beta_1 X + \beta_2 Z + \beta_3 XZ + \epsilon \tag{9.11}$$

을 고려할 수 있으면 $Z = 0, 1$의 경우에 따라

$$Y = \begin{cases} \beta_0 + \beta_1 X + \epsilon, & Z = 0 \quad (\text{남자}) \\ (\beta_0 + \beta_2) + (\beta_1 + \beta_3) X + \epsilon, & Z = 1 \quad (\text{여자}) \end{cases} \tag{9.12}$$

로 다시 표현되어 가변수로 나뉘는 각 집단의 회귀식을 보여 준다.

두 회귀직선의 기울기에 의한 평행성 검정은 다음의 귀무가설

$$H_0 : \beta_3 = 0 \tag{9.13}$$

로 쓸 수 있으며 t-검정 또는 부분 F-검정을 통해 가설검정을 할 수 있다.

다음의 통계적 가설을 고려한다:

(i) $H_0 : \beta_3 = 0$ 대해 $H_1 : \beta_3 > 0$

(ii) $H_0 : \beta_3 = 0$ 대해 $H_1 : \beta_3 < 0$

(iii) $H_0 : \beta_3 = 0$ 대해 $H_1 : \beta_3 \neq 0$

검정통계량으로 t-통계량

$$T = \frac{\widehat{\beta_3}}{S_{\widehat{\beta}_3}} \tag{9.14}$$

을 사용하여 t-검정을 할 수 있다. 여기서

$\widehat{\beta_3}$는 표본크기 $n_m + n_f$를 사용한 β_3에 대한 최소제곱추정량

$S_{\widehat{\beta_3}}$는 추정량 $\widehat{\beta_3}$의 표준편차 추정량.

각 가설에 대한 유의수준 α 검정법은 다음과 같다:

(i) $T \geq t_{n_m + n_f - 4}(\alpha)$이면 H_0를 기각한다.

(ii) $T \leq -t_{n_m + n_f - 4}(\alpha)$이면 H_0를 기각한다.

(iii) $|T| \geqq t_{n_m + n_f - 4}(\alpha)$이면 H_0를 기각한다.

부분 F-검정통계량

$$F(XZ \mid X, Z) = \frac{RSS(X, Z, XZ) - RSS(X, Z)}{MSE(X, Z, XZ)} \tag{9.15}$$

은 귀무가설하에서 $F_{1, n_m + n_f - 4}$ 분포를 따른다. 그러므로 유의수준 α 검정법은

$$F \geq F_{1, n_m + n_f - 4}(\alpha)\text{이면 } H_0\text{를 기각한다.} \tag{9.16}$$

여기서 $SS(X, Z)$는 설명변수 X와 Z 로 설명되는 제곱합을, $RSS(X, Z)$은 설명변수 X와 Z 로 설명된 후의 잔차제곱합을 나타낸다.

9.2.3 회귀직선의 일치성 검정-각 모형의 경우

두 회귀직선의 절편과 기울기가 같으면 두 직선이 일치하므로 이러한 상황에 대한 검정이 필요하다. 즉 절편과 기울기에 대한 동시 검정으로 다음의 가설

$$H_0 : \beta_{0m} = \beta_{0f} = \beta_0 \quad \text{and} \quad \beta_{1m} = \beta_{1f} = \beta_1 \quad \text{대해} \quad H_1 : \text{ not } H_0 \tag{9.17}$$

을 고려하고자 한다.

부분 F-검정통계량은

$$F(XZ \mid X, Z) = \frac{(RSS(X, Z, XZ) - RSS(X, Z))/2}{MSE(X, Z, XZ)} \tag{9.18}$$

이며 귀무가설하에서 $F_{2, n_m + n_f - 4}$ 분포를 따른다. 그러므로 유위수준 α에서 검정법은

$$\text{만일 } F \geq F_{2, n_m + n_f - 4}(\alpha)\text{이면 } H_0\text{를 기각한다.} \tag{9.19}$$

9.2.4 회귀직선의 일치성 검정–가변수의 경우

모형비교를 통해 두 회귀직선의 일치성 여부에 대한 검정을 할 수 있다. 두 회귀직선이 일치할 경우에는 다음의 모형

$$Y = \beta_0 + \beta_1 X + \beta_2 Z + \beta_3 XZ + \epsilon \tag{9.20}$$

과

$$Y = \beta_0 + \beta_1 X + \epsilon \tag{9.21}$$

이 같게 되므로 이들 모형에 대한 부분 F–검정을 수행한다.

부분 F 검정통계량은

$$F(XZ, Z \mid X) = \frac{(RSS(X, Z, XZ) - RSS(X))/2}{MSE(X, Z, XZ)} \tag{9.22}$$

이며 귀무가설하에서 $F_{2, n_m + n_f - 4}$ 분포를 따른다. 그러므로 검정법은

$$F \geq F_{2, n_m + n_f - 4}(\alpha) \text{이면 } H_0 \text{를 기각한다.} \tag{9.23}$$

9.3 다분 가변수 경우

다음의 다분(polytomous) 가변수를 포함한 회귀모형을 고려해 보자.

$$Y = \beta_0 + \beta_1 A_1 + \beta_2 A_2 + \beta_3 A_3 + \gamma X + \epsilon \tag{9.24}$$

여기서

$$A_1 = \begin{cases} 0 \\ 1 \end{cases}, \quad A_2 = \begin{cases} 0 \\ 1 \end{cases}, \quad A_3 = \begin{cases} 0 \\ 1 \end{cases} \tag{9.25}$$

인 이분 범주형 변수이고 X는 연속형 설명변수이다.

예를 들어, 6개체에 대해 $\boldsymbol{X}$ 행렬이 다음과 같을 때,

$$\boldsymbol{Y} = \begin{pmatrix} Y_1 \\ Y_2 \\ Y_3 \\ Y_4 \\ Y_5 \\ Y_6 \end{pmatrix}, \quad \boldsymbol{X} = \overset{\quad A_1\ A_2\ A_3\ X}{\begin{pmatrix} 1 & 1 & 0 & 0 & X_1 \\ 1 & 1 & 0 & 0 & X_2 \\ 1 & 0 & 1 & 0 & X_3 \\ 1 & 0 & 1 & 0 & X_4 \\ 1 & 0 & 0 & 1 & X_5 \\ 1 & 0 & 0 & 1 & X_6 \end{pmatrix}}, \quad \boldsymbol{\beta} = \begin{pmatrix} \beta_0 \\ \beta_1 \\ \beta_2 \\ \beta_3 \\ \gamma \end{pmatrix} \tag{9.26}$$

최소제곱추정량 $\hat{\beta}=(\boldsymbol{X}'\boldsymbol{X})^{-1}\boldsymbol{X}'\boldsymbol{Y}$ 계산에서 A_1열 $+ A_2$열 $+ A_3$열 $=$ 첫 번째 열이므로 열간 완전한 종속관계가 존재하고, $\boldsymbol{X}'\boldsymbol{X}$는 정칙행렬이 아니므로 최소제곱추정량을 구할 수 없게 된다. 이러한 문제를 해결하기 위하여 A_3를 A_1과 A_2를 사용하여 표현하여 $\boldsymbol{X}$ 행렬이 정칙행렬이 되도록 만든다.

위 모형은 $A_1 = A_2 = 0$인 경우 A_3로 표현할 수 있으므로

$$Y = \beta_0 + \beta_1 A_1 + \beta_2 A_2 + \gamma X + \epsilon \tag{9.27}$$

로 축소하여 다시 쓸 수 있다. 즉 $\boldsymbol{X}$ 행렬은

$$\boldsymbol{X} = \begin{array}{c} \quad A_1\ A_2\ \ X \\ \begin{pmatrix} 1 & 1 & 0 & x_1 \\ 1 & 1 & 0 & x_2 \\ 1 & 0 & 1 & x_3 \\ 1 & 0 & 1 & x_4 \\ 1 & 0 & 0 & x_5 \\ 1 & 0 & 0 & x_6 \end{pmatrix} \end{array} \tag{9.28}$$

이 되어 최소제곱추정량을 구할 수 있게 된다.

반응함수를 구해 보면

$$E(Y) = \begin{cases} \beta_0 + \beta_1 + \gamma X, & A_1 = 1 \\ \beta_0 + \beta_2 + \gamma X, & A_2 = 1 \\ \beta_0 + \gamma X, & A_3 = 1 \end{cases} \tag{9.29}$$

이 된다. 이 경우는 설명변수 X에 대해 같은 기울기를 가진 경우이며 반응함수들의 차이는 절편의 차이로 나타난다.

설명변수 X에 대해 기울기가 같다고 할 수 없다면 다음과 같이 상호작용 항을 포함한 모형을 고려해야 한다:

$$Y = \beta_0 + \beta_1 A_1 + \beta_2 A_2 + \gamma X + \beta_3 A_1 X + \beta_4 A_2 X + \epsilon. \tag{9.30}$$

반응함수를 구해 보면

$$E(Y) = \begin{cases} \beta_0 + \beta_1 + (\gamma + \beta_3)X, & \text{if } A_1 = 1, A_2 = 0,\ A_3 = 0 \\ \beta_0 + \beta_2 + (\gamma + \beta_4)X, & \text{if } A_1 = 0, A_2 = 1,\ A_3 = 0 \\ \beta_0 + \gamma X, & \text{if } A_1 = 0, A_2 = 0,\ A_3 = 1 \end{cases} \tag{9.31}$$

이 되어 $A_i = 1$인 경우에 따라 절편과 기울기가 모두 다르다.

이와 같이 일반적으로 q개의 질적(qualitative) 변수가 있을 경우에는 $q-1$개의 가변수를 사용하여 표현하면 최소제곱추정량을 구할 수 있다.

9.4 R 활용 가변수회귀분석

예제 9.1

1975년 미국 플로리다 주에서 구름에 silver iodide 씨앗을 100g부터 1000g까지 뿌린 후 강수량 증가 실험을 하였다.

seeding: 구름에 씨앗을 준 여부(yes, no)
time : 실험 첫날 이후 비온 날(1975년 6월 16일 =0)
sne : 구름 씨앗 주기에 대한 적정성(suitability criterion)
cloudcover : 실험 지역의 구름 퍼센트
prewetness : $10^7\ m^3$ 면적당 구름씨앗을 주기 전 강수량
echomotion : 구름 종류(stationary, moving)
rainfall : 일정 시간 후 강수량

구름씨앗에 대한 강수량 예측모형을 구해 보자.

[프로그램 9.1]에서 가변수 회귀모형적합을 위한 프로그램을 보여 준다. 원래 변수에 대해 `as.numeric()` 함수를 이용해 가변수 `seeding`을 생성했으며 [결과 9.1](1)에서 seeding 여부에 따라 다음의 회귀식

$$Y=\begin{cases}8.5651-1.4604\times sne, & \text{seeding}=0\\ 8.5651+0.9323-1.4602\times sne, & \text{seeding}=1\end{cases}$$

을 얻었다. 〈그림 9.2〉(a)는 seeding 여부에 따른 회귀직선을 보여 준다.

마찬가지로 가변수 `echomotion`을 생성했으며 [결과 9.1](2)에서 echomotion 종류에 따라 다음의 회귀식

$$Y=\begin{cases}7.8052-1.2042\times sne, & \text{echomotion}=0\\ 7.8052+1.9866-1.2042\times sne, & \text{echomotion}=1\end{cases}$$

을 얻는다. 〈그림 9.2〉(b)는 echomotion 종류에 따른 회귀직선을 보여 준다.

[프로그램 9.2]는 가변수와의 상호작용까지 포함한 회귀모형적합을 위한 프로그램이다. 이와 같이 변수 상황에 맞도록 가변수를 생성한 후 모형에 포함시키면 된다. [결과 9.2]에서 가변수 seeding 여부와 가변수와의 상호작용효과를 포함한 회귀식

$$Y=\begin{cases}7.3195-1.0464\times sne, & \text{seeding}=0\\ 7.3195+4.7007-1.0464\times sne-1.1717\times seeding\times sne, & \text{seeding}=1\end{cases}$$

을 얻는다. 〈그림 9.3〉(a)는 seeding 여부 가변수와의 상호작용효과를 포함한 회귀직선을 보여 주고 〈그림 9.3〉(b)는 echomotion 종류 가변수와의 상호작용효과를 포함한 회귀직선을 보여 준다.

[프로그램 9.1] 구름 데이터에 대한 가변수 포함 회귀분석

```
library(HSAUR)
data("clouds", package = "HSAUR")
attach(clouds)
seeding<-as.numeric(clouds$seeding)-1           # yes=1  no=0  가변수 생성
echomotion<-as.numeric(clouds$echomotion)-1     # stationary=1  moving=0

ra<- lm(rainfall~ seeding  + sne  )             # 가변수 seeding 포함
summary(ra)
grid<-seq(1,5, by=0.5)
seed1<- ra$coefficients[[1]]+ra$coefficients[[2]] +ra$coefficients[[3]]*grid
seed0<- ra$coefficients[[1]]+ra$coefficients[[3]]*grid

plot(sne, rainfall, pch=seeding, sub="seeding : yes or no")  #그림 9.2(a)
legend(2.7,11, c("seeding=yes" ,"seeding=no"), pch=c(1,0))
lines(grid, seed1, lty=1)
lines(grid, seed0, lty=2)

ra<- lm(rainfall~ echomotion   + sne  )       # 가변수 echomotion 포함
summary(ra)
grid<-seq(1,5, by=0.5)
echo1<- ra$coefficients[[1]]+ra$coefficients[[2]] +ra$coefficients[[3]]*grid
echo0< ra$coefficients[[1]]+ra$coefficients[[3]]*grid

plot(sne,rainfall, pch=echomotion+2, sub="echomotion : 1(st) or 0(mov)") #그림 9.2(b)
legend(2.7,11, c("echo=stationary", "echo=moving"), pch=c(3,2))
lines(grid, echo1, lty=1)
lines(grid, echo0, lty=2)
```

[결과 9.1] (1) 구름 데이터에 대한 가변수 seeding 포함 회귀분석

```
> ra<- lm(rainfall~ seeding  + sne  )
> summary(ra)
Call:
lm(formula = rainfall ~ seeding + sne)
Residuals:
    Min      1Q  Median      3Q     Max
-6.1965 -1.5845 -0.1729  1.1643  6.8406
Coefficients:
            Estimate Std. Error t value Pr(>|t|)
(Intercept)   8.5651     2.1835   3.923 0.000782 ***
seeding       0.9323     1.2151   0.767 0.451470
sne          -1.4604     0.6692  -2.182 0.040586 *
---
Signif. codes:  0 '***' 0.001 '**' 0.01 '*' 0.05 '.' 0.1 ' ' 1

Residual standard error: 2.929 on 21 degrees of freedom
Multiple R-squared: 0.1896,     Adjusted R-squared: 0.1124
F-statistic: 2.456 on 2 and 21 DF,  p-value: 0.1100
```

[결과 9.1] (2) 구름 데이터에 대한 가변수 echomotion 포함 회귀분석

```
> ra<- lm(rainfall~ echomotion   + sne  )
> summary(ra)
Residuals:
    Min      1Q  Median      3Q     Max
-5.7698 -1.9424  0.1154  1.2097  6.5233
Coefficients:
            Estimate Std. Error t value Pr(>|t|)
(Intercept)   7.8052     2.2190   3.517  0.00205 **
echomotion    1.9866     1.4561   1.364  0.18692
sne          -1.2042     0.6514  -1.849  0.07864 .
---
Signif. codes:  0 '***' 0.001 '**' 0.01 '*' 0.05 '.' 0.1 ' ' 1
Residual standard error: 2.847 on 21 degrees of freedom
Multiple R-squared: 0.2347,     Adjusted R-squared: 0.1618
F-statistic:  3.22 on 2 and 21 DF,  p-value: 0.0603
```

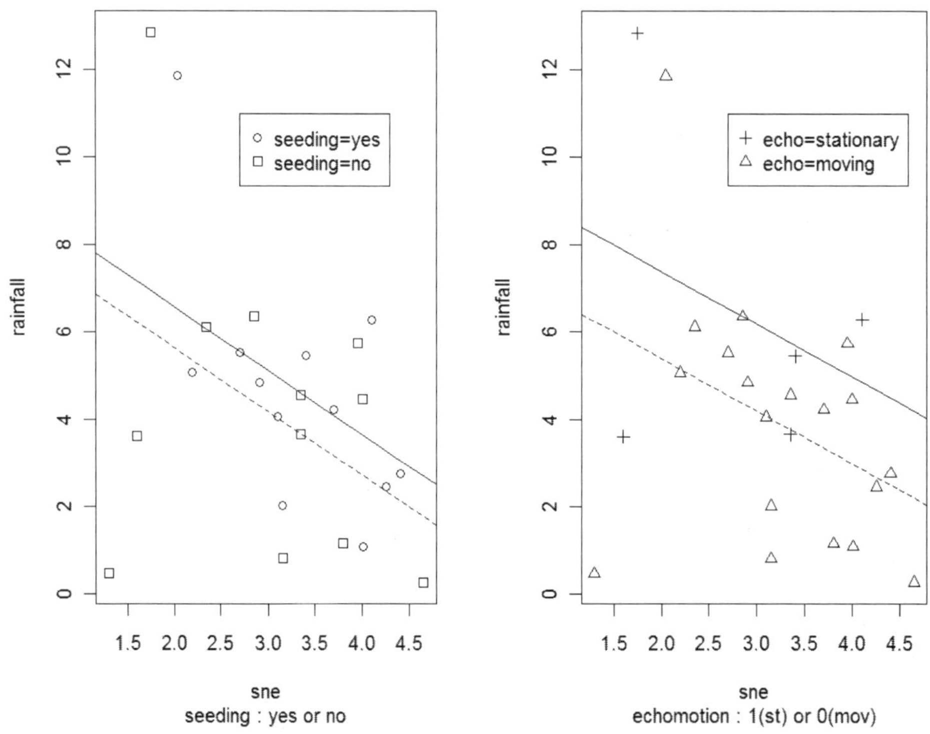

(a) seeding 여부 (b) echomotion 형태

〈그림 9.2〉 가변수에 따른 회귀직선

[**프로그램 9.2**] 구름 데이터에 대한 가변수 seeding과 상호작용 포함 회귀분석

```
# interaction term of seeding
ra<- lm(rainfall~ seeding  + sne  + seeding:sne)
summary(ra)
grid<-seq(1,5, by=0.5)
seed1<-ra$coeff[[1]]+ra$coeff[[2]] +ra$coeff[[3]]*grid +ra$coeff[[4]]*grid
seed0<- ra$coefficients[[1]]+ra$coefficients[[3]]*grid

plot(sne, rainfall, pch=seeding, sub="suitability for seeding")   #그림 9.3
  legend(2.7,11, c("seeding=yes" ,"seeding=no"), pch=c(1,0), lty=c(1,2))
lines(grid, seed1, lty=1)
lines(grid, seed0, lty=2)

# interaction term of echomotion
ra<- lm(rainfall~ echomotion  + sne  + echomotion:sne)
summary(ra)
```

[**결과 9.2**] 구름 데이터에 대한 가변수 seeding과 상호작용 포함 회귀분석

```
> summary(ra)
Call:
lm(formula = rainfall ~ seeding + sne + seeding:sne)
Residuals:
    Min      1Q  Median      3Q     Max
-5.4892 -2.0471 -0.1489  1.2661  7.3616
Coefficients:
            Estimate Std. Error t value Pr(>|t|)
(Intercept)   7.3195     2.6622   2.749   0.0124 *
seeding       4.7007     4.6985   1.000   0.3290
sne          -1.0464     0.8384  -1.248   0.2264
seeding:sne  -1.1717     1.4104  -0.831   0.4159
---
Signif. codes:  0 ‘***’ 0.001 ‘**’ 0.01 ‘*’ 0.05 ‘.’ 0.1 ‘ ’ 1
Residual standard error: 2.951 on 20 degrees of freedom
Multiple R-squared: 0.2166,     Adjusted R-squared: 0.09909
```

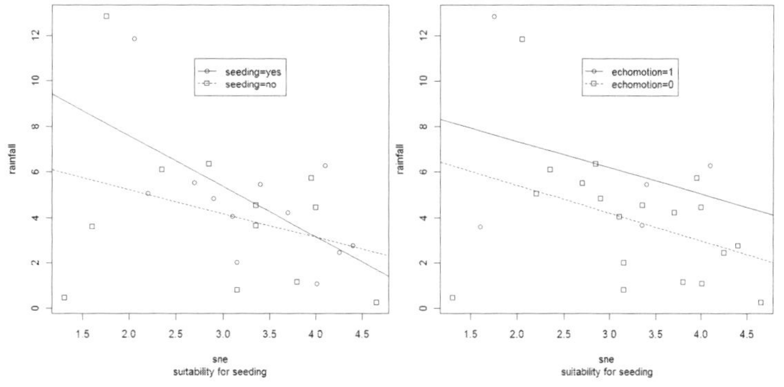

(a) seeding 여부　　　　　　　　(b) echomotion 형태

〈그림 9.3〉 가변수와 상호작용 따른 회귀직선

예제 9.2

Burt (1966)는 일란성 쌍둥이에 대해 한 명은 친부모가 키우고 다른 한 명은 보육기관에서 일정 기간 돌본 후 IQ 검사를 하여 데이터 〈표 9.1〉을 얻었다. 자란 환경에 따른 차이와 IQ의 관계식을 구하고자 한다.

Y : 보육기관에서 자란 쌍둥이 IQ

X : 친부모가 키운 쌍둥이 IQ

$A_1 = 1$: 친부모의 생활수준 = 높음

$A_2 = 1$: 친부모의 생활수준 = 중간

$A_3 = 1$: 친부모의 생활수준 = 낮음

〈표 9.1〉 일란성 쌍둥이 IQ 데이터

number	Y	X	A1	A2	A3
1	82	82	1	0	0
2	80	90	1	0	0
3	88	91	1	0	0
4	108	115	1	0	0
5	116	115	1	0	0
6	117	129	1	0	0
7	132	131	1	0	0
8	71	78	0	1	0
9	75	79	0	1	0
10	93	82	0	1	0
11	95	97	0	1	0
12	88	100	0	1	0
13	111	107	0	1	0
14	63	68	0	0	1
15	77	73	0	0	1
16	86	81	0	0	1
17	83	85	0	0	1
18	93	87	0	0	1
19	97	87	0	0	1
20	87	93	0	0	1
21	94	94	0	0	1
22	96	95	0	0	1
23	112	97	0	0	1
24	113	97	0	0	1
25	106	103	0	0	1
26	107	106	0	0	1
27	98	111	0	0	1

모형1 : $Y=\beta_0+\beta_1 A_1+\beta_2 A_2+\gamma X+\epsilon$

모형2 : $Y=\beta_0+\beta_1 A_1+\beta_2 A_2+\gamma X+\beta_3 A_1 X+\beta_4 A_2 X+\epsilon$

을 적합하고자 한다.

[프로그램 9.3]에서 가변수회귀분석을 위한 프로그램으로 이분변수가 3개이므로 가변수 2개로 모형을 표현하여 추정할 수 있다. [결과 9.3](1)에서 모형1에 대한 회귀식

$$Y=\begin{cases}5.6188-6.2264+0.9658X, & A_1=1\\ 5.6188-4.1911+0.9658X, & A_2=1\\ 5.6188+0.9658X, & A_3=1\end{cases}$$

을 얻는다.

[결과 9.3](2)에서 모형2에 대한 회귀식

$$Y=\begin{cases}7.20461-9.07665+(0.94842+0.02914)X, & A_1=1\\ 7.20461-6.38859+(0.94842+0.02414)X, & A_2=1\\ 7.20461+0.94842X, & A_3=1\end{cases}$$

을 얻는다. 〈그림 9.4〉는 $A_i=1$인 경우에 따라 점의 모양이 달라 친부모의 생활수준에 따른 산점도를 보여 준다. 〈그림 9.5〉(a)는 모형1에 의해 추정된 회귀직선이고 〈그림 9.5〉(b)는 모형2에 의해 추정된 회귀직선인데, 기울기의 차이가 미미하며 그룹 간 거의 평행함을 알 수 있다. 즉 IQ에 미치는 부모의 생활수준 차이는 절편의 차이로만 나타남을 알 수 있다.

[프로그램 9.3] 쌍둥이 데이터에 대한 가변수 회귀

```
twin<-read.csv(file='d:twin.csv', header=T)
attach(twin)
plot(X,Y, pch=c(1,2,3))    # 산점도
 legend(110,80, c("A1=1" ,"A2=1", "A3=1"), pch=c(1,2,3))

a<-lm(Y~A1+A2+X)                 # 모형1
summary(a)
  anova(a)

grid<-seq(60,140, by=4)
a1<-a$coefficients[[1]]+a$coefficients[[2]]+a$coefficients[[4]]*grid
a2<-a$coefficients[[1]]+a$coefficients[[3]]+a$coefficients[[4]]*grid
a3<-a$coefficients[[1]]+a$coefficients[[4]]*grid

plot(X,Y, pch=c(1,2,3), sub="(a)")
   legend(100,80, c("A1=1" ,"A2=1", "A3=1"), lty=c(1,2,3))
lines(grid, a1, lty=1)
lines(grid, a2, lty=2)
```

```
lines(grid, a3, lty=3)

b<-lm(Y~A1+A2+X + A1:X + A2:X)   # 모형2
summary(b)
  anova(b)
grid<-seq(60,140, by=4)
b1<-coef(b)[[1]]+coef(b)[[2]]+(coef(b)[[5]]+coef(b)[[4]])*grid
b2<-coef(b)[[1]]+coef(b)[[3]]+(coef(b)[[6]]+coef(b)[[4]])*grid
b3<-coef(b)[[1]]+coef(b)[[4]]*grid

plot(X,Y, pch=c(1,2,3), sub="(b)")
   legend(100,80, c("A1=1" ,"A2=1", "A3=1"), lty=c(1,2,3))
lines(grid, b1, lty=1)
lines(grid, b2, lty=2)
lines(grid, b3, lty=3)
```

[결과 9.3] (1) 모형1 가변수 회귀분석

```
> summary(a)
Call:
lm(formula = Y ~ A1 + A2 + X)
Residuals:
     Min       1Q   Median       3Q      Max
-14.8235  -5.2366  -0.1111   4.4755  13.6978
Coefficients:
            Estimate Std. Error t value Pr(>|t|)
(Intercept)   5.6188     9.9628   0.564    0.578
A1           -6.2264     3.9171  -1.590    0.126
A2           -4.1911     3.6951  -1.134    0.268
X             0.9658     0.1069   9.031 5.05e-09 ***
---
Signif. codes:  0 '***' 0.001 '**' 0.01 '*' 0.05 '.' 0.1 ' ' 1
Residual standard error: 7.571 on 23 degrees of freedom
Multiple R-squared: 0.8039,     Adjusted R-squared: 0.7784
F-statistic: 31.44 on 3 and 23 DF,  p-value: 2.604e-08
> anova(a)
Analysis of Variance Table
Response: Y
          Df Sum Sq Mean Sq F value    Pr(>F)
A1         1  631.5   631.5 11.0165  0.002989 **
A2         1  100.1   100.1  1.7456  0.199428
X          1 4674.7  4674.7 81.5521 5.047e-09 ***
Residuals 23 1318.4    57.3
---
Signif. codes:  0 '***' 0.001 '**' 0.01 '*' 0.05 '.' 0.1 ' '
```

[결과 9.3] (2) 모형2 가변수 회귀분석

```
> summary(b)
Call:
lm(formula = Y ~ A1 + A2 + X + A1:X + A2:X)
Residuals:
    Min       1Q   Median       3Q      Max
-14.4795  -5.2484  -0.1550   4.5822  13.7984
Coefficients:
            Estimate Std. Error t value Pr(>|t|)
(Intercept)  7.20461   16.75126   0.430    0.672
A1          -9.07665   24.44870  -0.371    0.714
A2          -6.38859   31.02087  -0.206    0.839
X            0.94842    0.18218   5.206 3.69e-05 ***
A1:X         0.02914    0.24458   0.119    0.906
A2:X         0.02414    0.33933   0.071    0.944
---
Signif. codes:  0 '***' 0.001 '**' 0.01 '*' 0.05 '.' 0.1 ' ' 1
Residual standard error: 7.921 on 21 degrees of freedom
Multiple R-squared: 0.8041,     Adjusted R-squared: 0.7574
F-statistic: 17.24 on 5 and 21 DF,  p-value: 8.31e-07
> anova(b)
Analysis of Variance Table
Response: Y
          Df Sum Sq Mean Sq F value    Pr(>F)
A1         1  631.5   631.5 10.0657  0.004585 **
A2         1  100.1   100.1  1.5949  0.220469
X          1 4674.7  4674.7 74.5132 2.382e-08 ***
A1:X       1    0.6     0.6  0.0098  0.922121
A2:X       1    0.3     0.3  0.0051  0.943948
Residuals 21 1317.5    62.7
---
Signif. codes:  0 '***' 0.001 '**' 0.01 '*' 0.05 '.' 0.1 ' ' 1
```

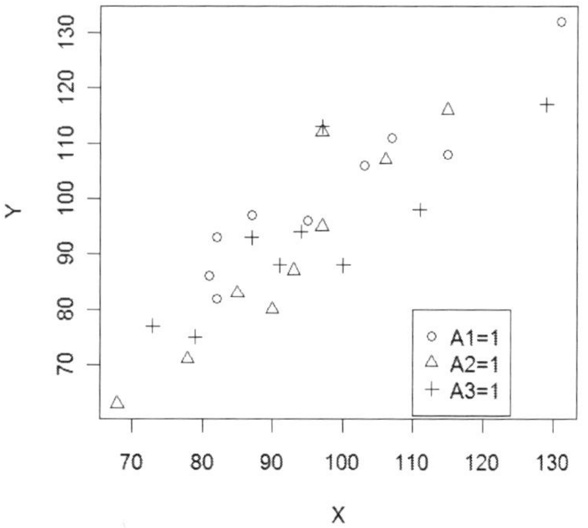

〈그림 9.4〉 쌍둥이 데이터 산점도

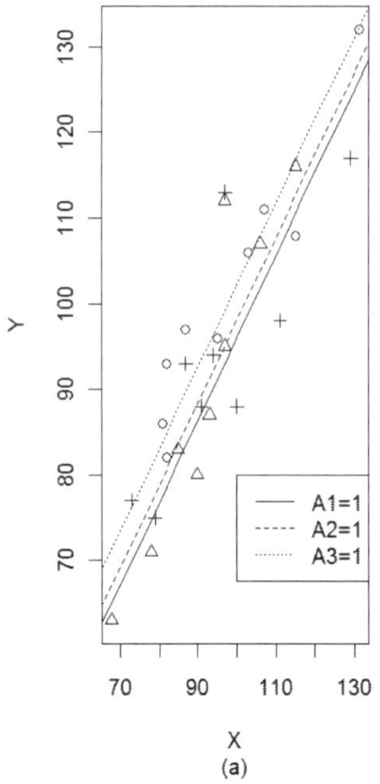

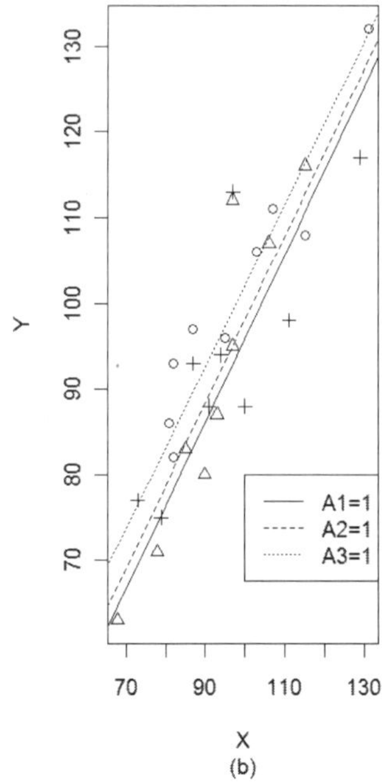

〈그림 9.5〉 가변수와 상호작용에 따른 회귀직선 (a)모형1 (b)모형2

9.1 중세 영국 교회(medieval English cathedral) 건축양식(architectural style)은 크게 고딕(Gothic) 양식과 로마네스크(Romanesque) 양식으로 분류된다. 건축양식에 따라 교회건물의 높이와 길이가 다르며 〈표 9.2〉는 건축물에 따라 조사된 데이터이다. 건축양식에 따라 교회건물의 길이(length: X)와 높이(height: Y) 간의 관계식을 구하고자 한다.

(a) 건축양식에 따라 점 모양을 달리하여 산점도를 그리시오.

(b) 건축양식을 가변수로 놓고 길이(length: X)를 설명변수로 높이(height: Y)를 반응변수로 하여 회귀분석하시오.

(c) (b) 모형 결과로 건축양식에 따른 회귀직선을 산점도와 함께 그리시오.

(d) 길이(length: X)를 설명변수로 높이(height: Y)를 반응변수로 하여 회귀분석을 하시오. (b)의 모형과 비교하시오.

(e) (d) 모형 결과로 얻은 회귀직선을 산점도와 함께 그리시오.

〈표 9.2〉 중세 영국 교회 건축양식

style	cath	height	length	style	cath	height	length
Romanesque	Durham	75	502	Gothic	York	100	519
Romanesque	Camterbury	80	522	Gothic	Bath	75	225
Romanesque	Gloucester	68	425	Gothic	Bristol	52	300
Romanesque	Hereford	64	344	Gothic	Chichester	62	418
Romanesque	Norwich	83	407	Gothic	Exeter	68	409
Romanesque	Peterborough	80	451	Gothic	Gloucester	86	425
Romanesque	St.Albans	70	551	Gothic	Lichfield	57	370
Romanesque	Winchester	76	530	Gothic	Lincooln	82	506
Romanesque	Ely	74	547	Gothic	Norwich	72	407
				Gothic	Ripon	88	295
				Gothic	Southwark	55	273
				Gothic	Wells	67	415
				Gothic	St.Asaph	45	182
				Gothic	Winchester	103	530
				Gothic	OldSt.Paul	103	611
				Gothic	Salisbury	84	473

9.2 R시스템의 faraway pakage에 내장된 sexab 데이터는 45명의 아동 학대받은 경험이 있는 여성들을 조사한 데이터이다. 신체 학대 상처 점수(cpa)에 대해 외상후 스트레스장애(ptsd)의 관계식을 구하고자 한다.

cpa: childhood physical abuse on standard scale

ptsd: post-traumatic stress disorder on standard scale

csa: childhood sexual abuse - abused or not abused

```
> library(faraway)
> data(sexab)
> sexab
      cpa    ptsd      csa
1   2.04786 9.71365   Abused
2   0.83895 6.16933   Abused
 :
```

(a) csa = abused / not abused 여부에 따라 점 모양을 달리하여 산점도를 그리시오.

(b) csa = abused / not abused 여부에 따라 cpa 기울기가 같다고 가정하고 각각 ptsd 반응 회귀식을 구하시오.

(c) (b) 모형 결과로 csa에 따른 회귀직선을 산점도와 함께 그리시오.

(d) csa = abused / not abused 여부에 따라 cpa 기울기가 다르다고 가정하고 각각 ptsd 반응 회귀식을 구하시오.

(e) (d) 모형 결과로 csa에 따른 회귀직선을 산점도와 함께 그리시오.

(f) csa = abused / not abused 여부에 따라 ptsd 평균이 다르다고 할 수 있는지 이집단 t-검정을 하시오.

9.3 비타민B 복용량(X)과 성별에 따른 4주간의 병아리 성장률(Y)에 대한 데이터이다.

〈표 9.3〉 병아리 성장률 데이터

Male		Female	
성장율(Y)	비타민B 복용량 (X)	성장율(Y)	비타민B 복용량 (X)
17.1	0.301	18.5	0.301
14.3	0.0301	22.1	0.0301
21.6	0.0301	15.3	0.0301
24.5	0.0602	23.6	0.0602
20.6	0.0602	26.9	0.0602
23.8	0.0602	20.2	0.0602

Male		Female	
성장율(Y)	비타민B 복용량 (X)	성장율(Y)	비타민B 복용량 (X)
27.7	0.903	24.3	0.903
31	0.903	27.1	0.903
29.4	0.903	30.1	0.903
30.1	1.204	28.1	0.903
28.6	1.204	30.3	1.204
34.2	1.204	33	1.204
37.3	1.204	35.8	1.204
33.3	1.505	32.6	1.505
31.8	1.505	36.1	1.505
40.2	1.505	30.5	1.505

(a) 성별에 따라 dose-response (복용량-반응) 직선을 같은 좌표평면에 그려보시오.

(b) 성별에 따라 기울기가 같다고 할 수 있는지 유의수준 5%에서 검정하시오.

9.4 추수감사절 칠면조(Thanksgiving turkey)에 대해 체중(파운드, pound)과 나이(주, weeks)를 조사하였다. Georgia(G), Virginia(V), Wisconsin(W) 주에서 각각 네 마리씩 기른 것으로 원산지에 따라 차이가 있는지 알아보고자 한다.

(a) 원산지 구분을 위해 가변수 Z_1과 Z_2를 포함한 회귀모형

$$Y = \beta_0 + \beta_1 X + \alpha_1 Z_1 + \alpha_2 Z_2 + \varepsilon$$

을 적합하시오.

(b) 같은 좌표평면에 원산지별 기호를 사용하여 점을 표시하고 또한 원산지별로 3개의 회귀직선을 그리고 비교해 보시오.

〈표 9.4〉 칠면조와 가변수 데이터

X	Y	Origin	Z_1	Z_2
28	13.3	G	1	0
20	8.9	G	1	0
32	15.1	G	1	0
22	10.4	G	1	0
29	13.1	V	0	1
27	12.4	V	0	1
28	13.2	V	0	1
26	11.8	V	0	1
21	11.5	W	0	0

X	Y	Origin	Z_1	Z_2
27	14.2	W	0	0
29	15.4	W	0	0
23	13.1	W	0	0
25	13.8	W	0	0

+ + +

CHAPTER 10

능형회귀추정량과 LASSO 추정량

선형회귀모형에서 최소제곱추정량을 이용하여 회귀모수를 추정하였다. 그러나 독립변수들 간의 상관관계가 커져 다중공선성이 존재할 경우에는 최소제곱추정량에 문제가 발생하게 된다. 즉 모수추정값이 실제 모수값으로부터 멀어지며 매우 불안정한 추정이 된다. 예를 들어, 절대값이 너무 커지거나 부호가 뒤바뀔 수 있다. 이러한 경우 대안적이고 효율적인 추정량에 대해 알아보고자 한다.

10.1 능형회귀모형

다음의 다중회귀모형에서 행렬 $\boldsymbol{X}$와 반응벡터 $\boldsymbol{Y}$는 각각 표준화되었다고 하자.

$$\boldsymbol{Y} = \boldsymbol{X}\beta + \epsilon \tag{10.1}$$

여기서 $\boldsymbol{Y}$와 ϵ은 $n \times 1$ 벡터, $\boldsymbol{X}$는 p개의 열(column)을 가진 $n \times p$ 행렬이고 β는 $p \times 1$ 회귀계수벡터이다.

최소제곱추정량은 불편추정량이지만 다중공선성이 존재할 경우에는 최소제곱추정량의 분산이 커짐에 따라 매우 불안정한 추정량이 된다. 이러한 문제를 해결하기 위한 방법으로 능형회귀(ridge regression)에 대해 설명하고자 한다. $\boldsymbol{X}'\boldsymbol{X}$의 대각선상에 작은 상수(constant)를 더해, 즉 능형모수의 적절한 선택으로 향상된 추정량을 얻을 수 있으며 이렇게 구한 능형추정량은 불편추정량은 아니지만 잔차제곱합이 작으면서 모수에 가까울 확률이 크다.

Hoerl과 Kennard (1970)가 능형모수를 제안한 이후 Lawless와 Wang (1976), McDonald와 Galarneau (1975) 등에 의해 능형모수 선택방법에 대한 여러 가지 방법이 제안되었다.

β에 대한 최소제곱추정량 $\boldsymbol{b} = (\boldsymbol{X}'\boldsymbol{X})^{-1}\boldsymbol{X}'\boldsymbol{Y}$와 β와의 거리 제곱은

$$L^2 = (\boldsymbol{b} - \beta)'(\boldsymbol{b} - \beta) \tag{10.2}$$

로 정의한다. $\boldsymbol{X}'\boldsymbol{X}$의 고유값을 $\lambda_i, i = 1, 2, \cdots, p$라고 놓자. L^2의 기댓값을 구하면

$$
\begin{aligned}
E(L^2) &= E[(\boldsymbol{b}-\boldsymbol{\beta})'(\boldsymbol{b}-\boldsymbol{\beta})] \\
&= trE[(\boldsymbol{b}-\boldsymbol{\beta})'(\boldsymbol{b}-\boldsymbol{\beta})] \\
&= Etr[(\boldsymbol{b}-\boldsymbol{\beta})'(\boldsymbol{b}-\boldsymbol{\beta})] \\
&= \sum_{i=1}^{p} Var(b_i) \\
&= \sigma^2 \sum_{i=1}^{p} \lambda_i^{-1}
\end{aligned} \tag{10.3}
$$

이다. 독립변수들 간에 완전에 가까운 다중공선성이 존재하면 고유값 λ_i 중에 거의 0에 가까운 값이 있게 되며 $\boldsymbol{b}$ 는 $\boldsymbol{\beta}$로부터 멀리 떨어져 있게 되어 $\boldsymbol{b}$가 최소제곱추정량임에도 불구하고 $\boldsymbol{\beta}$에 대한 좋은 추정량이라고 볼 수 없다.

이와 같은 단점을 보완하기 위해 Hoerl과 Kennard (1970)는 다음과 같은 추정량

$$
\boldsymbol{b}_\lambda = (\boldsymbol{X}'\boldsymbol{X}+\lambda\boldsymbol{I})^{-1}\boldsymbol{X}'\boldsymbol{Y}, \quad \lambda > 0 \tag{10.4}
$$

으로 능형모수(ridge parameter) λ를 포함한 능형추정량(ridge estimator)을 제안하였다. 능형모수는 보통 $0 < \lambda < 1$ 범위 내에 있다. 능형추정량은 모수에 대한 축소추정량(shrinkage estimator)이라 볼 수 있으며 편의추정량(biased estimator)이다. 편의량을 작게 하면서 축소량을 조절하는 능형모수를 결정해야 한다.

능형추정량

$$
\boldsymbol{b}(\lambda) = (\boldsymbol{X}'\boldsymbol{X}+\lambda I)^{-1}\boldsymbol{X}'\boldsymbol{Y}, \quad \lambda > 0 \tag{10.5}
$$

에 대해 기댓값을 구해 보면

$$
\begin{aligned}
E[\boldsymbol{b}(\lambda)] &= (\boldsymbol{X}'\boldsymbol{X}+\lambda\boldsymbol{I})^{-1}\boldsymbol{X}'E[\boldsymbol{Y}] \\
&= (\boldsymbol{X}'\boldsymbol{X}+\lambda\boldsymbol{I})^{-1}\boldsymbol{X}'\boldsymbol{X}\beta \neq \beta
\end{aligned} \tag{10.6}
$$

이 되어 능형추정량은 불편추정량이 아니다.

능형추정량의 분산은

$$
Var[\boldsymbol{b}(\lambda)] = (\boldsymbol{X}'\boldsymbol{X}+\lambda\boldsymbol{I})^{-1}\boldsymbol{X}'\boldsymbol{X}(\boldsymbol{X}'\boldsymbol{X}+\lambda\boldsymbol{I})^{-1}\sigma^2. \tag{10.7}
$$

능형추정량 $\boldsymbol{b}(\lambda)$로 적합한 모형에서 잔차제곱합은

$$
\begin{aligned}
[\boldsymbol{Y}-\boldsymbol{X}\boldsymbol{b}(\lambda)]'[\boldsymbol{Y}-\boldsymbol{X}\boldsymbol{b}(\lambda)] &= (\boldsymbol{Y}-\boldsymbol{X}\boldsymbol{b})'(\boldsymbol{Y}-\boldsymbol{X}\boldsymbol{b}) + [\boldsymbol{b}(\lambda)-\boldsymbol{b}]'\boldsymbol{X}'\boldsymbol{X}[\boldsymbol{b}(\lambda)-\boldsymbol{b}] \\
&> (\boldsymbol{Y}-\boldsymbol{X}\boldsymbol{b})'(\boldsymbol{Y}-\boldsymbol{X}\boldsymbol{b})
\end{aligned} \tag{10.8}
$$

으로 최소제곱추정량 $\boldsymbol{b}$를 사용한 경우보다 크다.

능형모수 λ를 갖는 능형추정량 $\boldsymbol{b}(\lambda)$와 $\boldsymbol{\beta}$ 간 거리의 제곱

$$L^2(\lambda) = (b(\lambda) - \beta)'(b(\lambda) - \beta) \tag{10.9}$$

에 대해 기댓값을 구하면

$$\begin{aligned} E[L^2(\lambda)] &= E[(b(\lambda) - \beta)'(b(\lambda) - \beta)] \\ &= \sigma^2 tr[(X'X + \lambda I)^{-1} X'X(X'X + \lambda I)^{-1}] + \lambda^2 \beta(X'X + \lambda I)^{-2}\beta \\ &= \sigma^2 \sum_{i=1}^{k} \lambda_i (\lambda_i + \lambda)^{-2} + \lambda^2 \beta'(X'X + \lambda I)^{-2}\beta \\ &= \quad \text{총분산} \quad + \quad \text{편의제곱} \end{aligned} \tag{10.10}$$

이다.

Hoerl과 Kennard (1970)는

$$E[L^2(\lambda)] < E[L^2] \tag{10.11}$$

이 성립되는 $\lambda > 0$이 항상 존재함을 증명하여 능형추정량이 최소제곱추정량보다 거리의 제곱 관점에서 우수할 수 있음을 보였다.

10.2 능형모수추정

실제로 능형회귀모형을 사용하려면 능형모수를 결정해야 한다. 이 절에서는 능형추정량의 특성을 알아보고 능형모수에 대한 추정법에 대해 알아보자.

10.2.1 능형추정량의 성질

행렬 $X'X$의 고유값으로 구성된 행렬 Λ와 $X'X$의 고유벡터 $e_1, \cdots, e_k$를 열(column)로 구성된 행렬 P를 이용해 $X'X$를 다시 표현할 수 있다. 즉,

$$\Lambda = \begin{pmatrix} \lambda_1 & 0 & \cdots & 0 \\ 0 & \lambda_2 & \cdots & 0 \\ \vdots & \vdots & & \vdots \\ 0 & 0 & \cdots & \lambda_p \end{pmatrix}, \qquad P = [e_1, e_2, \cdots, e_p] \tag{10.12}$$

일 때 $X'X = P\Lambda P'$, $P'P = PP' = I$이며

$$(X'X - \lambda_i I)e_i = 0, \quad i = 1, 2, \cdots, p \tag{10.13}$$

를 만족한다.

변환행렬 $\boldsymbol{P}$를 이용해

$$Z = \boldsymbol{XP},\ \alpha = \boldsymbol{P}'\beta \tag{10.14}$$

로 놓고

$$\boldsymbol{Y} = \boldsymbol{X}\beta + \epsilon = \boldsymbol{XPP}'\beta + \epsilon = \boldsymbol{Z}\alpha + \epsilon,\quad \epsilon \sim N(0, \sigma^2 \boldsymbol{I}). \tag{10.15}$$

α에 대한 최소제곱추정량을 구하면 $\boldsymbol{Z}'\boldsymbol{Z} = \boldsymbol{P}'\boldsymbol{X}'\boldsymbol{XP} = \Lambda$이므로

$$\hat{\alpha} = (\boldsymbol{Z}'\boldsymbol{Z})^{-1}\boldsymbol{Z}'\boldsymbol{Y} = \Lambda^{-1}\boldsymbol{Z}'\boldsymbol{Y} \tag{10.16}$$

으로 $\hat{\beta} = \boldsymbol{P}\hat{\alpha}$이 된다.

적합된 모형의 잔차제곱합을 구하면

$$SSE(\hat{\alpha}) = (\boldsymbol{Y} - \boldsymbol{Z}\hat{\alpha})'(\boldsymbol{Y} - \boldsymbol{Z}\hat{\alpha}) = \boldsymbol{Y}'\boldsymbol{Y} - \hat{\alpha}\boldsymbol{Z}'\boldsymbol{Y}. \tag{10.17}$$

$\hat{\alpha}$의 분산을 구하면

$$\begin{aligned} Var(\hat{\alpha}) &= Var(\Lambda^{-1}\boldsymbol{Z}'\boldsymbol{Y}) \\ &= \Lambda^{-1}\boldsymbol{Z}'Var(\boldsymbol{Y})\boldsymbol{Z}\Lambda^{-1} \\ &= \sigma^2\Lambda^{-1}. \end{aligned} \tag{10.18}$$

α에 대한 능형추정량은

$$\begin{aligned} \hat{\alpha}(\lambda) &= (\boldsymbol{Z}'\boldsymbol{Z} + \lambda\boldsymbol{I})^{-1}\boldsymbol{Z}'\boldsymbol{Y} \\ &= (\Lambda + \lambda\boldsymbol{I})^{-1}\boldsymbol{Z}'\boldsymbol{Y} \\ &= (\Lambda + \lambda\boldsymbol{I})^{-1}\Lambda\hat{\alpha} \end{aligned} \tag{10.19}$$

으로 정의하고 $\hat{\alpha}(\lambda)$에 대한 분산을 구해 보면

$$\begin{aligned} Var[\hat{\alpha}(\lambda)] &= Var[(\Lambda + \lambda\boldsymbol{I})^{-1}\boldsymbol{Z}'\boldsymbol{Y}] \\ &= (\Lambda + \lambda\boldsymbol{I})^{-1}\boldsymbol{Z}'Var(\boldsymbol{Y})\boldsymbol{Z}(\Lambda + \lambda\boldsymbol{I})^{-1} \\ &= \alpha^2\Lambda(\Lambda + \lambda\boldsymbol{I})^{-2} \end{aligned} \tag{10.20}$$

이다. $\hat{\alpha}(\lambda)$에 대한 편의(bias)를 구하면

$$E[\hat{\alpha}(\lambda) - \alpha] = [(\Lambda + \lambda\boldsymbol{I})^{-1}\Lambda - \boldsymbol{I}]\alpha \tag{10.21}$$

으로 $\hat{\alpha}(\lambda)$은 α에 대한 불편추정량은 아니다.

능형모수 λ를 갖는 능형추정량 $\hat{\alpha}(\lambda)$와 α 간 거리의 제곱

$$L^2(\lambda) = (\hat{\alpha}(\lambda) - \alpha)'(\hat{\alpha}(\lambda) - \alpha) \tag{10.22}$$

에 대해 기댓값 즉 $\hat{\alpha}(\lambda)$에 대한 평균제곱오차를 구하면

$$\begin{aligned} E[L^2(\lambda)] &= E[(\hat{\alpha}(\lambda) - \alpha)'(\hat{\alpha}(\lambda) - \alpha)] \\ &= tr\,Var[\hat{\alpha}(\lambda)] + (\hat{\alpha}\text{의 편의})^2 \\ &= \sigma^2 tr[\Lambda(\Lambda + \lambda I)^{-2}] + \alpha'[(\Lambda + \lambda I)^{-1}\Lambda - I]'[(\Lambda + \lambda I)^{-1}\Lambda - I]\alpha \\ &= \sigma^2 \sum_{i=1}^{p} \frac{\lambda_i}{(\lambda_i + \lambda)^2} + \sum_{i=1}^{p} \frac{\lambda^2 \alpha_i^2}{(\lambda_i + \lambda)^2} \end{aligned} \tag{10.23}$$

이 된다. 여기서 $\alpha = (\alpha_1, \alpha_2, \cdots, \alpha_p)'$이다.

$E[L^2(0)] = \sigma^2 \sum_{i=1}^{p} \lambda_i^{-1} = E(L^2)$이며 $E[L^2(\lambda)]$을 λ로 미분하면

$$\frac{dE[L^2(\lambda)]}{d\lambda} = -2\sigma^2 \sum_{i=1}^{p} \frac{\lambda_i}{(\lambda_i + \lambda)^3} + 2\lambda \sum_{i=1}^{p} \frac{\lambda_i \alpha_i^2}{(\lambda_i + \lambda)^3}. \tag{10.24}$$

$L^2(\lambda)$는 λ에 대한 연속함수이고 $\lambda \to 0+$로 접근할 때,

$$\lim_{\lambda \to 0+} \frac{dE[L^2(\lambda)]}{d\lambda} = -2\sigma^2 \sum_{i=1}^{p} \frac{1}{\lambda_i^2} < 0 \tag{10.25}$$

이므로 $L^2(\lambda)$는 $\lambda \to 0+$일 때 감소함수가 되어 $E[L^2(\lambda)] < E(L^2)$인 λ가 존재함을 알 수 있다. 그러므로 이러한 조건을 만족하는 적절한 능형모수 λ를 선택할 수 있다.

10.2.2 능형모수추정

Hoerl과 Kenard (1970)은 능형추정량에 대한 능형모수추정량으로 HKB (Hoerl and Kennard biased estimator)을 제안하였다:

$$\lambda_{HKB} = \frac{p\hat{\sigma}^2}{\hat{\alpha}'\hat{\alpha}} \tag{10.26}$$

여기서

$$\hat{\sigma}^2 = \frac{\boldsymbol{Y}'\boldsymbol{Y} - \hat{\alpha}\boldsymbol{Z}'\boldsymbol{Y}}{n-k-1}, \qquad \hat{\alpha} = \boldsymbol{P}'\beta. \tag{10.27}$$

Lawless와 Wang (1975)은 추정량

$$\lambda_{LW} = \frac{p\widehat{\sigma^2}}{\sum_{i=1}^{k} \lambda_i \widehat{\alpha_i}} \qquad (10.28)$$

을 제안하였다.

일반화 교차타당성(generalized cross-validation) 통계량은 다음과 같다.

$$GCV(\lambda) = \frac{1}{n} \frac{RSS(\lambda)}{\{1 - p(\lambda)/n\}^2} \qquad (10.29)$$

여기서

$$p(\lambda) = tr\{\boldsymbol{X}(\boldsymbol{X}'\boldsymbol{X} + \lambda \boldsymbol{I})^{-1}\boldsymbol{X}'\} \qquad (10.30)$$

$RSS(\lambda)$: 능형모수 λ인 경우 적합한 모형에 대한 잔차제곱합

이다. 일반화 교차타당성을 최소화하는 값으로 구하는 능형모수추정량은

$$\lambda_{GCV} = \text{arg}min_{\lambda}\ GCV(\lambda) \qquad (10.31)$$

이다.

10.2.3 능형트레이스

λ 값이 0에서 1까지 증가할 경우 능형추정량 $\boldsymbol{b}(\lambda) = (\boldsymbol{X}'\boldsymbol{X} + \lambda I)^{-1}\boldsymbol{X}'\boldsymbol{Y},\ \ \lambda > 0$을 계산하여 각 모수에 대한 능형추정값을 구해 변화하는 선을 그려 $b_i(\lambda)$, $i = 1, 2, \cdots, p$의 움직임을 나타낸 것을 능형트레이스(ridge trace)라고 한다. $b_i(\lambda)$ 값들이 급격히 변화하지 않고 안정되어가는 λ 값을 능형모수로 선택한다. 선택된 능형모수값은 능형추정량을 구했을 때 다중공선성이 거의 제거된 상태가 된다. 이와 같이 능형모수변화에 따른 회귀모수추정값의 변화를 참고하여 λ 값을 선택할 수 있다. 그러나 이 방법은 주관에 따라 선택하는 λ 값이 조금씩 다를 수 있다.

R에서는 `library(MASS)`와 `lm.ridge()` 함수를 사용해 능형회귀를 수행할 수 있으며 `select()` 함수를 이용해 능형모수의 추정값을 구할 수 있다. `lm.ridge()` 함수를 이용해 능형회귀모형을 구할 수 있으며 `select()` 함수를 이용하여 Hoerl과 Kenard 편의추정량, Lawless와 Wang 추정량, GCV(generalized cross-validation)를 최소화하는 추정량 등 최적의 능형모수추정값을 출력할 수 있다.

예제 10.1

R 시스템이 내장된 `longley` 데이터에 대해 VIF 값을 구해 보면 매우 높아 최소제곱추정량은 불안정한 추정량으로 판단되어 능형회귀추정량을 구하고자 한다. 5개 설명변수 `GNP.deflator`, `GNP`, `Unemployed`, `Armed.Forces`, `Population`와 반응변수 `Employed` 에 대한 능형회귀모형을 적합하고자 한다.

[프로그램 10.1]에서와 같이 `lm.ridge(model)` 함수를 이용하여 결과를 얻을 수 있다. [결과 10.1]에서 보면 능형모수에 대한 Hoerl과 Kenard 추정값은 0.003876528, Lawless와 Wang 추정값은 0.006332616, GCV를 최소화하는 능형모수값은 0.002이다.

〈그림 10.1〉은 능형트레이스 그림으로 능형모수 λ 값의 변화에 따라 각 설명변수에 대한 능형회귀추정값의 변화를 보여 준다. 초기에 비해 $\lambda=0.01$ 이후로 능형회귀추정값들이 안정화(stabilized)됨을 볼 수 있고 이와 같이 안정화되는 단계의 λ 값을 선택하면 된다.

[프로그램 10.1] `longley` 데이터에 대한 능형회귀분석

```
library(MASS)
library(car)
data(longley)
y<- longley[[6]]   # employed

lm.g<- lm(y~GNP.deflator+GNP+Unemployed+Armed.Forces+Population,
        data=longley)
summary(lm.g)

library(car)
vif(lm.g)

lmr<- lm.ridge(y~GNP.deflator+GNP+Unemployed+Armed.Forces+Population,
               data=longley,  lambda = seq(0,0.1,0.001) )
lmr$coef
plot(lm.ridge(y~GNP.deflator+GNP+Unemployed+Armed.Forces+Population,
              data=longley, lambda = seq(0,0.1,0.001) ) )
select(lm.ridge(yy~GNP.deflator+GNP+Unemployed+Armed.Forces+Population,
              data=longley, lambda = seq(0,0.1,0.001)) )
windows()
matplot(lmr$lambda,t(lmr$coef), type="l",
      xlab=expression(lambda), ylab=expression(hat(beta) ))  #그림 10.1
abline(h=0, wd=2)
select(lmr)  # ridge estimator
```

[결과 10.1] longley 데이터에 대한 능형회귀 결과

```
> vif(lm.g)
GNP.deflator         GNP  Unemployed Armed.Forces   Population
  130.829201  639.049777   10.786858     2.505775  339.011693

> select(lmr) # ridge estimator
modified HKB estimator is 0.003876528
modified L-W estimator is 0.006332616
smallest value of GCV  at 0.002
```

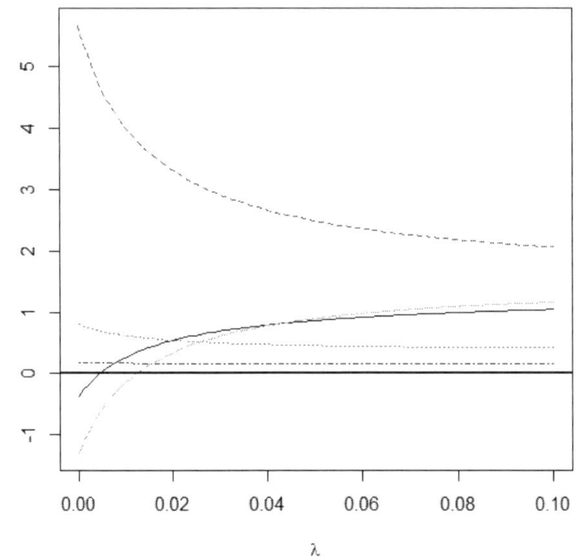

〈그림 10.1〉 능형트레이스

10.3 LASSO 회귀모형

Tibshirani (1996)는 회귀계수 절댓값의 합이 주어진 상수보다 작게 하는 조건하에서 잔차제곱합을 최소화하는 LASSO(least absolute shrinkage and selection operator) 기법을 제안하였다. LASSO 추정량의 제한조건에 따라 회귀계수를 축소 추정하고 일부는 0으로 추정하게 된다. LASSO 추정량은 설명변수들의 부분집합 선택과 능형회귀의 특징을 동시에 포함하는 새로운 추정량으로 제안되었으며 이러한 아이디어는 다른 통계적 모형에서도 응용될 수 있다. 최근 LASSO 방법은 $n < p$인 고차원 데이터(high-dimensional data) 분석에 주로 활용되며 차원축소에 중요한 역할을 한다.

능형회귀는 모수를 축소 추정하므로 제한조건을 이용해 다음과 같이 표현할 수 있다:

$$\hat{\beta}^{ridge} = \arg\min\left\{\sum_{i=1}^{n}\left(Y_i - \beta_0 - \sum_{j=1}^{p} X_{ij}\beta_j\right)^2 + \lambda\sum_{j=1}^{p}\beta_j^2\right\} \tag{10.32}$$

여기서 λ는 모수의 축소량(amount of shrinkage of the parameter estimates) 조절상수로 λ값이 클수록 축소량이 커진다. 위의 식은 다음과 같은 제한조건하에서 최소제곱추정량을 구하는 것과 같다.

$$\text{제한 조건 } \sum_{i=1}^{p}\beta_j^2 \le s \text{ 하에서} \tag{10.33}$$

$$\hat{\beta}^{ridge} = \arg\min\left\{\sum_{i=1}^{n}\left(Y_i - \beta_0 - \sum_{j=1}^{p} X_{ij}\beta_j\right)^2\right\}. \tag{10.34}$$

이러한 식을 다음과 같이 행렬로 표현하고

$$RSS(\lambda) = (\boldsymbol{Y} - \boldsymbol{X}\beta)' + (\boldsymbol{Y} - \boldsymbol{X}\beta) + \lambda\beta'\beta \tag{10.35}$$

이를 최소화하도록 $\hat{\beta}$에 대해 풀면

$$\hat{\beta}^{ridge} = (\boldsymbol{X}'\boldsymbol{X} + \lambda\boldsymbol{I})^{-1}\boldsymbol{X}'\boldsymbol{Y} \tag{10.36}$$

을 얻는다. 여기서 $\boldsymbol{X}'\boldsymbol{X}$ 가 특이(singular)할 때 능형회귀의 해가 더욱 의미 있게 된다.

능형회귀에서 L_2 penalty $\sum_{j=1}^{p}\beta_j^2$를 L_1 LASSO penalty $\sum_{j=1}^{p}|\beta_j|$로 바꾸어 LASSO 추정량을 얻을 수 있다. 절편에 대해서는 제한 조건을 두지 않는다.

LASSO 추정량은

$$\text{제한 조건 } \sum_{j=1}^{p}|\beta_j| \le s \text{ 하에서} \tag{10.37}$$

$$\hat{\beta}^{LASSO} = \arg\min_{\beta}\left\{\sum_{i=1}^{n}\left(Y_i - \beta_0 - \sum_{j=1}^{p} X_{ij}\beta_j\right)^2\right\} \tag{10.38}$$

회귀계수들 중 0으로 축소되는 계수가 생길 수 있어 회귀계수의 절댓값이 크지 않은 설명변수를 모형에서 제외하는 효과가 있다.

LASSO 추정량 계산시 $\sum_{i=1}^{n}\left(Y_i-\beta_0-\sum_{j=1}^{p}X_{ij}\beta_j\right)^2$ 를 최소화하도록 하는 경우를 벡터로 표현하면

$$(\beta-\hat{\beta})'X'X(\beta-\hat{\beta})+\text{constant} \tag{10.39}$$

이 되고 상수 C에 대해

$$\{\beta:\ (\beta-\hat{\beta})'X'X(\beta-\hat{\beta})=C\} \tag{10.40}$$

를 구하면 최소제곱추정량 $\hat{\beta}$을 중심으로 타원체를 형성하며 타원 등고선(elliptical contour)을 갖는다.

$p=2$인 경우, 〈그림 10.2〉에서 LASSO 추정량과 능형추정량에 대한 기하학적 의미를 살펴보자. LASSO 추정량의 제한조건 $\sum_{j=1}^{p}|\beta_j|\le s$를 표현하면 〈그림 10.2〉(a)에서 볼 수 있듯이 사각형의 영역이 된다. 집합 (10.40)은 타원으로 그릴 수 있으며 타원등고선이 사각형에 접하는 순간에 LASSO 추정량을 얻게 된다.

능형추정량의 제한조건 $\sum_{i=1}^{p}\beta_j^2\le s$를 표현하면 〈그림 10.2〉(b)와 같이 원의 영역이 된다. 식 (10.38)이 일정한 집합은 타원으로 그릴 수 있으며 타원등고선이 원에 접하는 순간에 능형추정량을 얻게 된다.

LASSO 추정에 대한 제한 조건 모수 s에 대한 추정량도 구할 수 있는데 자세한 내용은 Tibshirani (1996)을 참조하기 바란다.

R에서는 `library(lars)`와 `larv()` 함수를 이용해 LASSO 추정량을 얻을 수 있다.

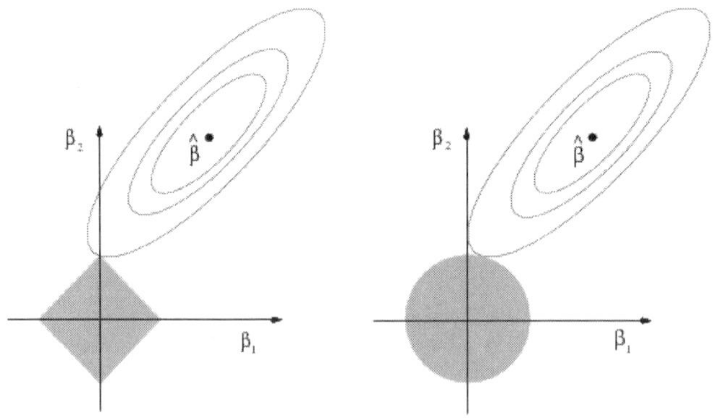

(a) LASSO regression $|\beta_1|+|\beta_2|\le t$

(b) ridge regression $\beta_1^2+\beta_2^2\le t^2$

〈그림 10.2〉 제한조건 함수 영역과 추정량에 대한 오차제곱함수 등고선그림
(출처: Hastie, Tibshirani & Freidman, 2001)

10.4 R 활용 능형회귀 및 LASSO 회귀분석

예제 10.2

R 시스템이 내장된 `longley` 데이터에 대해 VIF 값을 구해보면 매우 높아 최소제곱추정량은 불안정한 추정량이 된다. [예제 10.1]에서는 능형회귀추정량을 구해 보았다. 이번에는 LASSO 추정량을 구해 보고자 한다.

[프로그램 10.2]에서 `lars(x, y, type="lasso", trace=TRUE)` 함수를 이용하여 결과를 얻을 수 있다. LASSO 추정은 제한 조건 $\sum_{i=1}^{p}|\beta_j| \le s$ 하에서의 추정이므로

$$m = \frac{\sum_{i=1}^{p}|\beta_j|}{\max_{model}\left\{\sum_{i=1}^{p}|\beta_j|\right\}} \tag{10.41}$$

을 계산하고 이 값에 따라 추정된 회귀계수와 결정계수를 [결과 10.2]에서 보여 주고 있다.

〈그림 10.3〉은 각 히귀계수의 LASSO 추정량 트레이스를 보여 주며 〈그림 10.4〉에서는 m 값에 따른 세로선을 그려 주어 세로선을 따라 각 회귀계수값을 알 수 있다. 최종 모형을 선택하기 위해 m, R^2, RSS 등을 고려하여 종합적으로 판단한다. 반복에 대한 수렴조건 δ (예: 10^{-5})을 주고 $\|\hat{\beta}^{new} - \hat{\beta}^{old}\| < \delta$인 경우 즉 $\sum_{j=1}^{p}(\hat{\beta}_j^{new} - \hat{\beta}_j^{old})^2 < \delta$를 만족하면 $\hat{\beta}^{new}$를 추정량으로 결정한다. [결과 10.2]에서 단계별 회귀계수 추정 결과를 보면 5단계와 4단계 사이의 RSS가 별 차이가 없음을 알 수 있으며 5단계의 추정량을 보면 2개의 회귀계수는 0으로 추정한다. 이러한 추정 결과에서 볼 수 있듯이 효과가 작은 설명변수에 대한 회귀계수를 0으로 추정할 수 있어, 효과가 작은 설명변수들이 많은 경우 LASSO 추정량은 매우 유용하다.

[프로그램 10.2] `longley` 데이터에 대한 LASSO 추정

```
library(lars)
data(longley);  attach(longley)
y <-longley[,6]     # Employed
x <-cbind(GNP.deflator, GNP,Unemployed,Armed.Forces,Population)

lm.g<- lm(y~GNP.deflator+GNP+Unemployed+Armed.Forces+Population,
              data=longley)
coef(lm.g)      # OLS reg
```

```
object1 <- lars(x, y, type="lasso", trace=TRUE)
plot(object1, lty=1:5, breaks=F, col=1:5)  #그림 10.3
plot(object1)    # LASSO 트레이스그림   #그림 10.4

coeffs <- coef(object1)
coeffs                          # 단계별 회귀계수 LASSO 추정값
object1$R2                      # 모형별 결정계수
object1$RSS                     # 모형별 잔차제곱합
coef1 <- object1$beta           ### Get rid of many zero coefficients
coef1 <- scale(coef1, center=FALSE, 1/object1$normx)
coef1
s1 <- apply(abs(coef1), 1, sum)    # coef1 절대값 row별 합
s1/max(s1)                      # 세로선 값
```

[결과 10.2] `longley` 데이터에 대한 단계별 LASSO 추정량

```
> coeffs
      GNP.deflator         GNP  Unemployed Armed.Forces  Population
 [1,]   0.00000000 0.000000000 0.000000000  0.000000000  0.00000000
 [2,]   0.00000000 0.007099682 0.000000000  0.000000000  0.00000000
 [3,]   0.00000000 0.013877166 0.000000000  0.000000000  0.09684269
 [4,]   0.14570037 0.007481858 0.000000000  0.000000000  0.32069035
 [5,]   0.05721025 0.038047691 0.004561796  0.000000000  0.00000000
 [6,]   0.05720877 0.038048169 0.004562145  0.000000000  0.00000000
 [7,]   0.01620638 0.041330098 0.006641105  0.002578073  0.00000000
 [8,]   0.00000000 0.046935361 0.007339675  0.002580095 -0.06129963
 [9,]   0.00000000 0.049290758 0.007658891  0.002474953 -0.09730731
[10,]  -0.03472905 0.058947020 0.008836659  0.002584429 -0.19266014

> object1$R2
        0         1         2         3         4         5 
0.0000000 0.2730712 0.6727578 0.9936068 0.9974393 0.9974397 
        6         7         8         9 
0.9984482 0.9985736 0.9986184 0.9986824 
> object1$RSS
          0           1           2           3           4           5 
340.0000000 247.1558079 111.2623321   2.1736849   0.8706539   0.8704867 
          6           7           8           9 
  0.5276071   0.4849917   0.4697481   0.4479693 

> s1/max(s1)
         0          1          2          3          4          5 
0.00000000 0.08225014 0.23928508 0.52994925 0.56243007 0.56243755 
         6          7          8          9 
0.59244040 0.69431810 0.75342351 1.00000000 
```

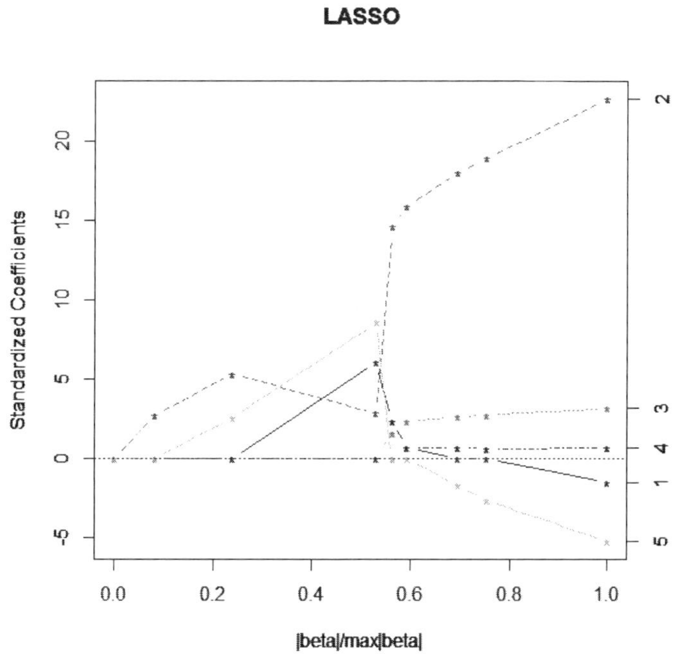

〈그림 10.3〉 longley 데이터에 대한 LASSO 추정 트레이스

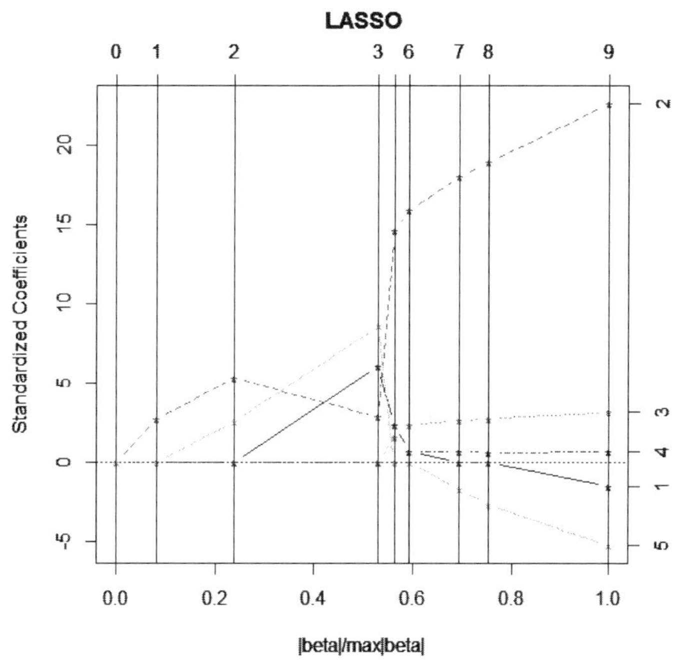

〈그림 10.4〉 `longley` 데이터에 대한 LASSO 추정 트레이스와 단계별 세로선

연습문제

10.1 다음의 땅콩 데이터에 대해 다중선형회귀모형을 적합하고 능형회귀추정량의 필요성 여부를 판단하시오. 필요하다고 판단한 경우 능형회귀추정량을 구하시오.

```
library(MPV)
data(table.b7)

# The table.b7 data frame has 16 observations on oil extraction from peanuts.
# x1 CO2 pressure (bar)
# x2 CO2 temperature (in degrees Celsius)
# x3 peanut moisture (percent by weight)
# x4 CO2 flow rate (L/min)
# x5 peanut particle size (mm)
# y total oil yield
```

10.2 Stanley와 Miller는 1979년 RAND Corporation 기술 보고서에서 비행기(jet fighter aircraft) 모델의 기술적인 혁신을 이루기 위한 실험을 실시하여 다양한 디자인과 실행 요인들의 역할을 구하고자 하였으며, 〈표 4.6〉과 같은 데이터를 얻었다. 이에 대해

(a) 능형회귀추정량을 구하시오.

(b) LASSO 추정량을 구하시오.

10.3 드릴링 조건의 범위를 넘은 드릴에 끼우는 날의 특정유형에 대한 성능특징을 알아보기 위한 실험으로 얻은 〈표 4.7〉 드릴 데이터에 대해 분석하고자 한다.

(a) 능형회귀추정량을 구하시오.

(b) LASSO 추정량을 구하시오.

(c) 능형회귀추정량을 이용한 경우의 잔차제곱합과 LASSO 추정량을 이용한 경우의 잔차제곱합을 구하고 비교하시오.

참고문헌

김재희(2008) R을 이용한 통계프로그래밍 기초, 자유아카데미

김재희(2010) R 다변량 통계분석, 교우사

문지영(2009) 일반 회귀모형과 베이지안 회귀모형 적합 및 모형 선택 연구, 석사논문, 덕성여자대학교

박성현(2003) 회귀분석. 민영사

성내경(2004) SAS/STAT 회귀분석. 자유아카데미

염준근(1996) 선형회귀분석. 자유아카데미.

Cook, R. D. and Sanford Weisberg, S. (1982) Residuals and infulence in regression. Chapman and Hall.

Daelington, R.B. (1990) Regression and linear models. New York, McGraw-Hill

Darper, N. and Smith, H. (1998) Regression diagnostics: identifying influential data and sources of collinearity. Applied regression analysis. 3rd Ed. Wiley.

Faraway, J. J. (2005) Linear Models with R, Chapman & Hall/CRC, New York.

Gray, J. B. (1989) On the use of regression diagnostics. *The Statistician*, 38, 2, 97-105

Hastie, R., Tibshirani, J. and Friedman, J. (2001) The Elements of Statistical Learning Theory, Springer, New York.

Hoerl, A. E. and Kenard, R. W. (1970) Ridge regression: Biased estimation for nonorthogonal problems, *Technometrics*, 12, 55-68.

Johnson, R. A. and Wichern, D. W. (1998) Applied Multivatiate Statistical Analysis, Prentice Hall, London.

Kleiber, C. and Zeileis, A. (2008) Applied Econometrics with R, Springer, New York.

Kleinbaum, D. G., Kupper, L. L. and Muller, K. E. (1988) Applied Regression

Analysis and Other Multivariable Methods, PWS/KENT, Phoenix.

Lawless, J. F. and Wang, P. (1976) A simulation study of ridge and other regression estimators, Communications in Statistics–Theory and Methods, 14, 1589–1604.

McDonald, G. C. and Galarneau, D. I. (1975) A Monte Carlo Evaluation of Some Ridge–Type Estimators, *Journal of American Statistical Association*, 70, 350, 407–416.

Michael H. G. (2003) Confronting multicollinearity in ecological multiple regression. *Ecology,* 84, 11, 2809–2815.

Tibshirani, R. (1996) Regression shrinkage and selection via the Lasso, *Journal of Royal Statistical Society*, B, 58, 1, 267–288.

Weisberg, S. (1985) Applied Linear Regression, Wiley, New York.

찾아보기

저자 소개

김재희(金哉希, Jaehee Kim)
서울대학교 계산통계학과 학사
서울대학교 통계학 석사
미국 Texas A&M University 통계학 박사
미국 New York University,
Department of Information, Operations, and Management Sciences 방문교수
국립 축산과학원 통계 자문교수
미국 Texas A&M University, Department of Statistics 방문교수
미국 Columbia University, Department of Biostatistics 방문교수
현) 덕성여자대학교 정보통계학과 교수

R을 이용한 회귀분석 기초

저　　자　김재희
발 행 인　김지영
발 행 처　자유아카데미
주　　소　경기도 파주시 회동길 37-42
　　　　　파주출판도시
전　　화　031-955-1321
팩　　스　031-955-1322
홈페이지　www.freeaca.com
전자우편　main@freeaca.com (대표)
　　　　　editor@freeaca.com (편집)
　　　　　crm@freeaca.com (영업)
등　　록　제406-2003-017호, 1980. 7. 12
제1판1쇄　2020년 2월 20일 발행
제1판4쇄　2024년 7월 5일 발행
정　　가　20,000원

저자와의
협의하에
인지생략

ISBN 979-11-5808-248-2 93310